纪晓岚

全集 第六卷

刘金柱
杨　钧　主编

中原出版传媒集团
中原传媒股份公司

大象出版社
·郑州·

目　录

纪评苏轼诗集（上）

编校说明 ·· 2

序　一 ·· 3

序　二 ·· 4

序　三 ·· 5

卷一　古今体诗四十二首 ································ 6

郭　纶 ·· 6

初发嘉州 ·· 6

犍为王氏书楼 ·· 6

过宜宾见夷牢乱山 ··································· 7

夜泊牛口 ·· 7

牛口见月 …………………………………… 7

戎　州 …………………………………… 7

舟中听大人弹琴 …………………………… 8

泊南牛口期任遵圣长官,到晚不及见,复来 …… 8

过安乐山,闻山上木叶有文,如道士箓符,云此山乃张道陵所寓,
　二首 ……………………………………… 8

渝州寄王道矩 ……………………………… 8

入　峡 …………………………………… 9

江上看山 …………………………………… 9

涪州得山胡次子由韵 ……………………… 9

留题仙都观 ………………………………… 10

仙都山鹿 …………………………………… 10

江上值雪,效欧阳体,限不以盐玉鹤鹭絮蝶飞舞之类为比,仍不
　使皓白洁素等字,次子由韵 ……………… 10

严颜碑 …………………………………… 11

屈原塔 …………………………………… 11

望夫台 …………………………………… 11

竹枝歌 …………………………………… 11

八阵碛 …………………………………… 12

诸葛盐井 …………………………………… 12

白帝庙 …………………………………… 13

永安宫 …………………………………… 13

过木枥观 ………………………………… 13

巫　山 ··· 13

巫山庙上下数十里,有乌鸢无数,取食于行舟之上,舟人以神之故,
　　亦不敢害 ·· 14

神女庙 ··· 14

过巴东县不泊,闻颇有莱公遗迹 ···························· 15

昭君村 ··· 15

新　滩 ··· 15

新滩阻风 ··· 16

黄牛庙 ··· 16

虾蟆培 ··· 16

出　峡 ··· 16

游三游洞 ··· 17

游洞之日,有亭吏乞诗,既为留三绝句于洞之石壁。明日至峡州,
　　吏又至,意若未足,乃复以此诗授之 ···················· 17

寄题清溪寺 ··· 17

留题峡州甘泉寺 ··· 17

夷陵县欧阳永叔至喜堂 ··································· 18

卷二　古今体诗三十九首 ································· 19

息壤诗 ··· 19

荆州十首 ··· 19

渚　宫 ··· 20

荆门惠泉 ··· 21

次韵答荆门张都官维见和惠泉诗	21
浏阳早发	21
夜行观星	21
汉　水	22
襄阳古乐府三首	22
野鹰来	22
上堵吟	22
襄阳乐	22
岘　山	23
万　山	23
隆　中	23
竹叶酒	23
鳊　鱼	23
食　雉	24
颍大夫庙	24
新渠诗	24
双凫观	25
许州西湖	25
阮籍啸台	25
大雪独留尉氏，有客入驿，呼与饮至醉。诘旦客南去，竟不知其谁	25
黄　河	26
朱亥墓	26

次韵水官诗 …………………………………………………………… 26

卷三　古今体诗五十二首 …………………………………………… 27

辛丑十一月十九日,既与子由别于郑州西门之外,马上赋诗一篇寄
　　之 ………………………………………………………………… 27
和子由渑池怀旧 ……………………………………………………… 27
次韵和刘京兆石林亭之作,石本唐苑中物,散流民间,刘购得之 … 27
和刘长安题薛周逸老亭。周善饮酒,未七十而致仕 ………………… 28
骊山三绝句 …………………………………………………………… 28
次韵子由岐下诗 ……………………………………………………… 28
　　北　亭 …………………………………………………………… 29
　　横　池 …………………………………………………………… 29
　　短　桥 …………………………………………………………… 29
　　轩　窗 …………………………………………………………… 29
　　曲　槛 …………………………………………………………… 29
　　双　池 …………………………………………………………… 29
　　荷　花 …………………………………………………………… 29
　　鱼 ………………………………………………………………… 29
　　牡　丹 …………………………………………………………… 29
　　桃　花 …………………………………………………………… 29
　　李 ………………………………………………………………… 29
　　杏 ………………………………………………………………… 30
　　梨 ………………………………………………………………… 30

枣	30
樱桃	30
石榴	30
樗	30
槐	30
松	30
桧	30
柳	30

次韵子由除日见寄 ………………………………………………… 31

壬寅二月,有诏令郡吏分往属县减决囚禁。自十三日受命出府,至宝鸡、虢、郿、盩厔四县。既毕事,因朝谒太平宫,而宿于南溪溪堂。遂并南山而西,至楼观、大秦寺、延生观、仙游潭。十九日乃归。作诗五百言,以记凡所经历者寄子由 …………………… 31

太白山下早行,至横渠镇,书崇寿院壁 ……………………… 33

留题延生观后山上小堂 …………………………………………… 33

留题仙游潭中兴寺,寺东有玉女洞,洞南有马融读书石室,过潭而南,山石益奇,潭上有桥,畏其险,不敢渡 …………………… 33

石鼻城 ………………………………………………………………… 33

磻溪石 ………………………………………………………………… 33

郿坞 …………………………………………………………………… 34

楼观 …………………………………………………………………… 34

题宝鸡县斯飞阁 …………………………………………………… 34

壬寅重九,不预会,独游普门寺僧阁,有怀子由 ……………… 34

客位假寐 ……………………………………………………… 34

九月二十日微雪,怀子由弟二首 …………………………… 35

病中闻子由得告不赴商州三首 ……………………………… 35

病中大雪数日,未尝起,观虢令赵荐以诗相属,戏用其韵答之 …… 35

岁晚,相与馈问,为馈岁;酒食相邀,呼为别岁;至除夜,达旦不眠,
  为守岁。蜀之风俗如是。余官于岐下,岁暮思归而不可得,故
  为此三诗以寄子由 ………………………………………… 36

  馈 岁 …………………………………………………… 36

  别 岁 …………………………………………………… 36

  守 岁 …………………………………………………… 36

读《开元天宝遗事》三首 …………………………………… 37

卷四 古今体诗三十八首 …………………………………… 38

和子由踏青 …………………………………………………… 38

和子由蚕市 …………………………………………………… 38

次韵子由论书 ………………………………………………… 38

记所见开元寺吴道子画佛灭度,以答子由 ………………… 39

和子由寒食 …………………………………………………… 39

中隐堂诗五首 ………………………………………………… 39

次韵子由弹琴 ………………………………………………… 40

次韵和子由欲得骊山澄泥砚 ………………………………… 40

次韵和子由闻予善射 ………………………………………… 40

凤翔八观 ……………………………………………………… 41

石鼓歌 …………………………………………………… 41

　　诅楚文 …………………………………………………… 42

　　王维、吴道子画 ………………………………………… 42

　　维摩像,唐杨惠之塑,在天柱寺 ………………………… 42

　　东　湖 …………………………………………………… 43

　　真兴寺阁 ………………………………………………… 43

　　李氏园 …………………………………………………… 44

　　秦穆公墓 ………………………………………………… 44

和子由闻子瞻将如终南太平宫溪堂读书 …………………… 44

将往终南和子由见寄 ………………………………………… 45

读道藏 ………………………………………………………… 45

真兴寺阁祷雨 ………………………………………………… 45

七月二十四日,以久不雨出祷磻溪。是日宿虢县。二十五日晚,自
　　虢县渡渭,宿于僧舍曾阁。阁故曾氏所建也。夜久不寐,见壁间
　　前县令赵荐留名,有怀其人 …………………………… 46

二十六日五更起行,至磻溪,天未明 ……………………… 46

是日自磻溪,将往阳平,憩于麻田青峰寺之下院翠麓亭 ………… 46

二十七日,自阳平至斜谷,宿于南山中蟠龙寺 …………… 46

是日至下马碛,憩于北山僧舍。有阁曰怀贤,南直斜谷,西临五丈
　　原,诸葛孔明所从出师也 ……………………………… 47

攓云篇 ………………………………………………………… 47

妒佳月 ………………………………………………………… 47

太白辞 ………………………………………………………… 48

扶风天和寺 …………………………………………………………… 48

卷五 古今体诗四十五首 … 49

和子由记园中草木十首 ………………………………………………… 49

纪　梦 …………………………………………………………………… 50

次韵子由种菜久旱不生 ………………………………………………… 51

大老寺竹间阁子 ………………………………………………………… 51

周公庙，庙在岐山西北七八里，庙后百许步，有泉依山，涌冽异常，
　　国史所谓"润德泉，世乱则竭"者也 …………………………… 51

戏作贾梁道诗 …………………………………………………………… 51

南溪之南竹林中新构一茅堂，予以其所处最为深邃，故名之曰避
　　世堂 ………………………………………………………………… 52

重游终南，子由以诗见寄，次韵 ……………………………………… 52

自清平镇游楼观、五郡、大秦、延生、仙游，往返四日，得十一诗，寄
　　舍弟子由同作 ……………………………………………………… 52

　　楼　观 ……………………………………………………………… 52

　　五　郡 ……………………………………………………………… 52

　　授经台 ……………………………………………………………… 52

　　大秦寺 ……………………………………………………………… 53

　　仙游潭五首 ………………………………………………………… 53

　　　潭 …………………………………………………………………… 53

　　　南　寺 ……………………………………………………………… 53

　　　北　寺 ……………………………………………………………… 53

马融石室 …………………………………………………… 53

　　玉女洞 ……………………………………………………… 53

　爱玉女洞中水,既致两瓶,恐后复取而为使者见绐,因破竹为契,使寺
　　僧藏其一,以为往来之信,戏谓之调水符 ………………… 54

　自仙游回至黑水,见居民姚氏山亭,高绝可爱,复憩其上 ……… 54

南溪有会景亭,处众亭之间,无所见,甚不称其名。予欲迁之少西,
　　临断岸,西向可以远望,而力未暇,特为制名曰招隐。仍为诗以
　　告来者,庶几迁之 ……………………………………………… 54

凌虚台 ……………………………………………………………… 54

竹　鼠 ……………………………………………………………… 55

渼陂鱼 ……………………………………………………………… 55

十二月十四日,夜微雪,明日早,往南溪小酌至晚 ……………… 55

九月中曾题二小诗于南溪竹上,既而忘之,昨日再游,见而录之 … 56

司竹监烧苇园,因召都巡检柴贻勖左藏,以其徒会猎园下 ……… 56

和子由木山引水二首 ……………………………………………… 56

和子由苦寒见寄 …………………………………………………… 57

寄题兴州晁太守新开古东池 ……………………………………… 57

华阴寄子由 ………………………………………………………… 57

和董传留别 ………………………………………………………… 57

西蜀杨耆,二十年前见之,甚贫。今见之,亦贫。所异于昔者,苍
　　颜华发耳。女无美恶,富者妍,士无贤不肖,贫者鄙。使其逢时
　　遇合,岂减当世之士哉! 顷宿长安驿舍,闻泣者甚怨,问之,乃
　　昔富而今贫者,乃作一诗。今以赠杨君 …………………… 58

夜直秘阁呈王敏甫 …… 58

谢苏自之惠酒 …… 58

卷六　古今体诗五十首 …… 59

次韵柳子玉见寄 …… 59

送曾子固倅越得燕字 …… 59

王颐赴建州，钱监求诗及草书 …… 59

秀州僧本莹静照堂 …… 59

石苍舒醉墨堂 …… 60

送安惇秀才失解西归 …… 60

送任伋通判黄州兼寄其兄孜 …… 60

次韵子由初到陈州二首 …… 61

次韵子由绿筠堂 …… 61

送刘攽倅海陵 …… 61

送钱藻出守婺州得英字 …… 61

送吕希道知和州 …… 62

次韵王诲夜坐 …… 62

送文与可出守陵州 …… 62

送刘道原归觐南康 …… 62

出都来陈，所乘船上有题小诗八首，不知何人有感于余心者，聊为和之 …… 63

次韵张安道读杜诗 …… 63

送张安道赴南都留台 …… 64

傅尧俞济源草堂	64
陆龙图诜挽词	64
胡完夫母周夫人挽词	64
次韵柳子玉过陈绝粮二首	64
颍州初别子由二首	65
欧阳少师令赋所蓄石屏	65
陪欧阳公燕西湖	66
十月二日,将至涡口五里所,遇风留宿	66
出颍口初见淮山,是日至寿州	66
寿州李定少卿出饯城东龙潭上	66
濠州七绝	66
涂山	66
彭祖庙	67
逍遥台	67
观鱼台	67
虞姬墓	67
四望亭	67
浮山洞	67
发洪泽,中途遇大风,复还	67
十月十六日记所见	68
广陵会三同舍,各以其字为韵,仍邀同赋	68
刘贡父	68
孙巨源	68

刘莘老 …………………………………………………… 68

卷七　古今体诗五十首 …………………………………… 69

　　游金山寺 …………………………………………………… 69

　　自金山放船至焦山 ………………………………………… 69

　　甘露寺 ……………………………………………………… 70

　　次韵子由柳湖感物 ………………………………………… 70

　　次韵杨褒早春 ……………………………………………… 71

　　初到杭州寄子由二绝 ……………………………………… 71

　　次韵柳子玉二首 …………………………………………… 71

　　　　地　炉 ………………………………………………… 71

　　　　纸　帐 ………………………………………………… 71

　　腊日游孤山，访惠勤、惠思二僧 ………………………… 71

　　李杞寺丞见和前篇，复用元韵答之 ……………………… 72

　　再　和 ……………………………………………………… 72

　　游灵隐寺，得来诗，复用前韵 …………………………… 72

　　戏子由 ……………………………………………………… 73

　　送蔡冠卿知饶州 …………………………………………… 73

　　嘲子由 ……………………………………………………… 73

　　越州张中舍寿乐堂 ………………………………………… 74

　　姚屯田挽词 ………………………………………………… 74

　　送岑著作 …………………………………………………… 74

　　雨中明庆赏牡丹 …………………………………………… 74

吉祥寺赏牡丹 ………………………………………… 75

吉祥寺僧求阁名 ……………………………………… 75

和刘道原见寄 ………………………………………… 75

和刘道原咏史 ………………………………………… 75

和刘道原寄张师民 …………………………………… 75

送张职方吉甫赴闽漕六和寺中作 …………………… 75

和子由柳湖久涸,忽有水,开元寺山茶旧无花,今岁盛开二首 … 76

雨中游天竺灵感观音院 ……………………………… 76

赠上天竺辩才师 ……………………………………… 76

和蔡准郎中见邀游西湖三首 ………………………… 76

六月二十七日望湖楼醉书五绝 ……………………… 77

七月一日出城,舟中苦热 …………………………… 77

宿余杭法喜寺后绿野堂,望吴兴诸山,怀孙莘老学士 … 77

宿临安净土寺 ………………………………………… 78

自净土步至功臣寺 …………………………………… 78

游径山 ………………………………………………… 78

自径山回,得吕察推诗,用其韵招之,宿湖上 …… 79

宿望湖楼再和 ………………………………………… 79

夜泛西湖五绝 ………………………………………… 79

卷八　古今体诗六十九首 …………………………… 80

焦千之求惠山泉诗 …………………………………… 80

答任师中次韵 ………………………………………… 80

沈谏议召游湖不赴,明日得双莲于北山下,作一绝持献沈。既见
　　和,又别作一首,因用其韵 ………………………………………… 80
和欧阳少师会老堂次韵 …………………………………………… 81
题永叔会老堂 ……………………………………………………… 81
和欧阳少师寄赵少师次韵 ………………………………………… 81
监试呈诸试官 ……………………………………………………… 81
望海楼晚景五绝 …………………………………………………… 82
试院煎茶 …………………………………………………………… 82
孙莘老求墨妙亭诗 ………………………………………………… 82
李公择求黄鹤楼诗,因记旧所闻于冯当世者 …………………… 83
八月十日夜看月,有怀子由并崔度贤良 ………………………… 83
催试官考较戏作 …………………………………………………… 83
八月十七日,复登望海楼,自和前篇。是日榜出,与试官两人复
　　留五首 ………………………………………………………… 84
秋怀二首 …………………………………………………………… 84
哭欧阳公,孤山僧惠思示小诗,次韵 …………………………… 85
梵天寺见僧守诠小诗清婉可爱,次韵 …………………………… 85
和沈立之留别二首 ………………………………………………… 85
和陈述古拒霜花 …………………………………………………… 85
次韵孔文仲推官见赠 ……………………………………………… 85
朱寿昌郎中,少不知母所在,刺血写经,求之五十年,去岁得之蜀中。
　　以诗贺之 ……………………………………………………… 86
汤村开运盐河雨中督役 …………………………………………… 86

是日宿水陆寺,寄北山清顺僧二首	87
盐官部役戏呈同事兼寄述古	87
盐官绝句四首	87
南寺千佛阁	87
北寺悟空禅师塔	87
塔前古桧	87
僧爽白鸡	87
六和寺冲师闸山溪为水轩	88
冬至日独游吉祥寺	88
后十余日复至	88
戏　赠	88
和人求笔迹	88
将之湖州戏赠莘老	88
鸦种麦行	89
送张轩民寺丞赴省试	89
和致仕张郎中春昼	89
再用前韵寄莘老	89
画鱼歌	90
吴中田妇叹	90
和邵同年戏赠贾收秀才三首	90
游道场山何山	91
赠孙莘老七绝	91
莘老葺天庆观小园,有亭北向,道士山宗说乞名与诗	91

至秀州,赠钱端公安道,并寄其弟惠山老 …………………… 92

秀州报本禅院乡僧文长老方丈 …………………………………… 92

王复秀才所居双桧二首 ……………………………………………… 92

宋叔达家听琵琶 ……………………………………………………… 92

卷九　古今体诗六十二首 …………………………………………… 93

元日次韵张先子野见和七夕寄莘老之作 ………………………… 93

正月九日有美堂饮,醉归径睡,五鼓方醒,不复能眠,起阅文书,
　　得鲜于子骏所寄《杂兴》,作《古意》一首答之 ……………… 93

次韵答章传道见赠 …………………………………………………… 93

法惠寺横翠阁 ………………………………………………………… 94

祥符寺九曲观灯 ……………………………………………………… 94

上元过祥符僧可久房,萧然无灯火 ………………………………… 94

正月二十一日病后,述古邀往城外寻春 …………………………… 94

有以官法酒见饷者,因用前韵,求述古为移厨饮湖上 …………… 95

饮湖上初晴后雨二首 ………………………………………………… 95

往富阳新城,李节推先行三日,留风水洞见待 …………………… 95

风水洞二首和李节推 ………………………………………………… 95

独游富阳普照寺 ……………………………………………………… 96

自普照游二庵 ………………………………………………………… 96

富阳妙庭观董双成故宅,发地得丹鼎,覆以铜盘,承以琉璃盆,盆
　　既破碎,丹亦为人争夺持去,今独盘鼎在耳,二首 …………… 96

新城道中二首 ………………………………………………………… 96

山村五绝 …… 96

癸丑春分后雪 …… 97

湖上夜归 …… 97

曾元恕游龙山,吕穆仲不至 …… 97

寒食未明至湖上,太守未来,两县令先在 …… 97

次韵孙莘老见赠,时莘老移庐州,因以别之 …… 98

赠 别 …… 98

次韵代留别 …… 98

月兔茶 …… 98

薄命佳人 …… 98

吉祥寺花将落而述古不至 …… 98

述古闻之,明日即至,坐上复用前韵同赋 …… 99

李钤辖座上分题戴花 …… 99

於潜令刁同年野翁亭 …… 99

於潜女 …… 99

自昌化双溪馆下步寻溪源,至治平寺二首 …… 99

於潜僧绿筠轩 …… 100

与临安令宗人同年剧饮 …… 100

宝山昼睡 …… 100

僧清顺新作垂云亭 …… 100

五月十日,与吕仲甫、周邠、僧惠勤、惠思、清顺、可久、惟肃、义诠同泛湖游北山 …… 101

会客有美堂,周邠长官与数僧同泛湖往北山,湖中闻堂上歌笑声,

以诗见寄，因和二首。时周有服 …………………………………… 101

席上代人赠别三首 ……………………………………………………… 101

留题徐氏花园二首 ……………………………………………………… 101

唐道人言：天目山上俯视雷雨，每大雷电，但闻云中如婴儿声，殊

　　不闻雷震也 …………………………………………………………… 102

追和子由去岁试举人洛下所寄 ………………………………………… 102

　　暴雨初晴楼上晚景五首 …………………………………………… 102

　　过广爱寺，见三学演师，观杨惠之塑宝山，朱瑶画文殊、普贤三首 …… 102

　　韩子华石淙庄 ……………………………………………………… 102

卷十　古今体诗五十八首 ……………………………………………… 104

立秋日祷雨，宿灵隐寺，同周、徐二令 ……………………………… 104

游灵隐寺，戏赠开轩李居士 …………………………………………… 104

病中独游净慈，谒本长老，周长官以诗见寄，仍邀游灵隐。因次

　　韵答之 ………………………………………………………………… 104

病中游祖塔院 …………………………………………………………… 104

虎跑泉 …………………………………………………………………… 105

佛日山荣长老方丈五绝 ………………………………………………… 105

吊天竺海月辩师三首 …………………………………………………… 105

孤山二咏 ………………………………………………………………… 105

　　柏　堂 ……………………………………………………………… 105

　　竹　阁 ……………………………………………………………… 106

与述古自有美堂乘月夜归 ……………………………………………… 106

有美堂暴雨 …… 106

八月十五日看潮五绝 …… 106

东阳水乐亭 …… 107

与周长官、李秀才游径山,二君先以诗见寄,次其韵二首 …… 107

临安三绝 …… 107

 将军树 …… 107

 锦　溪 …… 107

 石　镜 …… 107

登玲珑山 …… 108

宿九仙山 …… 108

陌上花三首 …… 108

游东西岩 …… 108

宿海会寺 …… 109

海会寺清心堂 …… 109

径山道中次韵答周长官,兼赠苏寺丞 …… 109

汪覃秀才久留山中,以诗见寄,次其韵 …… 110

再游径山 …… 110

洞霄宫 …… 110

初自径山归,述古召饮介亭,以病先起 …… 111

明日重九,亦以病不赴述古会,再用前韵 …… 111

九日,寻臻阇黎,遂泛小舟至勤师院二首 …… 111

九日,舟中望见有美堂上鲁少卿饮,以诗戏之二首 …… 111

元翰少卿宠惠谷帘水一器、龙团二枚,仍以新诗为贶,叹味不已,

次韵奉和 ………………………………………………………………… 112

游诸佛舍,一日饮酽茶七盏,戏书勤师壁 ………………………… 112

九日,湖上寻周、李二君不见,君亦见寻于湖上,以诗见寄,明日
　　乃次其韵 ……………………………………………………………… 112

送杭州杜、戚、陈三掾罢官归乡 …………………………………… 112

次韵周长官寿星院同钱鲁少卿 ……………………………………… 113

次韵述古过周长官夜饮 ……………………………………………… 113

述古以诗见责屡不赴会,复次前韵 ………………………………… 113

金门寺中见李西台与二钱唱和四绝句,戏用其韵跋之 ………… 113

胡穆秀才遗古铜器,似鼎而小,上有两柱,可以覆而不蹶,以为鼎
　　则不足,疑其饮器也。胡有诗,答之 ……………………………… 114

卷十一　古今体诗七十七首 ………………………………………… 115

贺陈述古弟章生子 …………………………………………………… 115

赠治易僧智周 ………………………………………………………… 115

张子野年八十五,尚闻买妾,述古令作诗 ………………………… 115

书双竹湛师房二首 …………………………………………………… 115

宝山新开径 …………………………………………………………… 116

和述古冬日牡丹四首 ………………………………………………… 116

刘贡父见余歌词数首,以诗见戏,聊次其韵 ……………………… 116

和柳子玉喜雪次韵,仍呈述古 ……………………………………… 116

观子玉郎中草圣 ……………………………………………………… 117

雪后至临平,与柳子玉同至僧舍,见陈尉烈 ……………………… 117

李颀秀才善画山,以两轴见寄,仍有诗,次韵答之 …… 117

夜至永乐文长老院,文时卧病退院 …… 117

柳氏二外甥求笔迹二首 …… 117

和钱安道寄惠建茶 …… 117

钱安道席上令歌者道服 …… 118

惠山谒钱道人,烹小龙团,登绝顶,望太湖 …… 118

钱道人有诗云"直须认取主人翁",作两绝戏之 …… 118

除夜野宿常州城外二首 …… 118

元日过丹阳,明日立春,寄鲁元翰 …… 119

古缠头曲 …… 119

刁同年草堂 …… 119

刁景纯赏瑞香花,忆先朝侍宴,次韵 …… 119

同柳子玉游鹤林、招隐,醉归,呈景纯 …… 120

景纯见和,复次韵赠之二首 …… 120

柳子玉亦见和,因以送之,兼寄其兄子璋道人 …… 120

子玉家宴,用前韵见寄,复答之 …… 120

景纯复以二篇:一言其亡兄与伯父同年之契,一言今者唱酬之意,仍次其韵 …… 120

子玉以诗见邀,同刁丈游金山 …… 121

金山寺与柳子玉饮,大醉卧宝觉禅榻,夜分方醒,书其壁 …… 121

送柳子玉赴灵仙 …… 121

监洞霄宫俞康直郎中所居四咏 …… 121

  退 圃 …… 121

逸　堂	121
遁　轩	121
远　楼	122
游鹤林、招隐二首	122
书普慈长老壁	122
书焦山纶长老壁	122
刁景纯席上和谢生二首	122
留别金山宝觉、圆通二长老	123
和苏州太守王规父侍太夫人观灯之什。余时以刘道原见访,滞留 　京口,不及赴此会二首	123
常、润道中有怀钱塘,寄述古五首	123
杭州牡丹开时,仆犹在常、润,周令作诗见寄,次其韵, 　复次一首送赴阙	124
常州太平寺观牡丹	124
游太平寺净土院,观牡丹中有淡黄一朵,特奇,为作小诗	124
无锡道中赋水车	124
成都进士杜暹伯升出家,名法通,往来吴中	125
虎丘寺	125
苏州闾丘、江君二家雨中饮酒二首	125
苏州姚氏三瑞堂	125
次韵沈长官三首	126
戏书吴江三贤画像三首	126
刘孝叔会虎丘,时王规父斋素祈雨不至二首	126

过永乐文长老已卒 …… 126

赠张、刁二老 …… 127

卷十二　古今体诗四十八首 …… 128

去年秋偶游宝山上方,入一小院阒然无人,有一僧,隐几低头读书。与之语,漠然不甚对。问其邻之僧,曰"此云阇黎也,不出十五年矣"。今年六月自常、润还,复至其室,则死葬数月矣。

　作诗题其壁 …… 128

听僧昭素琴 …… 128

僧惠勤初罢僧职 …… 128

游灵隐高峰塔 …… 129

八月十七日天竺山送桂花,分赠元素 …… 129

捕蝗至浮云岭,山行疲苦,有怀子由弟二首 …… 129

青牛岭高绝处有小寺,人迹罕到 …… 129

新城陈氏园次晁补之韵 …… 130

梅圣俞诗中有毛长官者,今於潜令国华也。圣俞殁十五年,而君犹为令,捕蝗至其邑,作诗戏之 …… 130

与毛令、方尉游西菩寺二首 …… 130

听贤师琴 …… 130

赠写真何充秀才 …… 131

回先生过湖州东林沈氏,饮醉,以石榴皮书其家东老庵之壁云"西邻已富忧不足,东老虽贫乐有余。白酒酿来因好客,黄金散尽为收书"。西蜀和仲,闻而次其韵三首。东老,沈氏之老自

谓也，湖人因以名之。其子偕作诗，有可观者 …………… 131

李行中醉眠亭三首 ………………………………………… 131

润州甘露寺弹筝 …………………………………………… 131

单同年求德兴俞氏聚远楼诗三首 ………………………… 132

平山堂次王居卿祠部韵 …………………………………… 132

次韵陈海州书怀 …………………………………………… 132

次韵陈海州乘槎亭 ………………………………………… 132

次韵孙职方苍梧山 ………………………………………… 132

次韵孙巨源寄涟水李、盛二著作，并以见寄五绝 ………… 133

王　荐 ……………………………………………………… 133

董　卓 ……………………………………………………… 133

虎　儿 ……………………………………………………… 133

除夜病中赠段屯田 ………………………………………… 134

乔太博见和，复次韵答之 ………………………………… 134

二公再和亦再答之 ………………………………………… 134

雪后书北台壁二首 ………………………………………… 135

谢人见和前篇二首 ………………………………………… 135

赵成伯家有丽人，仆忝乡人，不肯开樽，徒吟春雪美句，次韵一笑
　………………………………………………………… 135

成伯家宴造坐无由，辄欲效颦而酒已尽，入夜不欲烦扰，

　戏作小诗，求数酌而已 ………………………………… 136

成伯席上赠所出妓川人杨姐 ……………………………… 136

铁沟复赠乔太博 …………………………………………… 136

莫笑银杯小答乔太博 ··· 136

卷十三　古今体诗四十三首 ··· 137

送段屯田分得于字 ··· 137

和段屯田荆林馆 ··· 137

出城送客不及，步至溪上二首 ··· 137

游卢山，次韵章传道 ··· 137

卢山五咏 ··· 138

 卢敖洞 ··· 138

 饮酒台 ··· 138

 圣灯岩 ··· 138

 三　泉 ··· 138

 障日峰 ··· 138

次韵章传道喜雨 ··· 138

谢郡人田、贺二生献花 ··· 139

惜　花 ··· 139

和顿教授见寄，用除夜韵 ··· 140

和子由四首 ··· 140

 韩太祝送游太山 ··· 140

 送　春 ··· 140

 首夏官舍即事 ··· 140

 送李供备席上和李诗 ··· 141

西　斋 ··· 141

小　儿 …………………………………………………… 141

寄刘孝叔 ………………………………………………… 141

孔长源挽词二首 ………………………………………… 142

寄吕穆仲寺丞 …………………………………………… 142

余主簿母挽词 …………………………………………… 142

送赵寺丞寄陈海州 ……………………………………… 142

答陈述古二首 …………………………………………… 143

张安道乐全堂 …………………………………………… 143

张文裕挽词 ……………………………………………… 143

怀西湖寄晁美叔同年 …………………………………… 143

和梅户曹会猎铁沟 ……………………………………… 143

祭常山回小猎 …………………………………………… 144

和章七出守湖州二首 …………………………………… 144

次韵刘贡父、李公择见寄二首 ………………………… 144

和张子野见寄三绝句 …………………………………… 145

　　过旧游 ……………………………………………… 145

　　见题壁 ……………………………………………… 145

　　竹阁见忆 …………………………………………… 145

和蒋夔寄茶 ……………………………………………… 145

光禄庵二首 ……………………………………………… 145

卷十四　古今体诗六十六首 …………………………… 146

立春日,病中邀安国,仍请率禹功同来。仆虽不能饮,当请成伯主

会,某当杖策倚几于其间,观诸公醉笑,以拨滞闷也,二首 …… 146
答李邦直 ………………………………………………………… 146
和文与可洋川园池三十首 ……………………………………… 146
　　湖　桥 ……………………………………………………… 146
　　横　湖 ……………………………………………………… 147
　　书　轩 ……………………………………………………… 147
　　冰　池 ……………………………………………………… 147
　　竹　坞 ……………………………………………………… 147
　　荻　蒲 ……………………………………………………… 147
　　蓼　屿 ……………………………………………………… 147
　　望云楼 ……………………………………………………… 147
　　天汉台 ……………………………………………………… 147
　　待月台 ……………………………………………………… 147
　　二乐榭 ……………………………………………………… 147
　　灙泉亭 ……………………………………………………… 148
　　吏隐亭 ……………………………………………………… 148
　　霜筠亭 ……………………………………………………… 148
　　无言亭 ……………………………………………………… 148
　　露香亭 ……………………………………………………… 148
　　涵虚亭 ……………………………………………………… 148
　　溪光亭 ……………………………………………………… 148
　　过溪亭 ……………………………………………………… 148
　　披锦亭 ……………………………………………………… 148
　　禊　亭 ……………………………………………………… 148

菡萏亭	149
荼蘼洞	149
筼筜谷	149
寒芦港	149
野人庐	149
此君庵	149
香橙径	149
南　园	149
北　园	149

寄题刁景纯藏春坞　149

玉盘盂二首　150

和潞公超然台次韵　150

闻乔太博换左藏知钦州，以诗招饮　150

乔将行，烹鹅、鹿出刀剑以饮客，以诗戏之　150

奉和成伯，兼戏禹功　151

寄黎眉州　151

和赵郎中捕蝗见寄次韵　151

登常山绝顶广丽亭　151

薄薄酒二首　152

同年王中甫挽词　152

奉和成伯大雨中会客解嘲　152

七月五日二首　152

赵郎中见和，戏复答之　153

次韵周邠寄《雁荡山图》二首 …… 153

和鲁人孔周翰题诗二首 …… 153

送碧香酒与赵明叔教授 …… 154

赵既见和,复次韵答之 …… 154

赵郎中往莒县,逾月而归,复以一壶遗之,仍用前韵 …… 154

苏潜圣挽词 …… 154

和晁同年九日见寄 …… 155

送乔施州 …… 155

雪夜独宿柏仙庵 …… 155

和孔郎中荆林马上见寄 …… 155

别东武流杯 …… 155

留别雩泉 …… 156

留别释迦院牡丹呈赵倅 …… 156

董储郎中尝知眉州,与先人游。过安丘,访其故居,见其子希甫,
留诗屋壁 …… 156

卷十五 古今体诗六十四首 …… 157

除夜大雪留潍州,元日早晴遂行,中途雪复作 …… 157

大雪青州道上,有怀东武园亭,寄交代孔周翰 …… 157

至济南,李公择以诗相迎,次其韵二首 …… 157

和孔君亮郎中见赠 …… 158

颜乐亭诗 …… 158

送范景仁游洛中 …… 158

次韵景仁留别 ·· 159

京师哭任遵圣 ·· 159

书韩幹《牧马图》 ·· 159

送鲁元翰少卿知卫州 ·· 160

次韵子由送蒋夔赴代州学官 ·································· 160

宿州次韵刘泾 ·· 161

和李邦直沂山祈雨有应 ··· 161

徐州送交代仲达少卿 ·· 161

和孔密州五绝 ·· 161

 见邸家园留题 ·· 161

 春步西园见寄 ·· 161

 东栏梨花 ·· 162

 和流杯石上草书小诗 ·· 162

 堂后白牡丹 ··· 162

和赵郎中见戏二首 ··· 162

次韵子由与颜长道同游百步洪,相地筑亭种柳 ······· 162

次韵李邦直感旧 ··· 162

与梁先、舒焕泛舟,得临、酿字二首 ························ 163

次韵答邦直、子由五首 ·· 163

司马君实独乐园 ··· 164

送颜复,兼寄王巩 ·· 164

蝎　虎 ·· 164

子由将赴南都,与余会宿于逍遥堂,作两绝句,读之殆不可为怀,因和其诗以自解。余观子由,自少旷达,天资近道;又得至人养生长年之诀,而余亦窃闻其一二。以为今者宦游相别之日浅,而异时退休相从之日长。既以自解,且以慰子由云 …… 165

留题石经院三首 …… 165

过云龙山人张天骥 …… 165

赠王仲素寺丞 …… 166

阳关词三首 …… 166

 赠张继愿 …… 166

 答李公择 …… 166

 中秋月 …… 166

和孔周翰二绝 …… 166

 再观邸园留题 …… 166

 观净观堂,效韦苏州诗 …… 166

答任师中、家汉公 …… 166

初别子由 …… 167

次韵吕梁仲屯田 …… 168

王巩屡约重九见访,既而不至,以诗送将官梁交且见寄,次韵答之。交颇文雅,不类武人,家有侍者,甚惠丽 …… 168

台头寺雨中送李邦直赴史馆,分韵得忆字、人字,兼寄孙巨源二首 …… 168

代书答梁先 …… 168

九日邀仲屯田,为大水所隔,以诗见寄,次其韵 …… 169

送杨奉礼 …… 169

河　复 …………………………………… 169

登望谼亭 ………………………………… 170

韩幹马十四匹 …………………………… 170

有言郡东北荆山下，可以沟畎积水，因与吴正字、王户曹同往相视，以地多乱石不果。还，游圣女山，山有石室，如墓而无棺椁，或云宋司马桓魋墓。二子有诗，次其韵二首 ………… 170

赠写御容妙善师 ………………………… 170

哭刁景纯 ………………………………… 171

答吕梁仲屯田 …………………………… 171

答孔周翰求书与诗 ……………………… 172

卷十六　古今体诗六十三首 ……………… 173

送李公恕赴阙 …………………………… 173

张寺丞益斋 ……………………………… 173

春　菜 …………………………………… 173

送郑户曹 ………………………………… 174

《虔州八境图》八首 …………………… 174

读孟郊诗二首 …………………………… 175

访张山人得山中字二首 ………………… 176

送孔郎中赴陕郊 ………………………… 176

与梁左藏会饮傅国博家 ………………… 176

寒食日答李公择三绝次韵 ……………… 177

约公择饮，是日大风 …………………… 177

坐上赋戴花得天字 ·· 177

夜饮次韵毕推官 ·· 177

芙蓉城 ··· 178

续丽人行 ··· 178

闻李公择饮傅国博家大醉二首 ····································· 178

傅子美召公择饮，偶以病不及往，公择有诗，次韵 ················· 179

观子美病中作，嗟叹不足，因次韵 ································· 179

起伏龙行 ··· 179

闻公择过云龙张山人，辄往从之，公择有诗，戏用其韵 ············ 179

送李公择 ··· 180

送笋芍药与公择二首 ··· 180

和孙莘老次韵 ·· 180

游张山人园 ·· 180

杜介熙熙堂 ·· 181

次韵答刘泾 ·· 181

携妓乐游张山人园 ··· 181

种德亭 ··· 181

次韵僧潜见赠 ·· 182

次韵潜师放鱼 ·· 182

文与可有诗见寄云"待将一段鹅溪绢，扫取寒梢万尺长"，次韵

答之 ·· 183

闻辩才法师复归上天竺，以诗戏问 ································ 183

和子由送将官梁左藏仲通 ·· 183

次韵秦观秀才见赠,秦与孙莘老、李公择甚熟,将入京应举 ……… 183
仆曩于长安陈汉卿家见吴道子画佛,碎烂可惜。其后十余年,复
　　见之于鲜于子骏家,则已装背完好。子骏以见遗,作诗谢之 … 184
雨中过舒教授 …………………………………………………… 184
次韵舒教授寄李公择 …………………………………………… 184
又送郑户曹 ……………………………………………………… 185
次韵黄鲁直见赠古风二首 ……………………………………… 185
次韵答舒教授观余所藏墨 ……………………………………… 185
送郑户曹赋席上果,得榧子 …………………………………… 186
送胡掾 …………………………………………………………… 186
答仲屯田次韵 …………………………………………………… 186
密州宋国博以诗见纪在郡杂咏,次韵答之 …………………… 186
答范淳甫 ………………………………………………………… 187
次韵答王定国 …………………………………………………… 187
和鲜于子骏《郓州新堂月夜》二首 …………………………… 187
送将官梁左藏赴莫州 …………………………………………… 187

卷十七　古今体诗五十一首 ……………………………… 189

次韵子由送赵㞦归觐钱塘,遂赴永嘉 ………………………… 189
中秋月三首 ……………………………………………………… 189
中秋见月和子由 ………………………………………………… 190
答王巩 …………………………………………………………… 190
次韵王定国马上见寄 …………………………………………… 191

与顿起、孙勉泛舟,探韵得未字 …… 191

次韵答顿起二首 …… 191

九日黄楼作 …… 192

太虚以黄楼赋见寄,作诗为谢 …… 192

九日次韵王巩 …… 192

送顿起 …… 192

送孙勉 …… 193

李思训画《长江绝岛图》 …… 193

张安道见示近诗 …… 193

次韵王巩、颜复同泛舟 …… 194

次韵张十七九日赠子由 …… 194

次韵王巩独眠 …… 194

次韵王巩留别 …… 194

登云龙山 …… 194

题云龙草堂石磬 …… 195

与舒教授、张山人、参寥师同游戏马台,书西轩壁,兼简颜长道二首 …… 195

滕县时同年西园 …… 195

次韵王廷老和张十七九日见寄 …… 195

鹿鸣宴 …… 195

次韵参寥师寄秦太虚三绝句,时秦君举进士不得 …… 196

与参寥师行园中,得黄耳蕈 …… 196

百步洪二首 …… 196

送参寥师 …… 197

夜过舒尧文戏作 …… 197

和参寥见寄 …… 198

十月十五日观月黄楼,席上次韵 …… 198

答王定民 …… 198

次韵王廷老退居见寄二首 …… 198

次韵颜长道送傅倅 …… 198

云龙山观烧得云字 …… 199

和田国博喜雪 …… 199

祈雪雾猪泉,出城马上作,赠舒尧文 …… 199

次韵舒尧文祈雪雾猪泉 …… 199

宋复古画《潇湘晚景图》三首 …… 200

赠狄崇班季子 …… 200

石　炭 …… 200

卷十八　古今体诗四十七首 …… 202

人日猎城南,会者十人,以"身轻一鸟过,枪急万人呼"为韵,得鸟字 …… 202

将官雷胜得过字代作 …… 202

台头寺步月得人字 …… 202

台头寺送宋希元 …… 203

种松得徕字 …… 203

作书寄王晋卿,忽忆前年寒食北城之游,走笔为此诗 …… 203

往在东武,与人往反作粲字韵诗四首,今黄鲁直亦次韵见寄,复
 和答之 ······ 203

雪 斋 ······ 204

以双刀遗子由,子由有诗,次其韵 ······ 204

游桓山,会者十人,以"春水满四泽,夏云多奇峰"为韵,得泽字 ··· 204

戴道士得四字代作 ······ 205

次韵田国博部夫南京见寄二绝 ······ 205

月夜与客饮杏花下 ······ 205

送蜀人张师厚赴殿试二首 ······ 206

再次韵答田国博部夫还二首 ······ 206

田国博见示石炭诗,有"铸剑斩佞臣"之句,次韵答之 ······ 206

答郡中同僚贺雨 ······ 206

留别叔通、元弼、坦夫 ······ 206

罢徐州,往南京,马上走笔寄子由五首 ······ 207

泗州僧伽塔 ······ 207

龟 山 ······ 208

书泗州孙景山西轩 ······ 208

泗州遇仓中刘景文老兄,戏赠一绝 ······ 208

过淮三首赠景山,兼寄子由 ······ 208

舟中夜起 ······ 209

余去金山五年而复至,次旧诗韵,赠宝觉长老 ······ 209

大风留金山两日 ······ 209

游惠山 ······ 209

赠惠山僧惠表 ·········· 210

赠钱道人 ·········· 210

与秦太虚、参寥会于松江,而关彦长、徐安中适至,分韵得风字
　二首 ·········· 210

次韵关令送鱼 ·········· 211

次韵秦太虚见戏耳聋 ·········· 211

端午遍游诸寺得禅字 ·········· 211

送刘寺丞赴余姚 ·········· 211

卷十九　古今体诗五十首 ·········· 213

雪上访道人不遇 ·········· 213

李公择过高邮,见施大夫与孙莘老赏花诗,忆与仆去岁会于彭
　门折花馈笋故事,作诗二十四韵见戏。依韵奉答,亦以戏公
　择云 ·········· 213

王巩清虚堂 ·········· 213

次韵答王巩 ·········· 214

和孙同年卞山龙洞祷晴 ·········· 214

乘舟过贾收水阁,收不在,见其子三首 ·········· 214

次韵孙秘丞见赠 ·········· 214

与客游道场何山,得鸟字 ·········· 215

仆去杭五年,吴中仍岁大饥疫,故人往往逝去,闻湖上僧舍不复
　往日繁丽,独净慈本长老学者益盛,作诗寄之 ·········· 215

船踔风 ·········· 215

丁公默送蟑蜂 …… 216
送孙著作赴考城，兼寄钱醇老、李邦直二君，于孙处有书见及 …… 216
泛舟城南，会者五人，分韵赋诗，得"人皆苦炎"字四首 …… 216
与王郎夜饮井水 …… 217
次韵李公择梅花 …… 217
送渊师归径山 …… 217
送表忠观钱道士归杭 …… 217
次韵周开祖长官见寄 …… 218
林子中以诗寄文与可及余，与可既殁，追和其韵 …… 218
与王郎昆仲及儿子迈绕城观荷花，登岘山亭，晚入飞英寺，分韵
　　得"月明星稀"四首 …… 219
次韵章子厚飞英留题 …… 219
城南县尉水亭得长字 …… 219
与胡祠部游法华山 …… 220
又次前韵赠贾耘老 …… 220
赵阅道高斋 …… 220
送俞节推 …… 221
次韵答孙侔 …… 221
重　寄 …… 221
次韵和刘贡父登黄楼见寄，并寄子由二首 …… 221
吴江岸 …… 222
御史台榆、槐、竹、柏四首 …… 222
　榆 …… 222

槐 ………………………………………………………… 222

　　竹 ………………………………………………………… 222

　　柏 ………………………………………………………… 222

己未十月十五日,狱中恭闻太皇太后不豫,有赦,作诗 ………… 223

十月二十日恭闻太皇太后升遐,以轼罪人不许成服,欲哭则不
　　敢,欲泣则不可,故作挽词二章 …………………………… 223

予以事系御史台狱,狱吏稍见侵,自度不能堪,死狱中,不得一
　　别子由,故作二诗授狱卒梁成,以遗子由 ………………… 223

十二月二十八日,蒙恩责授检校水部员外郎、黄州团练副史,复
　　用前韵二首 ………………………………………………… 224

卷二十　古今体诗六十首 ……………………………………… 225

陈州与文郎逸民饮别,携手河堤上作此诗 ……………………… 225

子由自南都来陈,三日而别 ……………………………………… 225

正月十八日蔡州道上遇雪,次子由韵二首 ……………………… 225

过新息留示乡人任师中 ………………………………………… 226

过　淮 …………………………………………………………… 226

书䴏公诗后 ……………………………………………………… 226

游静居寺 ………………………………………………………… 227

梅花二首 ………………………………………………………… 227

戏作种松 ………………………………………………………… 227

万松亭 …………………………………………………………… 228

张先生 …………………………………………………………… 228

初到黄州 …………………………………………………………… 229

陈季常所蓄《朱陈村嫁娶图》二首 …………………………… 229

少年时尝过一村院，见壁上有诗云"夜凉疑有雨，院静似无僧"，
　　不知何人诗也。宿黄州禅智寺，寺僧皆不在。夜半雨作，偶
　　记此诗，故作一绝 …………………………………………… 229

定惠院寓居，月夜偶出 ………………………………………… 229

次韵前篇 ………………………………………………………… 230

安国寺浴 ………………………………………………………… 230

安国寺寻春 ……………………………………………………… 230

寓居定惠院之东，杂花满山，有海棠一株，土人不知贵也 …… 231

次韵乐著作野步 ………………………………………………… 231

二月二十六日，雨中熟睡，至晚强起出门，还作此诗，意思殊昏
　　昏也 …………………………………………………………… 231

雨晴后，步至四望亭下鱼池上，遂自乾明寺前东冈上归二首 …… 231

雨中看牡丹三首 ………………………………………………… 232

次韵乐著作送酒 ………………………………………………… 232

次韵乐著作天庆观醮 …………………………………………… 232

王齐万秀才寓居武昌县刘郎洑，正与伍洲相对，伍子胥奔吴所从
　　渡江也 ………………………………………………………… 232

杜沂游武昌，以酴醾花菩萨泉见饷二首 ……………………… 233

陈季常自岐亭见访，郡中及旧州诸豪争欲邀致之，戏作陈孟公诗
　　一首 …………………………………………………………… 233

游武昌寒溪西山寺 ……………………………………………… 233

西山戏题武昌王居士 …… 234

武昌铜剑歌 …… 234

定惠院颙师为余竹下开啸轩 …… 234

石　芝 …… 235

今年正月十四日与子由别于陈州,五月子由复至齐安,以诗迎
　　之 …… 235

迁居临皋亭 …… 235

晓至巴河口迎子由 …… 236

与子由同游寒溪西山 …… 236

次韵答子由 …… 236

武昌酌菩萨泉送王子立 …… 236

和何长官六言次韵五首 …… 237

观张师正所蓄辰砂 …… 237

五禽言五首 …… 237

次韵子由病酒肺疾发 …… 238

铁拄杖 …… 238

与潘三失解后饮酒 …… 239

卷二十一　古今体诗九十二首 …… 240

正月二十日往岐亭,郡人潘、古、郭三人送余于女王城东禅庄院 … 240

东坡八首 …… 240

次韵回文三首 …… 241

　　附:江南本织锦图上回文原作三首 …… 242

数日前梦一僧出二镜求诗，僧以镜置日中，其影甚异。其一如芭蕉，
　　其一如莲花，梦中作此诗 ………………………………………… 242
岐亭道上见梅花，戏赠季常 ……………………………………………… 242
乐全先生生日，以铁拄杖为寿二首 ……………………………………… 242
杭州故人信至齐安 ………………………………………………………… 243
送牛尾狸与徐使君 ………………………………………………………… 243
四时词 ……………………………………………………………………… 243
太守徐君猷、通守孟亨之皆不饮酒，以诗戏之 ………………………… 244
侄安节远来夜坐三首 ……………………………………………………… 244
冬至日赠安节 ……………………………………………………………… 244
雪后到乾明寺，遂宿 ……………………………………………………… 244
伯父《送先人下第归蜀》诗云"人稀野店休安枕，路入灵关稳
　　跨驴"，安节将去，为诵此句，因以为韵，作小诗十四首送之 …… 245
次韵和王巩六首 …………………………………………………………… 245
元丰四年十月二十二日，谒王文父、齐万于江南。坐上得陈季
　　常书报：是月四日种谔领兵深入，破杀西夏六万余人，获马五
　　千匹。众喜忭唱乐，各饮一巨觥 ………………………………… 246
闻洮西捷报 ………………………………………………………………… 246
记梦回文二首 ……………………………………………………………… 247
三朵花 ……………………………………………………………………… 247
次韵陈四雪中赏梅 ………………………………………………………… 247
正月二十日，与潘、郭二生出郊寻春，忽忆去年是日同至女王城
　　作诗，乃和前韵 …………………………………………………… 247

是日，偶至野人汪氏之居，有神降于其室，自称天人李全，字德通。
善篆字，用笔奇妙，而字不可识，云，天篆也。与予言，有所会
者。复作一篇，仍用前韵 …………………………………………… 248

浚　井 …………………………………………………………………… 248

红梅三首 ………………………………………………………………… 248

次韵子由寄题孔平仲草庵 ……………………………………………… 249

二　虫 …………………………………………………………………… 249

陈季常见过三首 ………………………………………………………… 249

谢人惠云巾、方舄二首 ………………………………………………… 249

寒食雨二首 ……………………………………………………………… 250

徐使君分新火 …………………………………………………………… 250

次韵答元素 ……………………………………………………………… 250

蜜酒歌 …………………………………………………………………… 250

又一首答二犹子与王郎见和 …………………………………………… 251

谢陈季常惠一揞巾 ……………………………………………………… 251

赠黄山人 ………………………………………………………………… 251

赠　人 …………………………………………………………………… 251

问大冶长老乞桃花茶栽东坡 …………………………………………… 252

寄子由 …………………………………………………………………… 252

次韵孔毅父久旱已而甚雨三首 ………………………………………… 252

鱼蛮子 …………………………………………………………………… 253

夜坐与迈联句 …………………………………………………………… 253

吊李台卿 ………………………………………………………………… 254

曹既见和复次其韵 …………………………………………… 254

吊徐德占 ……………………………………………………… 254

武昌主簿吴亮君采携其友人沈君十二琴之说,与高斋先生空同子之文、太平之颂以示予。予不识沈君,而读其书如见其人,如闻十二琴之声。予昔从高斋先生游,尝见其宝一琴,无铭无识,不知其何代物也？请以告二子,使从先生求观之。此十二琴者,待其琴而后和。元丰五年闰六月 …………… 255

李委吹笛 ……………………………………………………… 255

蜀僧明操思归书龙丘子壁 …………………………………… 255

卷二十二 古今体诗四十二首 ………………………………… 256

次韵孔毅父集古人句见赠五首 ……………………………… 256

六年正月二十日复出东门,仍用前韵 ……………………… 256

食 甘 ………………………………………………………… 256

大寒步至东坡赠巢三 ………………………………………… 257

元修菜 ………………………………………………………… 257

三月三日点灯会客 …………………………………………… 257

日日出东门 …………………………………………………… 258

南堂五首 ……………………………………………………… 258

次韵子由种杉竹 ……………………………………………… 258

孔毅父妻挽词 ………………………………………………… 258

初秋寄子由 …………………………………………………… 259

和黄鲁直食笋次韵 …………………………………………… 259

闻子由为郡僚所挤,恐当去官 ………………………………… 259

次韵王巩南迁初归二首 ……………………………………… 259

孔毅父以诗戒饮酒,问买田,且乞墨竹,次其韵 …………… 260

任师中挽词 …………………………………………………… 260

子由作二颂,颂石台长老问公:手写《莲经》,字如黑蚁,
　且诵万遍,胁不至席二十余年。予亦作二首 …………… 260

邓忠臣母周氏挽词 …………………………………………… 261

徐君猷挽词 …………………………………………………… 261

洗儿戏作 ……………………………………………………… 261

和蔡景繁海州石室 …………………………………………… 261

橄　榄 ………………………………………………………… 262

东　坡 ………………………………………………………… 262

生日,王郎以诗见庆,次其韵,并寄茶二十一片 …………… 262

柏石图诗 ……………………………………………………… 262

和秦太虚梅花 ………………………………………………… 263

再和潜师 ……………………………………………………… 263

海　棠 ………………………………………………………… 263

次韵曹九章见赠 ……………………………………………… 263

上巳日与二三子携酒出游,随所见辄作数句,明日集之为诗,
　故辞无伦次 ……………………………………………… 263

刘监仓家煎米粉作饼子,余云"为甚酥"。潘邠老家造逡巡酒,
　余饮之,云"莫作醋错著水来否?"后数日,携家饮郊外,因作
　小诗戏刘公求之 ………………………………………… 264

和参寥 ··· 264

卷二十三　古今体诗四十四首 ································· 265

别黄州 ··· 265

过江夜行武昌山上,闻黄州鼓角 ······························ 265

岐亭五首 ··· 265

初入庐山三首 ·· 267

赠东林总长老 ·· 267

题西林壁 ··· 267

圆通禅院,先君旧游也。四月二十四日晚至,宿焉。明日,先君忌日也,乃手写宝积献盖颂佛一偈,以赠长老仙公。仙公抚掌笑曰"昨夜梦宝盖飞下,著处辄出火,岂此祥乎!"乃作是诗。院有蜀僧宣逮事讷长老,识先君云 ················ 267

子由在筠作《东轩记》,或戏之为东轩长老。其婿曹焕往筠,余作一绝句送曹,以戏子由。曹过庐山,以示圆通慎长老。慎欣然亦作一绝,送客出门,归入室,趺坐化去。子由闻之仍作二绝:一以答余,一以答慎。明年余过圆通,始得其详,乃追次慎韵 ········ 267

余过温泉,壁上有诗云"直待众生总无垢,我方清冷混常流"。问人,云长老可遵作,遵已退居圆通,亦作一绝 ·············· 268

世传徐凝《瀑布》诗云"一条界破青山色",至为尘陋;又伪作乐天诗,称羡"此句有赛不得"之语。乐天虽涉浅易,然岂至是哉!乃戏作一绝 ·· 268

书李公择白石山房 ·· 268

庐山二胜 ··· 269
　　开先漱玉亭 ··· 269
　　栖贤三峡桥 ··· 269
自兴国往筠,宿石田驿南廿五里野人舍 ··············· 269
过建昌李野夫公择故居 ·· 269
将至筠,先寄迟、适、远三犹子 ································ 270
端午游真如,迟、适、远从,子由在酒局(从字绝句) ········· 270
别子由三首兼别迟 ·· 270
初别子由至奉新作 ·· 271
白塔铺歇马 ·· 271
同年程筠德林求先坟二诗 ···································· 271
　　思成堂 ·· 271
　　归真亭 ·· 271
陶骥子骏佚老堂二首 ·· 272
和李太白 ·· 272
次韵道潜留别 ·· 272
赠江州景德长老 ·· 272
郭祥正家,醉画竹石壁上,郭作诗为谢,且遗二古铜剑 ······· 273
龙尾砚歌 ·· 273
张近几仲有龙尾子石砚,以铜剑易之 ··················· 273
张作诗送砚反剑,乃和其诗,卒以剑归之 ············· 274
去岁九月二十七日,在黄州生子遯,小名幹儿,颀然颖异。至今年
　　七月二十八日,病亡于金陵,作二诗哭之 ············· 274

叶涛致远见和二诗,复次其韵 …… 274

卷二十四　古今体诗五十六首 …… 276

荆公次韵四绝 …… 276

半山亭 …… 276

张庖民挽辞 …… 276

次韵叶致远见赠 …… 276

次韵致远 …… 277

次韵杭人裴维甫 …… 277

次韵段缝见赠 …… 277

题孙思邈真 …… 277

戏作鲖鱼一绝 …… 277

同王胜之游蒋山 …… 277

至真州再和二首 …… 278

次韵答宝觉 …… 278

眉子石砚歌赠胡誾 …… 278

以玉带施元长老,元以衲裙相报,次韵二首 …… 278

次韵滕元发、许仲塗、秦少游 …… 279

送金山乡僧归蜀开堂 …… 279

送沈逵赴广南 …… 279

豆　粥 …… 279

秦少游梦发殡而葬之者,云是刘发之柩,是岁发首荐。秦以诗贺之,刘泾亦作,因次其韵 …… 280

金山梦中作	280
次韵周穜惠石铫	280
次韵蒋颖叔	280
龟山辩才师	281
赠潘谷	281
徐大正闲轩	281
蒜山松林中可卜居,余欲僦其地,地属金山,故作此诗与金山元长老	282
王中甫哀辞	282
蔡景繁官舍小阁	282
十一月十三日,与幾先自竹西来访庆老,不见。独与君卿供奉、蟾知客东阁道话久之	283
邵伯梵行寺山茶	283
高邮陈直躬处士画雁二首	283
和王斿二首	283
次韵张琬	284
次韵王定国南迁回见寄	284
赠梁道人	284
雍秀才画草虫八物	284
促织	284
蝉	285
虾蟆	285
蜥蜴	285

天水牛 ································· 285

　　蝎　虎 ································· 285

　　蜗　牛 ································· 285

　　鬼　蝶 ································· 285

泗州南山监仓萧渊东轩二首 ··············· 285

泗州除夜,雪中黄师是送酥酒二首 ········· 285

章、钱二君见和,复次韵答之二首 ········· 286

卷二十五　古今体诗五十六首 ············ 287

正月一日,雪中过淮谒客回,作二首 ······· 287

书刘君射堂 ····························· 287

孙莘老寄墨四首 ························· 287

留题兰皋亭 ····························· 288

和人见赠 ······························· 288

和田仲宣见赠 ··························· 288

和王胜之三首 ··························· 288

南都妙峰亭 ····························· 289

记　梦 ································· 289

寄蕲簟与蒲传正 ························· 289

寄怪石、石斛与鲁元翰 ··················· 290

渔父四首 ······························· 290

李宪仲哀词 ····························· 290

赠眼医王彦若 ··························· 291

与欧育等六人饮酒 291

观杭州钤辖欧育刀剑战袍 291

王伯敦所藏赵昌花四首 292

　　梅　花 292

　　黄　葵 292

　　芙　蓉 292

　　山　茶 292

寄吴德仁兼简陈季常 292

题王逸少帖 293

书林逋诗后 293

和仲伯达 293

春　日 293

赠袁陟 294

苏子容母陈夫人挽词 294

神宗皇帝挽词三首 294

过文觉显公房 294

归宜兴，留题竹西寺三首 295

广陵后园题申公扇子 295

与孟震同游常州僧舍三首 295

常州太平寺法华院蒼卜亭醉题 295

赠常州报恩长老二首 295

次韵答贾耘老 295

墨　花 296

送竹几与谢秀才 …………………………………… 296

溪阴堂 ………………………………………………… 296

次韵许遵 ……………………………………………… 296

赠章默 ………………………………………………… 297

纪评苏轼诗集(上)

〔宋〕苏轼 撰

〔清〕纪昀 评点

编校说明

本书以清道光十四年冬两广节署刊本纪昀公评《苏文忠公诗集》本为底本,参照中华书局1982年出版的清代王文诰辑注、当代孔凡礼点校的《苏轼诗集》对校。故改名为《纪评苏轼诗集》。

序 一

　　余点论是集,始于丙戌之五月。初以墨笔,再阅改用朱笔,三阅又改用紫笔。交互纵横,递相涂乙,殆模糊不可辨识。友朋传录,各以意去取之。续于门人葛编修正华处,得初白先生手批本;又补写于罅隙之中,益镠轕难别。今岁六月,自乌鲁木齐归。长昼多暇,因缮此净本,以便省览。盖至是凡五阅矣。

乾隆辛卯八月,纪昀记

序 二

河间纪文达公,于书无所不读。浏览所及,丹黄并下,如汉廷老吏,剖断精核,而适得事理之平。至于苏诗,五易本而后定,盖尤审也。余既刻公所评《文心雕龙》《史通》二种,复梓是集,为读苏诗者得津梁焉。昔公尝谓生平学力尽于《四库提要》一书,余集可废。然则公不以是集重,读是集者不能不以公重也。苏诗旧有查初白评本,此则较严,凡涉禅悦语及风议太峭激处,咸乙之。盖子瞻才大,可以无所不有。公为后学正其圭臬,固其宜也。公尚有手批《全唐诗》,闻藏于陈望之中丞处,惜未及见,益征公之才力过人千百矣。是集之刻,乌足以尽公哉。

道光十四年十二月,涿州卢坤序

序 三

一、是书原为刊纪文达公评点，故除自注外，不采各家注释。间附数则与评语有关会或与诗有辨证也。

一、原批系用查初白补注本，是书悉依其编次。间有重出或错误遗漏者，以冯星实合注本定之。

一、诗内有字句互异，诸本两存者，兹以纪定之字为准，余不复注。

一、原本有上选、次选。上选则于题颠标双〇，次选单〇。其有一题数诗俱同选者，仍统标于题颠；若有双有单，或选或否，则各标于诗颠。

一、是本宫保师命兰监刻间以肺疾，遂付及门陈生士荃专任校勘。始于甲午正月，竣于腊月。合并志之。

嘉应吴兰修记

卷 一

古今体诗四十二首

郭 纶

自注：纶本河西弓箭手，屡战有功，不赏。自黎州都监官满，贫不能归。今权嘉州监税。

河西猛士无人识，日暮津亭阅过船。（眉批：首二句写出英雄失路之概。）路人但觉骢马瘦，不知铁槊大如椽。因言西方久不战，截发愿作万骑先。我当凭轼与寓目，看君飞矢集蛮毡。（眉批：颇作意态而不免浅弱。病在五句接落少力，而五句之少力，则病在"因言"二字之板滞也。）

初发嘉州

（眉批：气韵洒脱，格律谨严。此少年未纵笔时。）

朝发鼓阗阗，西风猎画旐。故乡飘已远，往意浩无边。锦水细不见，蛮江清可怜。（眉批：出句五仄，则对句第三字必平，唐人定格。）奔腾过佛脚，旷荡造平川。野市有禅客，钓台寻暮烟。相期定先到，久立水潺潺。（眉批：接得挺拔，仿佛孟公"问我今何适，天台访石桥"二句笔意。）

犍为王氏书楼

树林幽翠满山谷，楼观突兀起江滨。云是昔人藏书处，磊落万卷今生尘。江边日出红雾散，绮窗画阁青氤氲。山猿悲啸谷泉响，野鸟嘤戛岩花春。借问主人今何在？被甲远戍长苦辛。先登搏战事斩级，区区何者为《三坟》。书生古亦有战阵，葛衣羽扇挥三军。古人不见悲世俗，回首苍山空白云。（眉批：亦颇浅弱,此时气格尚未成就也。)

过宜宾见夷牢乱山

(眉批:清而未厚,峭而未坚,火候未足时,虽东坡天才,不能强造也。)

江寒晴不知,远见山上日。朦胧含高峰,晃荡射峭壁。横云忽飘散,翠树纷历历。(眉批:起六句写景自好。)行人挹孤光,飞鸟投远碧。(眉批:收入俗径。)蛮荒谁复爱,秾秀安可适?(眉批:"秾秀"句,不成句法。)岂无避世士,高隐炼精魄。谁能从之游,路有豺虎迹。

夜泊牛口

日落江雾生,系舟宿牛口。居民偶相聚,三四依古柳。负薪出深谷,见客喜且售。煮蔬为夜飧,安识肉与酒。朔风吹茅屋,破壁见星斗。儿女自咿嚘,亦足乐且久。(眉批:"喜且售"三字凑,"安识"句率,"乐且久"三字趁韵。)人生本无事,苦为世味诱。富贵耀吾前,贫贱独难守。谁知深山子,甘与麋鹿友。此处可住。置身落蛮荒,生意不自陋。今予独何者,汲汲强奔走。(眉批:后半全是俗径,凡游眺山水之诗,此意摇笔便来,切宜避之。)

牛口见月

掩窗寂已睡,月脚垂孤光。披衣起周览,飞露洒我裳。山川同一色,浩若涉大荒。幽怀耿不寐,四顾独彷徨。(眉批:起八句极佳,以下殊乏熔炼。)忽忆丙申年,京邑大雨雰。(眉批:"雰"字悬脚。)蔡河中夜决,横浸国南方。车马无复见,纷纷操筏郎。新秋忽已晴,九陌尚汪洋。龙津观夜市,灯火亦煌煌。新月皎如昼,疏星弄寒芒。不知京国喧,谓是江湖乡。今来牛口渚,见月重凄凉。却思旧游处,满陌沙尘黄。

戎　州

乱石围古郡,市易带群蛮。(眉批:顺笔写出,有挥洒自如之意。)瘦岭春耕少,孤城夜漏闲。往时边有警,征马去无还。自顷方从化,年来亦款关。颇能贪汉布,但未脱金镮。何足争强弱,吾民尽玉颜。(眉批:对獠人之狞陋言之,故曰"玉颜",然二字究是强押。)

舟中听大人弹琴

(眉批:通篇不脱旧人习径,句法亦多浅弱。渔洋《古诗选》取之,是所未喻。)

弹琴江浦夜漏永,敛衽窃听独激昂。(眉批:"独激昂"三字不似听琴,且与下文不贯。)风松瀑布已清绝,更爱玉佩声琅珰。自从郑卫乱雅乐,古器残缺世已忘。千家寥落独琴在,有如老仙不死阅兴亡。世人不容独反古,强以新曲求铿锵。微音淡弄忽变转,数声浮脆如笙簧。无情枯木今尚尔,何况古意堕渺茫。江空月出人响绝,夜阑更请弹《文王》。(眉批:《文王操》无所取义,即是趁韵。)

泊南牛口期任遵圣长官,到晚不及见,复来

江上有微径,深榛烟雨埋。崎岖欲取别,不见又重来。下马未及语,固已慰长怀。江湖涉浩渺,安得与之偕。

过安乐山,闻山上木叶有文,如道士箓符,云此山乃张道陵所寓,二首

天师化去知何在?玉印相传世共珍。故国子孙今尚死,满山秋叶岂能神?

真人已不死,外慕堕空虚。犹余好名意,满树写天书。

渝州寄王道矩

曾闻五月到渝州,水拍长亭砌下流。惟有梦魂长缭绕,共论唐史更绸缪。(眉批:"唐史"太不对。)舟经故国岁时改,霜落寒江波浪收。归梦不成冬夜永,厌闻船上报更筹。

入　峡

（眉批：刻意锻炼，语皆警峭，气局亦宽然有余。）

自昔怀幽赏，今兹得纵探。长江连楚蜀，万派泻东南。合水来如电，黔波绿似蓝。余流细不数，远势竟相参。（眉批："余流"句总括得好，二句亦不冗不漏。）入峡初无路，连山忽似龛。萦纡收浩渺，蹙缩作渊潭。风过如呼吸，云生似吐含。坠崖鸣窣窣，垂蔓绿毵毵。冷翠多崖竹，孤生有石楠。飞泉飘乱雪，怪石走惊骖。绝涧知深浅，樵童忽两三。人烟偶逢郭，沙岸可乘篮。野戍荒州县，邦君古子男。放衙鸣晚鼓，留客荐霜柑。闻道黄精草，丛生绿玉篸。尽应充食饮，不见有彭聃。（眉批："闻道"四句百忙中忽插一波，笔墨闲逸之至。）气候冬犹暖，星河夜半涵。遗民悲昶衍，旧俗接鱼蚕。板屋漫无瓦，岩居窄似庵。伐薪常冒险，得米不盈甔。叹息生何陋，劬劳不自慙。叶舟轻远溯，大浪固尝谙。（眉批：字不雅。）矍铄空相视，呕哑莫与谈。蛮荒安可住，幽邃信难妉。独爱孤栖鹘，高超百尺岚。横飞应自得，远飐似无贪。振翮游霄汉，无心顾雀鹌。尘劳世方病，局促我何堪。尽解林泉好，多为富贵酣。试看飞鸟乐，高遁此心甘。（眉批：结亦常意，而忽借一鸟生波，即觉咏叹淫佚，意味深长，故诗家当争用笔。）

江上看山

船上看山如走马，倏忽过去数百群。前山槎牙忽变态，后岭杂沓如惊奔。仰看微径斜缭绕，上有行人高缥缈。舟中举手欲与言，孤帆南去如飞鸟。（眉批：起势雄悍，后四句撑拄不起。）

涪州得山胡次子由韵

自注：善鸣，出黔中。

终日锁筠笼，回头惜翠茸。（眉批：纯是古法。）谁知声嘓嘓，亦自意重重。（眉批：强无为有，亦自有味。）夜宿烟生浦，朝鸣日上峰。故巢何足恋，鹰隼岂能容？

（眉批：结乃慰之之词，东坡此时尚无世途之感，非有托也。）

留题仙都观

山前江水流浩浩，山上苍苍松柏老。舟中行客去纷纷，古今换易如秋草。空山楼观何峥嵘，真人王远阴长生。飞符御气朝百灵，悟道不复诵《黄庭》。龙车虎驾来下迎，去如旋风抟紫清。真人厌世不回顾，世间生死如朝暮。学仙度世岂无人，餐霞绝粒长苦辛。安得独从逍遥君，泠然乘风驾浮云，超世无有我独存。（眉批：气味道逸，但乏精意。）

仙都山鹿

（眉批：诗亦清拔，但乏深警。）

日月何促促，尘世苦局束。仙子去无踪，故山遗白鹿。仙人已去鹿无家，孤栖怅望层城霞。至今闻有游洞客，夜来江市叫平沙。（眉批："至今"二句太率易。）长松千树风萧瑟，仙宫去人无咫尺。夜鸣白鹿安在哉，满山秋草无行迹。

江上值雪，效欧阳体，限不以盐玉鹤鹭絮蝶飞舞之类为比，仍不使皓白洁素等字，次子由韵

缩颈夜眠如冻龟，雪来惟有客先知。江边晓起浩无际，树杪风多寒更吹。青山有似少年子，一夕变尽沧浪髭。（眉批："青山"二句自佳。）方知阳气在流水，沙上盈尺江无澌。随风颠倒纷不择，下满坑谷高陵危。江空野阔落不见，入户但觉轻丝丝。沾裳细看若刻镂，岂有一一天工为。霍然一挥遍九野，吁此权柄谁执持。世间苦乐知有几，今我幸免沾肤肌。山夫只见压樵担，岂知带酒飘歌儿。（眉批："岂知"句不妥。）天王临轩喜有麦，宰相献寿嘉及时。冻吟书生笔欲折，夜织贫女寒无帏。高人着屐踏冷洌，飘拂巾帽真仙姿。野僧斫路出门去，（眉批："斫路"二字不妥。）寒液满鼻清淋漓。洒袍入袖湿靴底，亦有执板趋阶墀。（眉批："寒液满鼻"太俚，"湿靴底"亦俚。）舟中行客何所爱，愿得猎骑当风披。草中

咻咻有寒兔,孤隼下击千夫驰。敲冰煮鹿最可乐,我虽不饮强倒卮。楚人自古好弋猎,谁能往者我欲随。纷纭旋转从满面,马上操笔为赋之。(眉批:结太率。)

严颜碑

自注:在忠州。严即巴郡太守,事见《蜀志·张飞传》。

先主反刘璋,兵意颇不义。孔明古豪杰,何乃为此事?刘璋固庸主,谁为死不二。严子独何贤,谈笑傲砧几。国亡君已执,嗟子死谁为。何人刻山石,使我空涕泪。吁嗟断头将,千古为病悸。

屈原塔

自注:在忠州,原不当有碑塔于此,意者后人追思,故为作之。

楚人悲屈原,千载意未歇。精魂飘何处,父老空哽咽。至今沧江上,投饭救饥渴。遗风成竞渡,哀叫楚山裂。(眉批:"渴"字添出趁题。"遗风"二句亦不自然。)屈原古壮士,就死意甚烈。世俗安得知,眷眷不忍决。南宾旧属楚,山上有遗塔。应是奉佛人,恐子就沦灭。此事虽无凭,此意固已切。古人谁不死,何必较考折。名声实无穷,富贵亦暂热。大夫知此理,所以持死节。(眉批:结四句将屈原说作好名,语病不小。若节去"至今"四句及此四句,转觉完美。)

望夫台

自注:在忠州南数十里。

山头孤石远亭亭,江转船回石似屏。可怜千古长如昨,船去船来自不停。浩浩长江赴沧海,纷纷过客似浮萍。谁能坐待山月出,照见寒影高伶俜。

竹枝歌

《竹枝歌》本楚声,幽怨恻怛,若有所深悲者。岂亦往者之所见有足怨者与?夫伤二妃而哀屈原,思怀王而怜项羽,此亦楚人之意相传而然者。且其山川风俗鄙野勤苦之态,固已见于前人之作与今子由之诗。故特缘楚人畴昔之意,为一篇九章,以补其所未道者。

(眉批:每段八句,过接处若断若连,章法甚妙。)

苍梧山高湘水深,中原北望度千岑。帝子南游飘不返,惟有苍苍枫桂林。枫叶萧萧桂叶碧,万里远来超莫及。乘龙天上去无踪,草木无情空寄泣。水滨击鼓何喧阗,相将扣水求屈原。屈原已死今千载,满船哀唱似当年。海滨长鲸径千尺,食人为粮安可入?招君不归海水深,海鱼岂解哀忠直?吁嗟忠直死无人,可怜怀王西入秦。秦关已闭无归日,章华不复见车轮。君王去时箫鼓咽,父老送君车轴折。千里逃归迷故乡,南公哀痛弹长铗。三户亡秦信不虚,一朝兵起尽欢呼。当时项羽年最少,提剑本是耕田夫。横行天下竟何事,弃马乌江马垂涕。项王已死无故人,首入汉庭身委地。富贵荣华岂足多,至今惟有冢嵯峨。故国凄凉人事改,楚乡千古为悲歌。(眉批:势须有一总收。音节酷似《汾阴行》,其声哀曼动人。)

八阵碛

(眉批:解以不解,用笔巧妙,善于击虚。)

平沙何茫茫,仿佛见石蕝。纵横满江上,岁岁沙水啮。孔明死已久,谁复辨行列。神兵非学到,自古不留诀。至人已心悟,后世徒妄说。(眉批:"自从"以下十句尚可以简括其词。)自从汉道衰,蜂起尽奸杰。英雄不相下,祸难久连结。驱民市无烟,战野江流血。万人赌一掷,杀尽如沃雪。不为久远计,草草常无法。孔明最后起,意欲扫群孽。崎岖事节制,隐忍久不决。志大遂成迂,岁月去如瞥。六师纷未整,一旦英气折。惟余八阵图,千古壮夔峡。(眉批:此节孔明论意眉山父子持论,如此收得完密,住得简洁。)

诸葛盐井

自注:井有十四,自山下至山上,其十三井常空,每盛夏水涨,则盐泉迤逦迁去,常去于江水之所不及。

五行水本咸,安择江与井？如何不相入,此意谁复省。人心固难足,物理偶相逞。(眉批:"逞"字不甚稳。)犹嫌取未多,井上无闲绠。

白帝庙

(眉批:通篇老健。)

朔风催入峡,惨惨去何之？共指苍山路,来朝白帝祠。荒城秋草满,古树野藤垂。浩荡荆江远,凄凉蜀客悲。迟回问风俗,涕泗悯兴衰。故国依然在,遗民岂复知。对句烘托得好。(眉批:四句一篇眼目。)一方称警跸,万乘拥旌旗。远略初吞汉,雄心岂在夔。崎岖来野庙,闵默愧当时。破甑蒸山麦,长歌唱竹枝。荆邯真壮士,吴柱本经师。失计虽无及,图王固已奇。犹余帝王号,皎皎在门楣。(眉批:结不作谩骂语,亦脱蹊径。)

永安宫

自注:今夔之永安门,即宫之遗址也。

千古陵谷变,故宫安得存。徘徊问耆老,惟有永安门。游人杂楚蜀,车马晚喧喧。不见重楼好,谁知昔日尊。吁嗟蜀先主,兵败此亡魂。只应法正死,使公去遭燔。(眉批:后四句凡鄙之至,殊不似坡公手笔。)

过木枥观

石壁高千尺,微踪远欲无。飞檐如剑寺,古柏似仙都。许子尝高遁,行舟悔不迂。斩蛟闻猛烈,提剑想崎岖。寂寞棺犹在,修崇世已愚。隐居人不识,化去俗争吁。洞府烟霞远,人闲爪发枯。飘飘乘倒景,谁复顾遗躯。(眉批:语多疵累。)

巫 山

(眉批:波澜壮阔,繁而不沓。)

瞿塘迤逦尽,巫峡峥嵘起。连峰稍可怪,石色变苍翠。天工运神巧,渐欲作奇伟。块轧势方深,结构意未遂。旁观不暇瞬,步步造幽邃。苍崖忽相逼,绝壁凛可悸。仰观八九顶,俊爽凌颢气。晃荡天宇高,奔腾江水沸。孤超兀不让,直拔勇无畏。攀缘见神宇,憩坐就石位。巉巉隔江波,一一问庙吏。遥观神女石,绰约诚有以。俯首见斜鬟,拖霞弄修帔。人心随物变,远觉含深意。野老笑我旁,少年尝屡至。查初白云:以下俱述野老之言。(眉批:写景入神,即随手带出"野老"二句,天然无迹。)去随猿猱上,反以绳索试。石笋倚孤峰,突兀殊不类。世人喜神怪,论说惊幼稚。楚赋亦虚传,神仙安有是?次问扫坛竹,云此今尚尔。翠叶纷下垂,婆娑绿凤尾。风来自偃仰,若为神物使。绝顶有三碑,诘曲古篆字。老人那解读,偶见不能记。穷探到峰背,采斫黄杨子。黄杨生石上,坚瘦纹如绮。贪心去不顾,涧谷千寻缒。山高虎狼绝,深入坦无忌。溟濛草树密,葱蒨云霞腻。石窦有洪泉,甘滑如流髓。终朝自盥漱,冷冽清心胃。浣衣挂树梢,磨斧就石鼻。徘徊云日晚,归意念城市。不到今十年,衰老筋力惫。(眉批:少年才过十年,不应衰老。此亦偶不检点,不以词害意可也。)当时伐残木,牙蘖已"已"字作"应"字更稳。如臂。忽闻老人说,终日为叹喟。神仙固有之,难在忘势利。贫贱尔何爱,弃去如脱屣。嗟尔若无还,绝粮应不死。(眉批:一篇大文如何收束?趁势以"野老"作结,极完密又极脱洒,查初白谓又为野老进一辞,浅矣。)

巫山庙上下数十里,有乌鸢无数,取食于行舟之上,舟人以神之故,亦不敢害

群飞来去噪行人,得食无忧便可驯。(眉批:"得食"句不自然。)江上饥乌无足怪,野鹰何事亦频频。

神女庙

(眉批:神女诗不作艳词,亦不作庄论,是本领过人处。)

大江从西来,上有千仞山。江山自环拥,诙诡富神奸。深渊鼍鳖横,巨壑

蛇龙顽。（眉批:"横"字、"顽"字,俱炼得稳。）旌阳斩长蛇,雷雨移沧湾。蜀守降老塞,至今带连镮。纵横若无主,荡逸侵人寰。上帝降瑶姬,来处荆巫间。神仙岂在猛？玉座幽且闲。（眉批:十字精警。）飘萧驾风驭,弭节朝天关。倏忽巡四方,不知道里艰。（眉批:"飘萧"四句可删。）古妆具法服,邃殿罗烟鬟。百神自奔走,杂沓来趋班。云兴灵怪聚,云散鬼神还。茫茫夜潭静,皎皎秋月弯。还应摇玉佩,来听水潺潺。（眉批:结得恍惚杳冥,极为洒脱,无所取义之题只可如此取姿。）

过巴东县不泊,闻颇有莱公遗迹

（眉批:一往骏爽。）

莱公昔未遇,寂寞在巴东。闻道山中树,犹余手种松。江山养豪俊,礼数困英雄。执板迎官长,趋尘拜下风。二句即成礼数句。（眉批:五韵律诗唐人多有此,又不以二句联四句为解律之。）当年谁刺史,应未识三公。（眉批:一结隐然自负,非咏莱公也。）

昭君村

昭君本楚人,艳色照江水。楚人不敢娶,谓是汉妃子。谁知去乡国,万里为胡鬼。人言生女作门楣,昭君当时忧色衰。古来人事尽如此,反覆纵横安可知。（眉批:不免凡近。）

新　滩

（眉批:纯是香山门径。）

扁舟转山曲,未至已先惊。白浪横江起,槎牙似雪城。番番从高来,一一投涧坑。大鱼不能上,暴鬐滩下横。小鱼散复合,瀺灂如遭烹。鸬鹚不敢下,飞过两翅轻。白鹭夸瘦捷,插脚还欹倾。区区舟上人,薄技安敢呈。（眉批:以四层衬起舟人,未免太排香山。诗格不高,亦坐此以为奇恣,非也。）只应滩头庙,赖此牛酒盈。（眉批:结二句拙,"盈"字亦押得牵强。）

新滩阻风

北风吹寒江,来自两山口。初闻似摇扇,渐觉平沙走。(眉批:第三句欠精切。)飞云满岩谷,舞雪穿窗牖。滩下三日留,识尽滩前叟。孤舟倦鸦轧,短缆困牵揉。尝闻不终朝,今此独何久。只应留远人,此意固已厚。吾今幸无事,闭户为饮酒。(眉批:不作感愤,身分特高。)

黄牛庙

(眉批:比兴太浅。)

江边石壁高无路,上有黄牛不服箱。庙前行客拜且舞,击鼓吹箫屠白羊。(眉批:"白"字太坐煞。)山下耕牛苦硗确,两角磨崖四蹄湿。青刍半束长苦饥,仰看黄牛安可及。

虾蟆培

蟆背似覆盂,蟆颐似偃月。谓是月中蟆,开口吐月液。根源本甚远,百尺苍崖裂。当时龙破山,此水随龙出。入江江水浊,犹作深碧色。禀受苦洁清,独与凡水隔。岂惟煮茶好,酿酒应无敌。(眉批:率易。)

出　峡

入峡喜巉岩,出峡爱平旷。吾心淡无累,遇境即安畅。东西径千里,胜处颇屡访。幽寻远无厌,高绝每先上。前诗尚遗略,不录久恐忘。(眉批:出峡诗却写未出峡事,一到本题戛然竟住,潆洄掩映,运意玲珑。)忆从巫庙回,中路寒泉涨。汲归真可爱,翠碧光满盎。忽惊巫峡尾,岩腹有穿圹。仰见天苍苍,石室开南向。宣尼古庙宇,丛木作帏帐。铁楯横半空,俯瞰不计丈。古人谁架构,下有不测浪。石窦见天困,瓦棺悲古葬。新滩阻风雪,村落去携杖。亦到龙马溪,茅屋沽村酿。玉虚悔不至,实为舟人诳。闻道石最奇,窅寐见怪状。峡山富奇伟,得一知几丧。苦恨不知名,历历但想像。今朝脱重险,楚水渺平荡。(眉批:得此一虚,实处皆活,且前逐一铺叙,难免挂漏,得此一补,方满足无罅,凡不尽处皆到。)鱼多客庖足,风顺行意王。追思偶成篇,聊助舟人唱。

游三游洞

冻雨霏霏半成雪,游人屦冷苍苔滑。不辞携被岩底眠,洞口云深夜无月。

游洞之日,有亭吏乞诗,既为留三绝句于洞之石壁。明日至峡州,吏又至,意若未足,乃复以此诗授之

(眉批:一气呵成,语特遒拔,但无深味耳。)

一径绕山翠,萦纡去似蛇。忽惊溪水急,争看洞门呀。(眉批:"呀"字悬脚。)滑磴攀秋蔓,飞桥踏古槎。三扉迎北吹,一穴向西斜。叹息烟云老,追思岁月遐。唐人昔未到,古俗此为家。查注:自此以下,王注分为二首。今从补施注本合而为一。洞暖无风雪,山深富鹿豝。相逢衣尽草,环坐髻应髽。灶突依岩黑,樽罍就石洼。洪荒无传记,想像在羲娲。(眉批:"洪荒"二句即缴足。)此事今安有,遗踪我独嗟。山翁劝留句,强为写槎牙。(眉批:"古俗"句确是一首,王氏本误也。)

寄题清溪寺

口舌安足恃,韩非死说难。自知不可用,鬼谷乃真奸。未雅。遗书今未亡,小数不足观。秦仪固新学,见利不知患。嗟时无桓文,使彼二子颠。未稳。死败无足怪,夫子固使然。君看巧更穷,不若愚自安。遗宫若有神,颔首然吾言。(眉批:意好而语未工。)

留题峡州甘泉寺

自注:姜诗故居。

轻舟横江来,吊古悲纯孝。(眉批:纠缠姜诗,牵强无味。)逶迤寻远迹,婉娈见

遗貌。清泉不可挹,涸尽空石窖。古人飘何之,惟有风竹闹。行行玩村落,户户悬网罩。民风坦和平,开户夜无钞。(眉批:趁韵不稳。)丛林富笋茹,平野绝虎豹。嗟哉此乐乡,毋乃姜子教。

夷陵县欧阳永叔至喜堂

(眉批:纯以气机胜。)

夷陵虽小邑,自古控荆吴。形胜今无用,英雄久已无。谁知有文伯,远谪自王都。人去年年改,堂倾岁岁扶。追思犹咎吕,感叹亦怜朱。自注:时朱太守为公筑此堂。(眉批:用同时人作对偶入诗,此长庆法也。)旧种孤楠老,新霜一橘枯。清篇留峡洞,醉墨写邦图。自注:三游洞有诗,《夷陵图》后有留题处。故老问行客,长官今白须。著书多念虑,许国减欢娱。寄语公知否,还须数倒壶。

卷 二

古今体诗三十九首

息壤诗

《淮南子》曰：鲧湮洪水，盗帝之息壤，帝使祝融杀之于羽渊。今荆州南门外，有状若屋宇，陷入地中，而犹见其脊者。旁有石，记云，不可犯。畚锸所及，辄复如故。又颇以致雷雨。岁大旱，屡发有应。予感之，乃为作诗。其辞曰：

帝息此壤，以藩幽台。有神司之，随取而培。帝敕下民，无敢或开。惟帝不言，以雷以雨。惟民知之，幸帝之恕。帝茫不知，谁敢以告。帝怒不常，下土是震。使民前知，是役于民。无是坟者，谁取谁干。惟其的之，是以射之。（眉批：四言诗可以不作。）

荆州十首

（眉批：篇章字句都合古法，此东坡摹杜之作，纯是《秦州杂诗》。）

游人出三峡，楚地尽平川。北客随南贾，吴樯间蜀船。江侵平野复平川。断，风卷白沙旋。欲问兴亡意，重城自古坚。（眉批：此首总起。）

南方旧战国，惨淡意犹存。慷慨因刘表，凄凉为屈原。废城犹带井，古姓聚成村。亦解观形胜，升平不敢论。（眉批：结即高常侍"岂无安边策，诸将已承恩"意。）

楚地阔无边，苍茫万顷连。耕牛未尝汗，投种去如捐。农事谁当劝，民愚亦可怜。平生事游惰，那得怨凶年。（眉批：三、四句太拙，后四句亦太直，十首中如明月之累。）

朱槛城东角，高王此望沙。江山非一国，烽火畏三巴。战骨沦秋草，危楼倚断霞。百年豪杰尽，扰扰见鱼虾。（眉批：结即罗江东《甘露》诗后半篇意。）

沙头烟漠漠，来往厌喧卑。野市分獐闹，官船过渡迟。游人多问卜，伧叟尽携龟。日暮江天静，无人唱楚辞。（眉批：讥古风之不存也。）

太守王夫子，山东老俊髦。壮年闻猛烈，白首见雄豪。食雁君应厌，驱车我正劳。绾结得好。中书有安石，慎勿赋《离骚》。（眉批：夹此一首，章法生动，从杜公游何氏山林"万里戎王子"一首化出。）

残腊多风雪，荆人重岁时。客心何草草，里巷自嬉嬉。爆竹惊邻鬼，驱傩聚小儿。故人应念我，相望各天涯。（眉批：一结不脱自己，方不是泛陈风土。）

江水深成窟，潜鱼大似犀。赤鳞如琥珀，老枕胜玻璃。上客举雕俎，佳人摇双拗格。翠篦。登庖更作器，何以免屠刲。（眉批：寓多材为累之感。）

北雁来南国，依依似旅人。有意无意，映带生情。纵横遭折翼，感恻为沾巾。平日谁能挹，高飞不可驯。故人持赠我，三嗅若为珍。（眉批：接得好。此首意格特高。）

柳门京国道，驱马及春阳。野火烧枯草，东风动绿芒。北行连许邓，南去极衡湘。楚境横天下，怀王信弱王。（眉批：结寓自负之意。此犹少年初出、气象方盛之时也，黄州后无此议论也。此首总收。）

渚　宫

渚宫寂莫依古郢，楚地荒茫非故基。二王台阁已卤莽，自注：湘东王高氏。何况远问纵横时。楚王猎罢击灵鼓，猛士操舟张水嬉。钓鱼不复数鱼鳖，大鼎千石烹蛟螭。当时郢人架宫殿，意思绝妙般与倕。飞楼百尺照湖水，上有燕赵千蛾眉。临风扬扬意自得，长使宋玉作楚辞。秦兵西来取钟虡，故宫禾黍秋离离。千年壮观不可复，今之存者盖已卑。池空野迥楼阁小，惟有深竹藏狐狸。台中绛帐谁复见，台下野水浮清漪。绿窗朱户春昼闭，想见深屋弹朱丝。腐儒亦解爱声色，何用白首谈孔姬。沙泉半涸草堂在，破窗无纸风飀飀。陈公踪迹最未远，七瑞寥落今何之。百年人事知几变，直恐荒废成空陂。谁能为我访遗迹，草间应有湘东碑。（眉批：乏深湛之思，亦乏老健之气。盖七言本难于五言，故此时尚风骨未成。）

荆门惠泉

自注：荆门山，在宜都大江之南，与虎山对。

泉源从高来，走下随石脉。纷纷白沫乱，隐隐苍崖坼。萦回成曲沼，清澈见肝膈。潝泻为长溪，奔驶荡蛙蝈。初开不容碗，渐去已如帛。传闻此山中，神物懒遭谪。不能致雷雨，滟滟吐寒碧。遂令山前人，千古灌稻麦。（眉批："容碗"用滥觞意，"如帛"用飞练意，意皆可通，而语皆不工。结亦少力。）

次韵答荆门张都官维见和惠泉诗

（眉批：颇参理语，遂入论宗。由其明而未融，故未能纵横无碍。）

楚人少井饮，地气常不泄。蓄之为惠泉，垩若有所折。泉源本无情，岂问浊与澈。贪愚彼二水，终古耻莫雪。只应所处然，遂使语异别。（眉批：三字未妥。）泉旁地平衍，泉上山嶭嵲。君子慎所居，此义安可缺。古人贵言赠，敢用况高节。不为冬霜干，肯畏夏日裂。泠泠但不已，海远要当彻。

浰阳早发

富贵本先定，世人自荣枯。嚣嚣好名心，嗟我岂独无。不能便退缩，但使进少徐。（眉批：真语转高。）我行念西国，已分田园芜。南来竟何事，碌碌随商车。自进苟无补，乃是懒且愚。人生重意气，出处夫岂徒。永怀江阳叟，种藕春满湖。（眉批：途中感怀，适在浰阳，遂以命篇。不为浰阳作也，故不及山川地理。）

夜行观星

天高夜气严，列宿森就位。（眉批：语特奇恣。）大星光相射，小星闹若沸。（眉批："闹若沸"，似流星矣。）天人不相干，嗟彼本何事。世俗强指摘，一一立名字。（眉批：谓因人所名而名之。）南箕与北斗，乃是家人器。天亦岂有之，无乃遂自谓。追观知何如，远想偶有似。茫茫不可晓，使我长叹喟。

汉　水

舍棹忽逾月，沙尘困远行。襄阳逢汉水，偶似蜀江清。（眉批：起四句全入律，究不合格。）蜀江固浩荡，中有蛟与鲸。汉水亦云广，欲涉安敢轻。（眉批：无所取义而支缀成篇，宜其语皆牵凑。）文王化南国，游女俨如卿。（眉批：句拙滞。）洲中浣纱子，环佩锵锵鸣。古风随世变，寒水空泠泠。过之不敢慢，伫立整冠缨。

襄阳古乐府三首

野鹰来

（眉批：乐府音节失传，不过摹其字句，不似，何取乎？拟太似，何取乎？拟少陵纯制新题，自是斩断葛藤手。太白虽用古题，多是不敢明言而托之古，亦非以此题为高。）

野鹰来，万山下，荒山无食鹰苦饥，飞来为尔系彩丝。北原有兔老且白，年年养子秋食菽。我欲击之不可得，年深兔老鹰力弱。野鹰来，城东有台高崔巍。台中公子着皮袖，东望万里心悠哉。心悠哉，鹰何在！嗟尔公子归无劳，使鹰可呼亦凡曹，天阴月黑狐夜嗥。（眉批：此首摹古有痕，故为姿致，都非天然。）

上堵吟

台上有客吟秋风，悲声萧散飘入空。台边游女来窃听，欲学声同意不同。君悲竟何事，千里金城两稚子。白马为塞凤为关，山川无人空自闲。我悲亦何苦，江水冬更深，鳊鱼冷难捕。悠悠江上听歌人，不知我意徒悲辛。（眉批：此首有太白之意。）

襄阳乐

使君未来襄阳愁，提戈入市裹毡裘。自从毡裘南渡沔，襄阳无事多春游。襄阳春游乐何许，岘山之阳汉江浦。使君朱旆来翻翻，人道使君似羊杜。道边逢人问洛阳，中原苦战春田荒。北人闻道襄阳乐，目送飞鸿应断肠。（眉批：似张王不着意作。）

岘山

远客来自南,游尘昏岘首。过关无百步,旷荡吞楚薮。登高忽惆怅,千载意有偶。所忧谁复知,嗟我生苦后。(眉批:四句写出远怀,自是有心人语。)团团山上桧,岁岁阅榆柳。大才固已殊,安得同永久。(眉批:借喻蕴藉。)可怜山前客,倏忽星过溜。贤愚未及分,来者当自剖。(眉批:十字深警。)

万山

西行度连山,北出临汉水。汉水蹙成潭,旋转山之趾。禅房久已坏,古甃含清泚。下有仲宣栏,缭刻深容指。回头望西北,隐隐龟背起。传云古隆中,万树桑柘美。月炯转山曲,山上见洲尾。绿水带平沙,盘盘如抱珥。山川近且秀,不到懒成耻。(眉批:"成"字未妥。)问之安能详,画地费簪棰。

隆中

(眉批:起四句全入律。)

诸葛来西国,千年爱未衰。今朝游故里,蜀客不胜悲。谁言襄阳野,生此万乘师。山中有遗貌,矫矫龙之姿。龙蟠山水秀,龙去渊潭移。空余蜿蜒迹,使我寒涕垂。(眉批:意亦犹人,而写来脱洒。)

竹叶酒

楚人汲汉水,酿酒古宜城。春风吹酒熟,犹似汉江清。耆旧人何在,丘坟应已平。惟余竹叶在,留此千古情。(眉批:颇有风调,然是空腔。若以此种为超妙,则终身在窠臼中。)

鳊鱼

晓日照江水,游鱼似玉瓶。谁言解缩项,贪饵每遭烹。杜老当年意,临流忆孟生。吾今又悲子,辍箸涕纵横。（眉批:点缀警切。）

食雉

雄雉曳修尾,惊飞向日斜。空中纷格斗,彩羽落如花。喧呼勇不顾,投网谁复嗟。百钱得一双,新味时所佳。（眉批:《唐韵》麻部有"佳"字。）烹煎杂鸡鹜,爪距漫槎牙。谁知化为蜃,海上落飞鸦。

颖大夫庙

自注:颖考叔也,庙在汝州颖桥。

人情难强回,天性可微感。世人争曲直,苦语费摇撼。大夫言何柔,暴主意自惨。（眉批:纯用谏臣从讽之意,而语特明透。）荒祠傍孤冢,古隧有残坎。（眉批:"荒祠"二句上下文不甚融贯。虽意在照应,"庙"字终不免于硬插。）千年惟茅焦,世亦贵其胆。不解此微言,脱衣徒勇敢。

新渠诗

庚子正月,予过唐州。太守赵侯始复三陂、疏召渠,招怀远人,散耕于唐。予方为旅人,不得亲执壶浆箪食,以与侯劝逆四方之来者,独为《新渠》诗五章,以告于道路,致侯之意。其词曰:

新渠之水,其来舒舒。溢流于野,至于通衢。渠成如神,民始不知。问谁为之,邦君赵侯。

新渠之田,在渠左右。渠来奕奕,如赴如凑。如云斯积,如屋斯溜。嗟唐之人,始识粳稌。

新渠之民,自淮及潭。挈其妇姑,或走而颠。王命赵侯,宥我新民。无与王事,以讫七年。

侯谓新民,尔既来止。其归尔邑,告尔邻里。良田千万,尔择尔取。尔耕尔食,遂为尔有。

筑室于唐，孔硕且坚。生为唐民，饱粥与饘。死葬于唐，祭有鸡豚。天子有命，我惟尔安。

双凫观

自注：在叶县。

王乔古仙子，时出观人寰。常为汉郎吏，厌世去无还。双凫偶为戏，聊以惊世顽。不然神仙迹，罗网安能攀。（眉批：解说得妙。）纷纷尘埃中，铜印纡青纶。安知无隐者，窃笑彼愚奸。（眉批：结太浅直。）

许州西湖

西湖小雨晴，滟滟春渠长。来从古城角，夜半转新响。使君欲春游，浚沼役千掌。纷纭具畚锸，闹若蚁运壤。夭桃弄春色，生意寒犹怏。惟有落残梅，标格若矜爽。游人坌已集，挈榼三且两。醉客卧道旁，扶起尚偃仰。池台信宏丽，贵与民同赏。但恐城市欢，不知田野怆。颍川七不登，野气长苍莽。谁知万里客，湖上独长想。（眉批：忽归庄论，妙非迂词，此从《观打鱼歌》化来。）

阮籍啸台

阮生古狂达，遁世默无言。犹余胸中气，长啸独轩轩。高情遗万物，不与世俗论。登临偶自写，激越荡乾坤。醒为啸所发，饮为醉所昏。谁能与之较，乱世足自存。

大雪独留尉氏，有客入驿，呼与饮至醉。诘旦客南去，竟不知其谁

古驿无人雪满庭，有客冒雪来自北。纷纷笠上已盈寸，下马登堂面苍黑。苦寒有酒不能饮，见之何必问相识。我酌徐徐不满觞，看客倒尽不留湿。千门昼闭行路绝，相与笑语不知夕。醉中不复问姓名，上马忽去横短策。

黄　河

活活何人见混茫,昆仑气脉本来黄。浊流若解污清济,惊浪应须动太行。帝假一源神禹迹,世流三患梗尧乡。(眉批:"帝假"二句,极用意而不工。)灵槎果有仙家事,试问青天路短长。

朱亥墓

自注:俗谓屠儿原。

昔日朱公子,此称未详所出。雄豪不可追。今来游故国,大冢屈称儿。平日轻公相,千金弃若遗。梁人不好事,名姓寄当时。鲁史盗齐豹,求名谁复知。慎无怨世俗,犹不遭仲尼。(眉批:东坡何忽钝拙乃尔。)

次韵水官诗

净因大觉琏师,以阎立本画水官遗编礼公。公既报之以诗,谓某:汝亦作。某顿首再拜次韵,仍录二诗为一卷献之。

高人岂学画,用笔乃其天。譬如善游人,一一能操船。(眉批:起四句透脱,以下语多率易。)阎子本缝掖,畴昔慕云渊。丹青偶为戏,染指初尝鼋。爱之不自已,笔势如风翻。传闻贞观中,左衽解椎鬟。南夷羞白雉,佛国贡青莲。诏令拟王会,别殿写戎蛮。熊冠金络额,豹袖拥幡旃。传入应门内,俯伏脱剑镮。天姿俨龙凤,杂沓朝鹏鳣。神功与绝迹,后世两莫扳。自从李氏亡,群盗窃山川。长安三日火,至宝随飞烟。尚有脱身者,漂流出东关。三官岂容独,得此今已编。吁嗟至神物,会合当有年。京城诸权贵,欲取百计难。赠以玉如意,岂能动高禅。信应一篇诗,皎若画在前。

以上二卷大抵少作,气体未能成就。疑当日删定之余稿,后人重东坡名,拾缀存之耳。施氏本托始辛丑,未必无所受之,未可以疏漏讥也。

卷 三

古今体诗五十二首

辛丑十一月十九日,既与子由别于郑州西门之外,马上赋诗一篇寄之

不饮胡为醉兀兀,此心已逐归鞍发。(眉批:起得飘忽。)归人犹自念庭闱,加一倍法。今我何以慰寂寞。登高回首坡垄隔,但见乌帽出复没。(眉批:写难状之景。)苦寒念尔衣裘薄,独骑瘦马踏残月。路人行歌居人乐,僮仆怪我苦凄恻。亦知人生要有别,但恐岁月去飘忽。(眉批:作一顿挫,便不直泻。直泻是七古第一病。)寒灯相对记畴昔,夜雨何时听萧瑟。君知此意不可忘,慎勿苦爱高官职。自注:尝有夜雨对床之言,故云尔。(眉批:收处又绕一波,高手总不使一直笔。)

和子由渑池怀旧

人生到处知何似?应似飞鸿踏雪泥。泥上偶然留指爪,鸿飞那复计东西。(眉批:前四句,单行入律,唐人旧格而意境恣逸,则东坡本色浑灏不及崔司勋《黄鹤楼》诗,而撒手游行之妙则不减义山《杜司勋》一首。)老僧已死成新塔,坏壁无由见旧题。往日崎岖还记否,路长人困蹇驴嘶。自注:往岁,马死于二陵,骑驴至渑池。

次韵和刘京兆石林亭之作,石本唐苑中物,散流民间,刘购得之

都城日荒废,往事不可还。惟余古苑石,漂散尚人间。公来始购蓄,不惮道里艰。忽从尘埃中,来对冰雪颜。瘦骨拔凛凛,苍根漱潺潺。唐人惟奇章,好石古莫攀。尽令属牛氏,刻凿纷斑斑。嗟此本何常,聚散实循环。人失亦人

得,要不出区寰。君看刘李末,不能保河关。况此百株石,鸿毛于泰山。但当对石饮,万事付等闲。(眉批:意境开拓,而理趣亦极融彻。)

和刘长安题薛周逸老亭。周善饮酒,未七十而致仕

近闻薛公子,早退惊常流。买园招野鹤,凿井动潜虬。自言酒中趣,一斗胜凉州。翻然拂衣去,亲爱挽不留。隐居亦何乐,素志庶可求?所亡嗟无几,所得不啻酬。青春为君好,白日为君悠。(眉批:"悠"字悬脚。)山鸟奏琴筑,野花弄闲幽。虽辞功与名,其乐实素侯。至今清夜梦,尚惊冠压头。(眉批:三字未雅。)谁能载美酒,往以大白浮。之子虽不识,因公可与游。

骊山三绝句

功成惟欲善持盈,可叹前王恃太平。辛苦骊山山下土,阿房才废又华清。(眉批:此种却有史论之嫌。)

几变雕墙几变灰,举烽指鹿事悠哉。(眉批:次句凑。)上皇不念前车戒,却怨骊山是祸胎。

海中方士觅三山,万古明知去不还。咫尺秦陵是商鉴,朝元何必苦跻攀。

次韵子由岐下诗

予既至岐下逾月,于其廨宇之北隙地为亭。亭前为横池,长三丈。池上为短桥,属之堂。分堂之北厦为轩窗曲槛,俯瞰池上。出堂而南为过廊,以属之厅。廊之两旁,各为一小池。皆引汧水,种莲养鱼于其中。池边有桃、李、杏、梨、枣、樱桃、石榴、樗、槐、松、桧、柳三十余株。又以斗酒易牡丹一丛于亭之北。子由以诗见寄,次韵和答,凡二十一首。

(眉批:五绝分章,模山范水,如画家之有尺幅小景,其格倡自辋川。尔后辗转相摹,渐成窠臼。流连光景,作似尽不尽之词、似解不解之语,千人可共一诗,一诗可题千处。桃花作饭,转尘劫,此非创始者之过,而依草附木者过也。东坡此廿一首,虽非佳作,要是我用我

法,固知豪杰之士,必不依托门户以炫俗也。)

北 亭

谁人筑短墙,横绝拥吾堂。不作新亭槛,幽花为谁香。自注:旧堂北有墙,予始与之为亭。

横 池

明月入我池,皎皎铺纻缟。何日变成缁?《太玄》吾懒草。

短 桥

谁能铺白簟,永日卧朱桥。树影栏边转,波光版底摇。

轩 窗

东邻多白杨,夜作雨声急。窗下独无眠,秋虫见灯入。

曲 槛

流水照朱栏,青红乱明鉴。谁见槛上人,无言观物泛。

双 池

汧流入城郭,亹亹渡千家。不见双池水,长漂十里花。

荷 花

田田抗朝阳,节节卧春水。平铺乱萍叶,屡动报鱼子。(眉批:"报"字未稳。)

鱼

湖上移鱼子,初生不畏人。自从识钩饵,欲见更无因。(眉批:托意好。从列子狎鸥意化来。)

牡 丹

花好长患稀,花多信佳否。未有四十枝,枝枝大如斗。自注:牡丹花有四十余枝。

桃 花

争开不待叶,密缀欲无条。傍沼人窥鉴,惊鱼水溅桥。

李

不及梨英软,应惭梅萼红。西园有千叶,淡伫更纤秾。自注:城西有千叶李,若荼蘼。

杏

开花送余寒,结子及新火。关中幸无梅,自注:关中地不生梅。汝强充鼎和。(眉批:寄托兀傲。)

梨

霜降红梨熟,柔柯已不胜。未尝蠲夏渴,长见助春冰。

枣

居人几番老,枣树未成槎。汝长才堪轴,吾归已及瓜。自注:枣树至难长。

樱桃

独绕樱桃树,酒醒喉肺干。(眉批:未雅。)莫除枝上露,从向口中浇。

石榴

风流意不尽,独自送残芳。色作裙腰染,名随酒盏狂。自注:酒名有石榴。(眉批:"狂"字不稳。)

樗

自昔为神树,空闻蜩鶪鸣。社公烦见辍,为尔致羊羹。自注:樗旧为土地庙所蔽,余始迁庙墙北。

槐

采撷殊未厌,忽然已成阴。蝉鸣看不见,鹤立赴还深。自注:上有野鹤三四。

松

查注:按此首疑是桧。

强致南山树,来经渭水滩。生成未有意,鸦鹊莫相干。

桧

查注:按此首疑是松。

依依古松子,郁郁绿毛身。每长须成节,明年渐庇人。

柳

今年手自栽,问我何年去。他年我复来,摇落伤人意。(眉批:用桓大司马意。)

次韵子由除日见寄

薄宦驱我西，远别不容惜。方愁后会远，未暇忧岁夕。强欢虽有酒，冷酌不成席。秦烹惟羊羹，陇馈有熊腊。念为儿童岁，屈指已成昔。往事今何追，忽若箭已释。感时嗟事变，所得不偿失。府卒来驱傩，矍铄惊远客。愁来岂有魔，烦汝为攘磔。寒梅与冻杏，嫩萼初似麦。攀条为惆怅，玉蕊何时坼。（眉批：小作点缀却有致。）不忧春艳晚，行见弃夏核。（眉批："行见"句太晦。）人生行乐耳，安用声名籍。胡为独多感，不见膏自炙。诗来苦相宽，子意远可射。（眉批："子意"句用射覆意。押字不妥。）依依见其面，疑子在咫尺。兄今虽小官，幸忝佐方伯。北池近所凿，中有沔水碧。临池饮美酒，尚可消永日。但恐诗力弱，斗健未免馘。（眉批：强押不妥。）诗成十日到，谁谓千里隔。一月寄一篇，忧愁何足掷。

壬寅二月，有诏令郡吏分往属县减决囚禁。自十三日受命出府，至宝鸡、虢、郿、盩厔四县。既毕事，因朝谒太平宫，而宿于南溪溪堂。遂并南山而西，至楼观、大秦寺、延生观、仙游潭。十九日乃归。作诗五百言，以记凡所经历者寄子由

（眉批：大段似香山东南行，不免小小疵累。而五百字一气相生，不见窘束，亦不见纷杂，笔力殊不可及。）

远人罹水旱，王命释俘囚。（眉批：次句"俘"字不妥。）分县传明诏，寻山得胜游。二句领起一篇。萧条初出郭，旷荡实消忧。薄暮来孤镇，登临忆武侯。峥嵘依绝壁，苍茫上孤洲。瞰奔流。半夜人呼急，横空火气浮。天遥殊不辨，风急已难收。晓入陈仓县，犹余卖酒楼。烟煤已狼藉，吏卒尚呀咻。自注：十三日宿武城镇，即俗所谓石鼻寨也。云孔明所筑。是夜二鼓，宝鸡火作，相去三十里，而见于武城。鸡岭云霞古，龙宫殿宇幽。自注：县有鸡爪峰、龙宫寺。南山连大散，归路走吾州。欲往安能遂，将归为少留。回趋西虢道，却渡小河洲。闻道蟠溪石，犹存渭水

头。苍崖虽有迹,大钓本无钩。自注:十四日,自宝鸡行至虢。闻太公蟠溪石在县东南十八里,犹有投竿跪饵两膝所着之处。东去过郿坞,孤城象汉刘。自注:十五日至郿县,县有董卓城,像长安,俗谓之小长安。(眉批:倒押不妥。)谁言董公健,竟复伍孚仇。白刃俄生肘,黄金谩似丘。平生闻太白,一见驻行驺。鼓角谁能试,风雷果致不。岩崖已奇绝,冰雪更雕镂。春旱忧无麦,山灵喜有湫。蛟龙懒方睡,瓶罐小容偷。自注:是日晚,自郿起至清秋镇宿。道过太白山,相传云:军行鸣鼓角过山下,辄致雷雨。山上有湫,甚灵,以今岁旱,方议取之。二曲林泉胜,三川气象侔。近山麰麦早,临水竹篁修。(眉批:"竹篁"二字不宜叠。)先帝膺符命,自注:十七日,寒食,自盩厔东南行二十余里,朝谒太平宫二圣御容。此宫乃太宗皇帝时,有神降于道士张守真,以告受命之符所为立也。神封翊圣将军,有殿。行宫画冕旒。侍臣簪武弁,女乐抱箜篌。秘殿开金锁,神人控玉虬。黑衣横巨剑,被发凛双眸。邂逅逢佳士,相将弄彩舟。投篙披绿荇,濯足乱清沟。晚宿南溪上,森如水国秋。绕湖栽翠密,终夜响飕飀。自注:是日,与监宫张果之泛舟南溪,遂留宿于溪堂。冒晓穷幽邃,操戈畏炳彪。自注:十八日,循终南而西,县尉以甲卒见送。或云,近官竹园,往往有虎。(眉批:强押不妥。)尹生犹有宅,老氏旧停辀。问道遗踪在,登仙往事悠。(眉批:"悠"字悬脚。)御风归汗漫,阅世似蜉蝣。羽客知人意,瑶琴系马鞦。不辞山寺远,来作鹿鸣呦。帝子传闻李,岩堂仿像缑。轻风帏幔卷,落日髻鬟愁。入谷惊蒙密,登坡费挽搂。乱峰攒似槊,一水淡如油。中使何年到,金龙自古投。千重横翠石,百丈见游鲦。最爱泉鸣洞,初尝雪入喉。满瓶虽可致,洗耳叹无由。自注:是日游崇圣观,俗所谓楼观也。乃尹喜旧宅。山脚有授经台,尚在。遂与张果之同至大秦寺,早食而别。有太平观道士赵宗有,抱琴见送,至寺,作鹿鸣之引,乃去。又西至延生观。观后上小山,有唐玉真公主修道之遗迹。下山而西行十数里,南入黑水谷,谷中有潭名仙游潭。潭上有寺三,倚峻峰,面清溪,树林深翠,怪石不可胜数。潭水,以绳缒石数百尺不得其底,以瓦砾投之,翔扬徐下,食顷乃不见。其清澈如此。遂宿于中兴寺。寺中有玉女洞,洞中有飞泉,甚甘,明日,以泉二瓶归至郿。又明日,乃至府。忽忆寻蟆培,方冬脱鹿裘。山川良甚似,水石亦堪俦。惟有泉旁饮,无人自献酬。自注:昔与子由游虾蟆培,方冬,洞中温温如二三月。(眉批:一路杂述风土如何,挽到子由,如此趁势开合,借

太白山下早行，至横渠镇，书崇寿院壁

马上续残梦，不知朝日升。（眉批：此昌黎所谓何好何恶之诗，首句直。）乱山横翠幛，落月淡孤灯。查初白云：乱山句从残梦生出。奔走烦邮吏，安闲愧老僧。再游应眷眷，聊亦记吾曾。（眉批：写刘方平之诗当由偶合，东坡非盗句者也。）

留题延生观后山上小堂

溪山愈好意无厌，上到巉巉第几尖。深谷野禽毛羽怪，上方仙子鬓眉纤。不惭弄玉骑丹凤，应逐嫦娥驾老蟾。涧草岩花自无主，晚来蝴蝶入疏帘。（眉批：取其生造。）

留题仙游潭中兴寺，寺东有玉女洞，洞南有马融读书石室，过潭而南，山石益奇，潭上有桥，畏其险，不敢渡

清潭百尺皎无泥，山木阴阴谷鸟啼。蜀客曾游明月峡，秦人今在武陵溪。独攀书室窥岩窦，还访仙姝款石闺。犹有爱山心未至，不将双脚踏飞梯。

石鼻城

平时战国今无在，陌上征夫自不闲。北客初来试新险，蜀人从此送残山。（眉批：三、四天然清切。）独穿暗月朦胧里，愁渡奔河苍茫间。渐入西南风景变，道傍修竹水潺潺。

磻溪石

墨突不暇黔，孔席未尝暖。安知渭上叟，跪石留双骭。一朝婴世故，辛苦平多难。亦欲就安眠，旅人讥客懒。（眉批：借写仕宦之劳，浑然无迹。）

郿坞

衣中甲厚行何惧,坞里金多退足凭。毕竟英雄谁得似,脐脂自照不须灯。
(眉批:太涉轻薄,便入晚唐、五代恶趣中。)

楼观

自注:秦始皇立老子庙于观南,晋惠始修此庙。

门前古碣卧斜阳,阅世如流事可伤。长有幽人悲晋惠,强修遗庙学秦皇。
(眉批:次联凑泊。)丹砂久窖井水赤,白术谁烧厨灶香?闻道神仙亦相过,只疑田叟是庚桑。

题宝鸡县斯飞阁

西南归路远萧条,倚槛魂飞不可招。野阔牛羊同雁鹜,天长草树接云霄。昏昏水气浮山麓,泛泛春风弄麦苗。谁使爱官轻去国,此身无计老渔樵。(眉批:三、四写景自真,五、六殊浅弱,结二句更入习径。)

壬寅重九,不预会,独游普门寺僧阁,有怀子由

花开酒美曷不醉,来看南山冷翠微。忆弟泪如云不散,望乡心与雁南飞。明年纵健人应老,昨日追欢意已违。(眉批:五、六深稳。)不向秋风强吹帽,北人不笑楚人讥。

客位假寐

自注:因谒凤翔府守陈公弼。

谒入不得去,兀坐如枯株。岂惟主忘客,今我亦忘吾。同僚不解事,愠色见髯须。虽无性命忧,且复忍须臾。(眉批:太露便非诗品。)

九月二十日微雪，怀子由弟二首

岐阳九月天微雪，已作萧条岁暮心。短日送寒砧杵急，冷官无事屋庐深。三字入神。愁肠别后能消酒，白发秋来已上簪。近买貂裘堪出塞，忽思乘传问西琛。（眉批：居下僚而不得志，愤激而为立功边外之思。郁郁时实有此想，骤看若不相属也。）

江上同舟诗满箧，郑西分马涕垂膺。未成报国惭书剑，岂不怀归畏友朋。官舍度秋惊岁晚，寺楼见雪与谁登。遥知读《易》东窗下，车马敲门定不膺。

病中闻子由得告不赴商州三首

病中闻汝免来商，旅雁何时更著行。远别不知官爵好，思归苦觉岁年长。著书多暇真良计，从宦无功漫去乡。惟有王城最堪隐，万人如海一身藏。（眉批：忽触《客位假寐》之感，却说得和平无迹。）

近从章子闻渠说，自注：章子惇也。苦道商人望汝来。说客有灵惭直道，通翁久没厌凡才。夷音仅可通名姓，瘿俗无由辨颈腮。《答策》不堪宜落此，上书求免亦何哉。（眉批：一结殊不成语。）

辞官不出意谁知，敢向清时怨位卑。万事悠悠付杯酒，流年冉冉入霜髭。策曾忤世人嫌汝，《易》可忘忧家有师。此外知心更谁是，梦魂相觅苦参差。（眉批：此首亦太平直。）

病中大雪数日，未尝起，观虢令赵荐以诗相属，戏用其韵答之

（眉批：语自峭拔。）

经旬卧斋阁，终日亲剂和。不知雪已深，但觉寒无那。飘萧窗纸鸣，堆压檐板堕。自注：关中皆以板为檐。风飘助凝冽，帏幔困掀簸。惟思近醇酽，未敢窥璨瑳。何时反炎赫，却欲躬曰磨。（眉批："却欲"句未佳，意谓操劳则汗出身暖耳。是有此理，然成何语。）谁云坐无毡，尚有裘充货。西邻歌吹发，促席寒威挫。崩腾

踏成径,缭绕飞入座。人欢瓦先融,饮隼瓶屡卧。(眉批:"西邻"下生出一波,便笔有起伏,不致直滞。此于无顿挫处生顿挫,不必真有其事。)嗟余独愁寂,空室自困坷。欲为后日赏,恐被游尘涴。寒更报新霁,皎月悬半破。有客独苦吟,清夜默自课。诗人例穷蹇,秀句出寒饿。何当暴雪霜,庶以蹑郊贺。

岁晚,相与馈问,为馈岁;酒食相邀,呼为别岁;至除夜,达旦不眠,为守岁。蜀之风俗如是。余官于岐下,岁暮思归而不可得,故为此三诗以寄子由

(眉批:三首俱谨严有格。)

馈　岁

农功各已毕,岁事得相佐。为欢恐无及,假物不论货。山川随出产,贫富称小大。置盘巨鲤横,发笼双兔卧。富人事华靡,彩绣光翻座。贫者愧不能,微挚出春磨。官居故人少,查云:入情。里巷佳节过。亦欲举乡风,独唱无人和。(眉批:归思在言外。)

别　岁

(眉批:此首气息特古。)

故人适千里,临别尚迟迟。人行犹可复,岁行那可追。问岁安所之,远在天一涯。已逐东流水,赴海归无时。东邻酒初熟,西舍彘亦肥。且为一日欢,慰此穷年悲。勿嗟旧岁别,行与新岁辞。去去勿回顾,还君老与衰。(眉批:逼入一步更沉着。)

守　岁

(眉批:用古韵。)

欲知垂尽岁,有似赴壑蛇。修鳞半已没,去意谁能遮。况欲系其尾,虽勤知奈何。儿童强不食,相守夜欢哗。晨鸡且勿唱,更鼓畏添挝。坐久灯烬落,起看北斗斜。(眉批:"坐久"十字真景。)明年岂无年,心事恐蹉跎。努力尽今夕,少年犹可夸。

读《开元天宝遗事》三首

(眉批:三诗皆有姿致。咏史小诗宜如此作。)

姚宋亡来事事生,一官铢重万人轻。朔方老将风流在,不取西蕃石堡城。

潭里舟船百倍多,广陵铜器越溪罗。三郎官爵如泥土,争唱《宏农得宝歌》。

琵琶弦急衮梁州,羯鼓声高舞臂鞲。破费八姨三百万,大唐天子要缠头。

卷 四

古今体诗三十八首

和子由踏青

东风陌上惊微尘,游人初乐岁华新。人闲正好路旁饮,麦短未怕游车轮。城中居人厌城郭,喧阗晓出空四邻。歌鼓惊山草木动,箪瓢散野乌鸢驯。何人聚众称道人,遮道卖符色怒嗔。宜蚕使汝茧如瓮,宜畜使汝羊如麇。路人未必信此语,强为买服禳新春。道人得钱径沽酒,醉倒自谓吾符神。(眉批:首尾两截,渺不相属,不喻其故。)

和子由蚕市

蜀人衣食常苦艰,蜀人游乐不知还。千人耕种万人食,一年辛苦一春闲。闲时尚以蚕为市,恐忘辛苦逐欣欢。(眉批:"恐忘"句未自然。)去年霜降砍秋荻,今年箔积如连山。破瓢为轮土为釜,争买不啻金与纨。忆昔与子皆童丱,年年废书走市观。市人争夸斗巧智,野人喑哑遭欺谩。(眉批:"市人"二句有所托,而文义颇觉突兀。)诗来使我感旧事,不悲去国悲流年。

次韵子由论书

(眉批:峭而不剽。)

吾虽不善书,晓书莫如我。(眉批:查云:直是以文作诗,何意不达。)苟能通其意,常谓不学可。貌妍容有矉,璧美何妨椭。端庄杂流丽,刚健含婀娜。好之每自讥,不独子亦颇。书成辄弃去,缪被旁人裹。体势本阔落,结束入细麼。子诗亦见推,语重未敢荷。尔来又学射,力薄愁官笴。自注:官箭十二把,吾能十一把箭耳。多好竟无成,不精安用夥。何当尽屏去,万事付懒惰。(眉批:插入一波,便意境生动。)吾闻古书法,守骏莫如跛。世俗笔苦骄,众中强嵬騀。钟张忽已远,此语与时左。

记所见开元寺吴道子画佛灭度,以答子由

(眉批:题不了了,当云"子由以画文殊、普贤诗见寄,因记所见开元寺吴道子画佛灭度答之"。不然,末二句不知为何语。)

西方真人谁所见?衣被七宝从双狻。当时修道颇辛苦,柏生两肘鸟巢肩。初如蒙蒙隐山玉,渐如濯濯出水莲。道成一旦就空灭,奔会四海悲人天。翔禽哀响动林谷,兽鬼踯躅泪迸泉。庞眉深目彼谁子,绕床弹指性自圆。隐如寒月堕清昼,空有孤光留故躔。春游古寺拂尘壁,遗像久此霾香烟。画师不复写名姓,皆云道子口所传。纵横固已蔑孙邓,有如巨鳄吞小鲜。来诗所夸孰与此,安得携挂其旁观。(眉批:笔笔圆劲,大抵东坡诗自是气格方成就。)

和子由寒食

寒食今年二月晦,树林深翠已生烟。绕城骏马谁能借,到处名园意尽便。但挂酒壶那计盏,偶题诗句不须编。忽闻啼鴂惊羁旅,江上何人治废田。(眉批:此种七律,选一代之诗则可删,选一家之诗则可存。)

中隐堂诗五首

岐山宰王君绅,其祖故蜀人也。避乱来长安,而遂家焉。其居第园圃,有名长安城中,号中隐堂者是也。予之长安,王君以书戒其子弟邀予游,且乞诗甚勤,因为作此五篇。

(眉批:亦是摹杜何氏山林诸作。句句谨严,不失风格。)

去蜀初逃难,游秦遂不归。园荒乔木老,堂在昔人非。(眉批:"昔人"承起二句,指王之祖。)凿石清泉激,开门野鹤飞。退居吾久念,长恐此心违。

径转如修蟒,坡垂似伏鳌。树从何代有,人与此堂高。(眉批:高浑。)好古嗟生晚,偷闲厌久劳。王孙早归隐,尘土污君袍。

二月惊梅晚,幽香此地无。依依慰远客,皎皎似吴姝。(眉批:对法生动。)不恨故园隔,空嗟芳岁徂。春深桃杏乱,笑汝益羁孤。(眉批:结寓意。)

翠石如鹦鹉,何年别海壖。贡随南使远,载压渭舟偏。已伴乔松老,那知故国迁。金人解辞汉,汝独不潸然?(眉批:分明是"万里戎王子"一首。)

都城更几姓,到处有残碑。古隧埋蝌蚪,崩崖露伏龟。安排壮亭榭,收拾费金赀。岣嵝何须到,结稍弩末。韩公浪自悲。(眉批:此首咏中隐堂所聚古石刻,安排收拾俱指石刻言也。于法尚须总束一首,东坡诗间有疏于律处。)

次韵子由弹琴

琴上遗声久不弹,琴中古义本长存。苦心欲记常迷旧,信指如归自着痕。(眉批:句小有意。)应有仙人依树听,空教瘦鹤舞风鶱。谁知千里溪堂夜,时引惊猿撼竹轩。自注:过终南日,令道士赵宗有弹琴溪堂。

次韵和子由欲得骊山澄泥砚

举世争称邺瓦坚,一枚不换百金颁。(眉批:"颁"字不妥。)岂知好事王夫子,自采临潼绣岭山。经火尚含泉脉暖,吊秦应有泪痕潸。(眉批:"潸"字悬脚。)封题寄去吾无用,近日从戎拟学班。(眉批:二诗皆不免捉襟见肘之态,故作诗和韵最害事。元、白以前作者都不为之。)

次韵和子由闻予善射

中朝鸾鹭自振振,岂信边隅事执殳。共怪书生能破的,也如骁将解论文。(眉批:三、四有致。)穿杨自笑非猿臂,射隼长思逐马军。观汝长身最堪学,定如髯羽便超群。

凤翔八观

《凤翔八观》诗,记可观者八也。昔司马子长登会稽,探禹穴,不远千里;而李太白亦以七泽之观至荆州。二子盖悲世悼俗,自伤不见古人,而欲一观其遗迹,故其勤如此。凤翔当秦、蜀之交,士大夫之所朝夕往来此八观者,又皆跬步可至,而好事者有不能遍观焉。故作诗以告欲观而不知者。

石鼓歌

(眉批:精悍之气殆驾昌黎而上之。)

冬十二月岁辛丑,我初从政见鲁叟。旧闻石鼓今见之,文字郁律蛟蛇走。细观初以指画肚,欲读嗟如钳在口。(眉批:摹写入微。)韩公好古生已迟,我今况又百年后。强寻偏旁推点画,时得一二遗八九。我车既攻马亦同,其鱼维鲔贯之柳。自注:其词云:"我车既攻,我马既同。"又云:"其鱼维何,维鲔维鲤。何以贯之?维杨与柳。"惟此六句可读,余多不可通。古器纵横犹识鼎,众星错落仅名斗。模糊半已隐瘢胝,诘曲犹能辨跟肘。娟娟缺月隐云雾,濯濯嘉禾秀稂莠。漂流百战偶然存,独立千载谁与友。上追轩颉相唯诺,下揖冰斯同鷇縠。忆昔周宣歌《鸿雁》,当时籀史变蝌蚪。(眉批:"歌《鸿雁》"与石鼓无涉,只徒与"蝌蚪"作对句耳,未免凑泊。)厌乱人方思圣贤,中兴天为生耆耉。东征徐虏阚虓虎,北伏犬戎随指嗾。象胥杂沓贡狼鹿,方召联翩赐圭卣。遂因鼓鼙思将帅,岂为考击烦蒙瞍。何人作颂比《嵩高》?万古斯文齐岣嵝。勋劳至大不矜伐,文武未远犹忠厚。欲寻年岁无甲乙,岂有名字记谁某。自从周衰更七国,竟使秦人有九有。扫除诗书诵法律,投弃俎豆陈鞭杻。当年何人佐祖龙,上蔡公子牵黄狗。(眉批:看似顺次写下,却是随手生出波澜,展开境界,文情如风水之相遭。)登山刻石颂功烈,针对"勋劳"四句。后者无继前无偶。(眉批:妙以"刻石"与石鼓相关照,不是强生事端泛作感慨。)皆云皇帝巡四国,烹灭强暴救黔首。六经既已委灰尘,此鼓亦当遭击掊。(眉批:陡合捷便。)传闻九鼎沦泗上,欲使万夫沉水取。暴君纵欲穷人力,神物义不污秦垢。是时石鼓何处避,无乃天工令鬼守。(眉批:"传闻"数语又起一波,更为满足深厚。前路犀利之极,真有千尺建瓴之势。非如此层层起伏潆洄,则收束不住矣。)兴亡百变物自闲,富贵一朝名不朽。细思物理坐叹息,人生安得如汝寿?

诅楚文

自注:碑获于开元寺土下,今在太守便厅。秦穆公葬于雍橐泉祈年观下,今墓在开元寺之东南数十步,则寺岂祈年之故基耶?淮南王迁于蜀,至雍,道病卒,则雍非长安,此乃古雍也。

峥嵘开元寺,仿佛祈年观。旧筑扫成空,古碑埋不烂。诅书虽可读,字法嗟久换。词云秦嗣王,敢使祝用瓒。先君穆公世,与楚约相捍。质之于巫咸,万叶期不叛。今其后嗣王,乃敢构多难。刳胎杀无罪,亲族遭围绊。计其所称诉,何啻桀纣乱。吾闻古秦俗,面诈背不汗。岂惟公子卬,社鬼亦遭谩。(眉批:秦之无道何须谩骂,借一小事作点缀,笔墨翛然。)辽哉千载后,发我一笑粲。

王维、吴道子画

(眉批:奇气纵横,而句句浑成深稳。)

何处访吴画?普门与开元。开元有东塔,摩诘留手痕。吾观画品中,莫如二子尊。道子实雄放,浩如海波翻。当其下手风雨快,笔所未到气已吞。亭亭双林间,彩晕扶桑暾。中有至人谈寂灭,悟者悲涕迷者手自扪。蛮君鬼伯千万万,相排竞进头如鼋。摩诘本诗老,佩芷袭芳荪。今观此壁画,亦若其诗清且敦。(眉批:"敦"字义非不通,而终有嵌押之痕。凡诗有义可通而语不佳者,落笔时不得自恕。)祇园弟子尽鹤骨,心如死灰不复温。门前两丛竹,雪节贯霜根。交柯乱叶动无数,一一皆可寻其源。(眉批:"交柯"二句妙契微茫,凡古人文字皆如是观。)吴生虽妙绝,犹以画工论。摩诘得之于象外,有如仙翮谢笼樊。吾观二子皆神俊,又于维也敛衽无间言。摩诘、道子画品未易低昂。作诗若不如此,则节节板对,不见变化之妙耳。(眉批:双收侧注,寓整齐于变化之中。)

维摩像,唐杨惠之塑,在天柱寺

(眉批:直写自老,他人如此便单弱。此由笔力不同。)

昔者子舆病且死,其友子祀往问之。跰蹸鉴井自叹息,造物将安以我为。今观古塑维摩像,病骨磊嵬如枯龟。乃知至人外生死,此身变化浮云随。世人岂不硕且好,身虽未病心已疲。此叟神完中有恃,谈笑可却千熊罴。当其在时或问法,俯首无言心自知。至今遗像兀不语,与昔未死无增亏。(眉批:纯用一掀一落之法,故单行而不直不板。)田翁里妇那肯顾,时有野鼠衔其髭。见之使人每自失,谁能与诘无言师。(眉批:又作一衬,总不使一直笔。)

东　湖

(眉批:纯寓牢骚。才力极为富健,一二强押之字不足以累之。)

吾家蜀江上,江水清如蓝。尔来走尘土,意思殊不堪。况当岐山下,风物尤可惭。(眉批:"惭"字趁韵不妥。)有山秃如赭,有水浊如泔。不谓郡城东,数步见湖潭。入门便清奥,恍如梦西南。泉源从高来,随波走涵涵。东去触重阜,尽为湖所贪。(眉批:趁韵不妥。)但见苍石螭,开口吐清甘。借汝腹中过,胡为目眈眈。(眉批:闲情好。板叙之中,有此闲情方生动。)新荷弄晚凉,轻棹极幽探。飘飘忘远近,偃息遗佩篸。深有龟与鱼,浅有螺与蚶。曝晴复戏雨,戢戢多于蚕。浮沉无停饵,倏忽遽满篮。丝缗虽强致,琐细安足戡。(眉批:趁韵不妥。)闻昔周道兴,翠凤栖孤岚。飞鸣饮此水,照影弄毶毶。至今多梧桐,合抱如彭聃。彩羽无复见,上有鹯搏鹌。(眉批:忽起一波,寓不得志之感,得此乃不一泻无余。)嗟予生虽晚,好古意所妉。图书已漫漶,犹复访侨郯。《卷阿》诗可继,此意久已含。扶风古三辅,政事岂汝谙。聊为湖上饮,一纵醉后谈。此处可住。门前远行客,劫劫无留骖。问胡不回首,毋乃趁朝参。予今正疏懒,官长幸见函。不辞日游再,行恐岁满三。暮归还倒载,钟鼓已韽韽。

真兴寺阁

(眉批:奇恣纵横不可控制。他手即有此摹写,亦必数句装头。)

山川与城郭,漠漠同一形。市人与鸦鹊,浩浩同一声。此阁几何高,何人之所营?侧身送落日,引手攀飞星。当年王中令,斫木南山赪。写真留阁下,铁面眼有棱。身强八九尺,与阁两峥嵘。古人虽暴恣,作事今世惊。登者尚呀喘,作者何以胜。曷不观此阁,其人勇且英。(眉批:势须此奇论作收,否则不称。)

李氏园

自注:李茂贞园也,今为王氏所有。

(眉批:竟以记序体行之,朴老无敌,而波澜又极壮阔,不是印板文字。)

朝游北城东,回首见修竹。下有朱门家,破墙围古屋。举鞭叩其户,幽响答空谷。入门所见夥,十步九移目。异花兼四方,野鸟喧百族。(眉批:以东、西、南、北作界画,便不是一屋散钱,此法本之汉人《都邑》诸赋。)其西引溪水,活活转墙曲。东注入深林,林深窗户绿。水光兼竹净,时有独立鹄。林中百尺松,岁久苍鳞蹙。岂惟此地少,意恐关中独。小桥过南浦,夹道多乔木。隐如城百雉,挺若舟千斛。阴阴日光淡,黯黯秋气蓄。尽东为方池,野雁杂家鹜。红梨惊合抱,映岛孤云馥。春光水溶漾,雪阵风翻扑。其北临长溪,波声卷平陆。北山卧可见,苍翠间硗秃。我时来周览,问此谁所筑?云昔李将军,负险乘衰叔。(眉批:倒点李氏,运笔奇变。)抽钱算间口,但未榷羹粥。当时夺民田,失业安敢哭。谁家美园囿,籍没不容赎。此亭破千家,郁郁城之麓。将军竟何事,虮虱生刀鞴。何尝载美酒,来此驻车毂。空使后世人,闻名颈犹缩。自注:俗犹呼皇后园,盖茂贞谓其妻也。(眉批:不惟扫倒茂贞,乃并"园"字一齐扫倒。)我今官正闲,屡至因休沐。人生营居止,竟为何人卜。何当办一身,永与清景逐。(眉批:一篇累赘文字忽然结归虚空,真为超妙之笔。)

秦穆公墓

橐泉在城东,墓在城中无百步。乃知昔未有此城,秦人以泉识公墓。昔公生不诛孟明,岂有死之日而忍用其良。乃知三子殉公意,亦如齐之二子从田横。古人感一饭,尚能杀其身。今人不复见此等,乃以所见疑古人。古人不可望,今人益可伤。(眉批:纯寓与上官不合之感,所谓借他人酒杯,浇自己垒块。查氏谓事出六经,恐难翻案,未详立言之意耳。)

和子由闻子瞻将如终南太平宫溪堂读书

(眉批:一气涌出而曲折深至,无一直率之笔。)

役名则已勤,殉身则已偷。我诚愚且拙,身名两无谋。始者学书判,近亦知问囚。但知今当为,敢问向所由。此一段纯是陶诗气脉,但面目不同耳。世人学陶乃专以面目求之,所谓"形骸之外,去之愈远"。士方其未得,惟以不得忧。既得又忧失,此心浩难收。譬如倦行客,中路逢清流。尘埃虽未脱,暂憩得一漱。(眉批:一路皆以文句入诗,忽插此喻,甚妙;不然,便直朴少致。)我欲走南涧,春禽始嘤呦。(眉批:"呦"非禽声。)鞅掌久不决,尔来已徂秋。桥山日月迫,府县烦差抽。王事谁敢愬,民劳吏宜羞。中间罹旱暵,欲学唤雨鸠。千夫挽一木,十步八九休。渭水涸无泥,蓄堰旋插修。对之食不饱,余事更遑求。近日秋雨足,公余试新篘。劬劳幸已过,朽钝不任锼。秋风迫吹帽,西皋可纵游。聊为一日乐,慰此百年愁。

将往终南和子由见寄

人生百年寄鬓须,富贵何啻霞中荂。惟将翰墨留染濡,绝胜醉倒蛾眉扶。我今废学如寒竽,久不吹之涩欲无。岁云暮矣嗟几余,欲往南溪侣禽鱼。秋风吹雨凉生肤,夜长耿耿添漏壶。穷年弄笔衫袖乌,古人有之我愿如。终朝危坐学僧趺,闭门不出闲履凫。下视官爵如泥淤,嗟我何为久踟蹰。岁月岂肯为汝居,仆夫起餐秣吾驹。(眉批:意不必新,而语特遒健。)

读道藏

嗟余亦何幸,偶此琳宫居。宫中复何有,戢戢千函书。盛以丹锦囊,冒以青霞裾。王乔掌关籥,蚩尤守其庐。乘闲窃掀揽,涉猎岂暇徐。至人悟一言,道集由中虚。心闲反自照,皎皎如芙蕖。千岁厌世去,此言乃籧篨。人皆忽其身,治之用土苴。何暇及天下,幽忧吾未除。(眉批:作僧家诗不可有偈颂气,作道家诗不可有章咒气。此固未免于章咒。)

真兴寺阁祷雨

太守亲从千骑祷,神翁远借一杯清。云阴黮黮将嘘遍,雨意昏昏欲酝成。

已觉微风吹袂冷，不堪残日傍山明。今年秋熟君知否，应向江南饱食粳。

七月二十四日，以久不雨出祷磻溪。是日宿虢县。二十五日晚，自虢县渡渭，宿于僧舍曾阁。阁故曾氏所建也。夜久不寐，见壁间前县令赵荐留名，有怀其人

龛灯明灭欲三更，敧枕无人梦自惊。深谷留风终夜响，乱山衔月半床明。故人渐远无消息，古寺空来看姓名。欲向磻溪问姜叟，仆夫屡报斗杓倾。（眉批：后四句自不相贯。"问姜叟"虽切"磻溪"，却与祷雨无涉。东坡诗往往有疏于律处，不得一概效之。）

二十六日五更起行，至磻溪，天未明

夜入磻溪如入峡，照山炬火落惊猿。山头孤月耿犹在，石上寒波晓更喧。至人旧隐白云合，神物已化遗踪蜿。（眉批："蜿"字悬脚。）安得梦随霹雳驾，马上倾倒天瓢翻。

是日自磻溪，将往阳平，憩于麻田青峰寺之下院翠麓亭

不到峰前寺，空来渭上村。此亭聊可喜，修径岂辞扪。谷映朱栏秀，山含古木尊。路穷惊石断，林缺见河奔。马困嘶青草，僧留荐晚飧。我来秋日午，旱久石床温。安得云如盖，能令雨泻盆。共看山下稻，凉叶晚翻翻。（眉批：一气相生，化尽堆排之迹。）

二十七日，自阳平至斜谷，宿于南山中蟠龙寺

横槎晚渡碧涧口，骑马夜入南山谷。谷中暗水响泷泷，岭上疏星明煜煜。寺藏岩底千万仞，路转山腰三百曲。风生饥虎啸空林，月黑惊麇窜修竹。入门突兀见深殿，照佛青荧有残烛。愧无酒食待游人，旋斫杉松煮溪蔌。板阁独眠惊旅枕，木鱼晓动随僧粥。起观万瓦郁参差，目乱千岩散红绿。门前商贾负椒

舛,山后咫尺连巴蜀。何时归耕江上田,一夜心逐南飞鹄。(眉批:"门前"二句萦拂有情,过接无迹,故结虽有习径而不见其套。)

是日至下马碛,憩于北山僧舍。有阁曰怀贤,南直斜谷,西临五丈原,诸葛孔明所从出师也

(眉批:起势郁律,不说阁中而是阁中所见,与《真兴寺》起法同。"闻马挝",生造无出典,妙以想象写之,遂不觉其添造。)

南望斜谷口,三山如犬牙。西观五丈原,郁屈如长蛇。有怀诸葛公,万骑出汉巴。吏士寂如水,萧萧闻马挝。公才与曹丕,岂止十倍加。顾瞻三辅间,势若风卷沙。一朝长星坠,竟使蜀妇髽。山僧岂知此,一室老烟霞。往事逐云散,故山依渭斜。客来空吊古,清泪落悲笳。(眉批:"山僧"勒转无痕,趁势缴出,末二句又极便;否则,是读《三国志》诗,不是怀贤阁诗矣。)

攓云篇

余自城中还道中,云气自山中来,如群马奔突。以手掇,开笼收其中。归家,云盈笼,开而放之。作攓云篇。

物役会有时,星言从高驾。道逢南山云,欻吸如电过。竟谁使令之,衮衮从空下。龙移相排拶,凤舞或颓亚。散为东郊雾,冻作枯树稼。或飞入吾车,逼仄碍肘胯。抟取置笥中,提携返茅舍。开缄乃放之,掣去仍变化。云兮汝归山,无使达官怕。(眉批:结寓牢骚。)

妒佳月

(眉批:题目非法,若竟摘首句为题,却是古例。)

狂云妒佳月,怒飞千里黑。佳月了不嗔,曾何污洁白。爱有谪仙人,举酒为三客。今夕偶不见,汹澜念风伯。毋烦风伯来,彼也易灭没。支颐少待之,寒空净无迹。粲粲黄金盘,独照一天碧。玉绳惨无辉,玉露洗秋色。浩瀚玻璃

盏,和光入胸臆。使我能永延,约君为莫逆。(眉批:亦不合于上官之作,其词太激,亦太露。)

太白辞

岐下频年大旱,祷于太白山辄应,故作《迎送神辞》一篇五章。

(眉批:欲仿汉郊祀诸歌,殊无佳处。)

雷阗阗,山昼晦。风振野,神将驾。载云罕,从玉虬。旱既甚,蹶往救,道阻修兮。

旌旗翻,疑有无。日惨变,神在涂。飞赤篆,诉阊阖。走阴符,行羽檄,万灵集兮。

风为幄,云为盖。满堂烂,神既至。纷醉饱,锡以雨。百川溢,施沟渠,歌且舞兮。

骑裔裔,车斑斑。鼓箫悲,神欲还。轰振凯,隐林谷。执妖厉,归献馘,千里肃兮。

神之来,怅何晚。山重复,路幽远。神之去,飘莫追。德未报,民之思,永万祀兮。

扶风天和寺

远望若可爱,朱栏碧瓦沟。(眉批:一起真景以淡语写出。)聊为一驻足,且慰百回头。水落见山石,尘高昏市楼。临风莫长啸,遗响浩难收。(眉批:结得壮阔。)

卷　五

古今体诗四十五首

和子由记园中草木十首

（眉批：首首寓慨而不露怒张，句句涉理而不入迂腐。音节、意境皆逼真古人，亦无刻画之迹。）

煌煌帝王都，此首总起。赫赫走群彦。嗟汝独何为，闭门观物变。微物岂足观，汝独观不倦。牵牛与葵蓼，采摘入诗卷。吾闻东山傅，置酒携燕婉。富贵未能忘，声色聊自遣。汝今又不然，时节看瓜蔓。（眉批：又作一层衬托，非惟文笔顿挫，亦觉烘染生姿。）怀宝自足珍，蓺兰那计畹。吾归于汝处，慎勿嗟岁晚。（眉批：拉杂铺叙，而句句变动不作板排，故能不落香山门径。）

荒园无数亩，草木动成林。春阳一以敷，妍丑各自矜。蒲萄虽满架，困倒不能任。可怜病石榴，花如破红襟。葵花虽粲粲，蒂浅不胜簪。丛蓼晚可喜，轻红随秋深。物生感时节，此理等废兴。飘零不自由，盛亦非汝能。（眉批：上文零零碎碎，须此四句镕化一片，方收得住。）

种柏待其成，柏成人已老。不如种丛篲，有所激而反言之。春种秋可倒。阴阳不择物，美恶随意造。柏生何苦艰，似亦费天巧。天工巧有几，肯尽为汝耗。君看藜与藿，生意常草草。（眉批：纯乎正面说理而不入肤，廓以仍是诗人意境，非道学意境也。夫理喻之米，诗则酿之而为酒，道学之文则炊之而为饭。）

萱草比君子。虽微花，孤秀能自拔。亭亭乱叶中，一一劳心插。牵牛比小人。独何畏，诘曲自芽蘖。走寻荆与榛，如有夙昔约。南斋读书处，乱翠晓如泼。偏工贮秋雨，岁岁坏篱落。（眉批：此首只以对照见意，竟不说破。）

芦笋初似竹，稍开叶如蒲。方春节抱甲，渐老根生须。不爱当夏绿，爱此及秋枯。(眉批:创语展出别境。)黄叶倒风雨,白花摇江湖。江湖不可到,移植苦勤劬。安得双野鸭,飞来成画图。(眉批:结语拓开,仍是兜转。)

行乐惜芳辰,秋风常苦早。谁知念离别,喜见秋瓜老。秋瓜感霜霰,茎叶飒已槁。宦游归无时,身若马系皂。悲鸣念千里,耿耿志空抱。多忧竟何为,使汝玄发缟。(眉批:此首忽跳出题外,取兴在即离之间。)

官舍有丛竹,结根问囚厅。下为人所径,土密不容钉。殷勤戒吏卒,插棘护中庭。绕砌忽圻裂,走鞭瘦竛竮。我常携枕簟,来此荫寒青。日暮不能去,卧听窗风泠。(眉批:"泠"字悬脚。此首直作赋体,不着一语又别一格。)

芎藭生蜀道,白芷来江南。漂流到关辅,犹不失芳甘。濯濯翠茎满,惜惜清露涵。及其未花实,可以资筐篮。忽寓食贫之感。秋节忽已老,苦寒非所堪。剧根取其实,对此微物惭。(眉批:与前首同一赋体。而前首赋物,此首赋情,用笔又自不同。)

自我来关辅,南山得再游。山中亦何有,草木媚深幽。菖蒲人不识,生此乱石沟。山高霜雪苦,苗叶不得抽。下有千岁根,蹙缩如蟠虬。长为鬼神守,德薄安敢偷。(眉批:此首索性一字不着题,而意中句外却隐然是园中草木。运意至此,真有神无迹矣。)

野菊生秋涧,芳心空自知。无人惊岁晚,惟有暗蛩悲。花开涧水上,花落涧水湄。菊衰蛩亦蛰,与汝岁相期。楚客方多感,秋风咏江蓠。落英不满掬,何以慰朝饥。(眉批:收得感慨。于文为结到题外,于意则结到题中。虽就菊说,已隐隐收尽前九首。)

纪 梦

(眉批:颇嫌清浅,无意故也。)

我归自南山,山翠犹在目。心随白云去,梦绕山之麓。汝从何方来,笑齿粲如玉。探怀出新诗,秀语夺山绿。觉来已茫昧,但记说秋菊。(眉批:蟋蟀悲秋菊,尽有妙义可衍,不应草草如此。)有如采樵人,入洞听琴筑。归来写遗声,犹胜人间曲。自注：八月十一日夜宿府学,方和此诗,梦与弟游南山,出诗数十首,梦中甚爱之。及觉,但记一句云"蟋蟀悲秋菊"。(眉批：无意中强生此意,不尔,益无收束矣。)

次韵子由种菜久旱不生

新春阶下笋芽生,厨里霜齑倒旧罂。时绕麦田求野荠,强为僧舍煮山羹。园无雨润何须叹,身与时违合退耕。(眉批：五太拙,六太露。)欲看年华自有处,鬓间秋色两三茎。

大老寺竹间阁子

残花带叶暗,新笋出林香。但见竹阴绿,不知汧水黄。树高倾陇鸟,池浚落河鲂。栽种良辛苦,孤僧瘦欲尪。(眉批：太不成语,恐非真本。编诗者搜辑以炫博,转为古人之累。)

周公庙,庙在岐山西北七八里,庙后百许步,有泉依山,涌冽异常,国史所谓"润德泉,世乱则竭"者也

吾今那复梦周公,尚喜秋来过故宫。(眉批：此典却不许人人用。)翠凤旧依山硊兀,清泉长与世穷通。至今游客伤《离黍》,故国诸生咏雨蒙。牛酒不来乌鸟散,白杨无数暮号风。(眉批：周公庙如何着语,此种题正以不作为是耳。)

戏作贾梁道诗

王凌谓贾充曰："汝非贾梁道之子耶？乃欲以国与人。"由是观之,梁道之忠于魏也久矣。司马景王既执凌归,过梁道庙,凌大呼曰："我亦大魏之忠臣也。"及司马景王病,见凌与梁道,守而杀之。二人者,可谓忠义之至,精贯于神明矣。然梁道之灵独不能已其子充之奸,至使首发成济之事,此又理之不可晓者也。故予戏作诗云。

嵇绍似康为有子,郗超叛鉴是无孙。如今更恨贾梁道,不杀公闾杀子元。

(眉批:此必有为而作,非咏古也。)

南溪之南竹林中新构一茅堂,予以其所处最为深邃,故名之曰避世堂

犹恨溪堂浅,更穿修竹林。高人不畏虎,避世已无心。(眉批:三、四下句注上句。)隐几颓如病,忘言兀似喑。茅茨追上古,冠盖谢当今。晓梦猿呼觉,秋怀鸟伴吟。(眉批:似九僧一派。)暂来聊解带,屡去欲携衾。(眉批:"衾"字押得倒。)湖上行人绝,阶前暮雪深。下句烘染上句。应逢绿毛叟,扣户夜抽簪。(眉批:"抽簪"趁韵。)

重游终南,子由以诗见寄,次韵

去年新柳报春回,今日残花覆绿苔。溪上有堂还独宿,谁人无事肯重来。古琴弹罢风吹座,山阁醒时月照杯。懒不作诗君错料,旧逋应许过时陪。

自清平镇游楼观、五郡、大秦、延生、仙游,往返四日,得十一诗,寄舍弟子由同作

楼　观

鸟噪猿呼昼闭门,寂寥谁识古皇尊。(眉批:起得有力有神。肃肃穆穆,仿佛见之。)青牛久已辞辕轭,白鹤时来访子孙。山近朔风吹积雪,天寒落日淡孤村。句好。道人应怪游人众,汲尽阶前井水浑。(眉批:反托出起处之意。措语沉着。)

五　郡

古观正依林麓断,居民来就水泉甘。乱溪赴渭争趋北,飞鸟迎山不复南。(眉批:第四句拙。)羽客衣冠朝上象,野人香火祝春蚕。汝师岂解言符命,山鬼何知托老聃。自注:观有《明皇碑》,言梦老子告以享国长久之意。

授经台

自注:乃南山一峰耳,非复有筑处。

剑舞有神通草圣,海山无事化琴工。此台一览秦川小,不待传经意已空。（眉批:前二句太吃力,后二句又太率易。）

大秦寺

（眉批:格力遒紧。）

晃荡平川尽,坡陀翠麓横。忽逢孤塔迥,独向乱山明。信足幽寻远,临风却立惊。原田浩如海,滚滚尽东倾。（眉批:收得阔远。）

仙游潭五首

自注:潭上有寺二。一在潭北,循黑水而上为东路,至南寺。渡黑水西里余,从马北上为西路,至北寺。东路险,不可骑马。而西路隔潭,潭水深不可测,上以一木为桥,不敢过。故南寺有塔,望之可爱而终不能到。

潭

翠壁下无路,何年雷雨穿。光摇岩上寺,深到影中天。五字极平,而极幻。我欲然犀看,龙应抱宝眠。（眉批:五、六接得挺拔。）谁能孤石上,危坐试僧禅。（眉批:言禅定则临深不惧。）

南 寺

东去愁攀石,西来怯渡桥。碧潭如见试,白塔苦相招。野馈惭微薄,（眉批:"惭"字何指?）村沽慰寂寥。路穷斤斧绝,松桂得干霄。（眉批:有寓意,然是常意。）

北 寺

唐初传有此,乱后不留碑。畏虎关门早,无村得米迟。山泉自入瓮,野桂不胜炊。信美那能久,应先学忍饥。（眉批:"信美"二字指上二句。）

马融石室

未应将军聘,初从季直游。绛纱生不识,苍石尚能留。岂害依梁冀,何须困李侯。吾诗慎勿刻,猿鹤为君羞。（眉批:第五句乃放活一笔,以松为紧,以逼下句。结太直太尽。）

玉女洞

洞里吹箫子,终年守独幽。石泉为晓镜,山月当帘钩。（眉批:"石泉"二句俗格,所宜悬之戒律者。)岁晚杉枫尽,人归雾雨愁。送迎应鄙陋,谁继楚臣讴。(眉批:结二句自负。)

爱玉女洞中水,既致两瓶,恐后复取而为使者见给,因破竹为契,使寺僧藏其一,以为往来之信,戏谓之调水符

(眉批:运意颇深,而措语苦浅。)

欺谩久成俗,关市有契繻。谁知南山下,取水亦置符。古人辨淄渑,皎若鹤与凫。吾今既谢此,但视符有无。常恐汲水人,智出符之余。多防竟无及,弃置为长吁。(眉批:查云:此意原近逆诈,须补正意于理乃圆。非进一步语,亦非宽一层语也。)

自仙游回至黑水,见居民姚氏山亭,高绝可爱,复憩其上

山鸦晓辞谷,似报游人起。出门犹屡顾,惨若去吾里。道途险且迂,继此复能几。溪边有危构,归驾聊复跂。爱此山中人,缥缈如仙子。平生慕独往,官爵同一屣。胡为此溪边,眷眷若有俟。国恩久未报,念此惭且泚。临风浩悲咤,万世同一轨。(眉批:后半幅语自沉着。)何年谢簪绂,丹砂留迅罍。(眉批:删末二句更佳。)

南溪有会景亭,处众亭之间,无所见,甚不称其名。予欲迁之少西,临断岸,西向可以远望,而力未暇,特为制名曰招隐。仍为诗以告来者,庶几迁之

飞檐临古道,高榜观游人。未即令公隐,聊须濯路尘。茅茨分聚落,烟火傍城闉。林缺湖光漏,窗明野意新。居民惟白帽,过客漫朱轮。山好留归屐,风回落醉巾。他年谁改筑,旧制不须因。再到吾虽老,犹堪作坐宾。(眉批:小巧。)

凌虚台

才高多感激,道直无往还。不如此台上,举酒邀青山。青山虽云远,似亦

识公颜。崩腾赴幽赏,披豁露天悭。落日衔翠壁,暮云点烟鬟。浩歌清兴发,放意末礼删。是时岁云暮,微雪洒袍斑。吏退迹如扫,宾来勇跻攀。台前飞雁过,台上雕弓弯。联翩向空坠,一笑惊尘寰。(眉批:收处是故意作态。以戛然竟住为胜。然"是时"二字一气赶下,究竟至此,气未满足,勒奔马式非此之谓也。)

竹㹠

(眉批:寓意不甚露,由于措语和平。)

野人献竹㹠,腰腹大如盎。自言道旁得,采不费置网。鸥夷让圆滑,混沌惭瘦爽。两牙虽有余,四足仅能仿。逢人自惊蹶,闷若儿脱襁。念此微陋质,刀几安足枉。就禽太仓卒,羞愧不能飨。南山有孤熊,择兽行舐掌。(眉批:有安问狐狸之慨。)

渼陂鱼

自注:陂在鄠县。

霜筠细破为双掩,中有长鱼如卧剑。(眉批:窄韵巧押,神锋骏利,东坡本色。)紫荇穿腮气惨凄,红鳞照座光磨闪。十四字居然杜意。携来虽远鬣尚动,烹不待熟指先染。坐客相看为解颜,香粳饱送如填堑。早岁尝为荆渚客,黄鱼屡食沙头店。滨江易采不复珍,盈尺辄弃无乃僭。(眉批:势须一拓。)自从西征复何有,欲致南烹嗟久欠。游鯈琐细空自腥,乱骨纵横动遭砭。故人远馈何以报,客俎久空惊忽赡。东道无辞信使频,西邻幸有庖牺酽。

十二月十四日,夜微雪,明日早,往南溪小酌至晚

南溪得雪真无价,走马来看及未消。得自披榛寻履迹,最先犯晓过朱桥。谁怜破屋眠无处,坐觉村饥语不嚣。(眉批:句太拙。)惟有暮鸦知客意,惊飞千片落寒条。

九月中曾题二小诗于南溪竹上,既而忘之,昨日再游,见而录之

湖上萧萧疏雨过,山头霭霭暮云横。陂塘水落荷将尽,城市人归虎欲行。

谁谓江湖居,而为虎豹宅？焚山岂不能,爱此千竿碧。（眉批：投鼠忌器之意。）

司竹监烧苇园,因召都巡检柴贻勋左藏,以其徒会猎园下

（眉批：通体道紧,无一懈笔。）

官园刈苇留枯槎,深冬放火如红霞。枯槎烧尽有根在,春雨一洗皆萌芽。黄狐老兔最狡捷,卖侮百兽常矜夸。年年此厄竟不悟,但爱蒙密争来家。风回焰卷毛尾热,欲出已被苍鹰遮。野人来言此最乐,徒手晓出归满车。（眉批：引入不骤。）巡边将军在近邑,呼来飒飒从矛叉。戍兵久闲可小试,战鼓虽冻犹堪挝。雄心欲搏南涧虎,阵势颇学常山蛇。霜干火烈声暴野,飞走无路号且呀。迎人截来枭逢箭,避犬逸去穷投罝。击鲜走马殊未厌,但恐落日催栖鸦。弊旗仆鼓坐数获,鞍挂雉兔肩分麏。主人置酒聚狂客,纷纷醉语晚更哗。燎毛燔肉不暇割,饮啖直欲追羲娲。青丘云梦古所咤,与此何啻百倍加。苦遭谏疏说夷羿,又被词客嘲淫奢。岂如闲官走山邑,放旷不与趋朝衙。农工已毕岁云暮,车骑虽少宾殊嘉。酒酣上马去不告,猎猎霜风吹帽斜。（眉批：一路如骏马之下阪,须如此排荡盘旋,方收得住。）

和子由木山引水二首

蜀江久不见沧浪,江上枯槎远可将。去国尚能三犊载,汲泉何爱一夫忙。崎岖好事人应笑,冷淡为欢意自长。遥想纳凉清夜永,窗前微月照汪汪。

千年古木卧无梢,浪卷沙翻去似瓢。（眉批：太俚。）几度过秋生薜荔,至今流润应江潮。泫然疑有蛟龙吐,断处人言霹雳焦。材大古来无适用,不须郁郁慕山苗。

和子由苦寒见寄

人生不满百,一别费三年。三年吾有几,弃掷理无还。(眉批:真至语。)长恐别离中,摧我鬓与颜。念昔喜著书,别来不成篇。细思平时乐,乃为忧所缘。吾从天下士,莫如与子欢。羡子久不出,读书虱生毡。丈夫重出处,不退要当前。(眉批:语意斩然。)西羌解仇隙,猛士忧塞堧。庙谟虽不战,虏意久欺天。山西良家子,锦缘貂裘鲜。千金买战马,百宝妆刀镮。何时逐汝去,与虏试周旋。(眉批:此即前乘传问琛意,皆不得志之愤词,不必实有此想也。)

寄题兴州晁太守新开古东池

百亩清池傍郭斜,居人行乐路人夸。自言官长如灵运,能使江山似永嘉。纵饮座中遗白帢,幽寻尽处见桃花。不堪山鸟号归去,长遣王孙苦忆家。

华阴寄子由

三年无日不思归,梦里还家旋觉非。腊酒送寒催去国,东风吹雪满征衣。三峰已过天浮翠,四扇行看日照扉。里堠消磨不禁尽,速携家饷劳骖骓。

和董传留别

(眉批:句句老健。)

粗缯大布裹生涯,腹有诗书气自华。厌伴老儒烹瓠叶,强随举子踏槐花。囊空不办寻春马,眼乱行看择婿车。得意犹堪夸世俗,诏黄新湿字如鸦。(眉批:结二句乃期许之词,言外有炎凉之感,非有所不足于董传也。)

西蜀杨耆，二十年前见之，甚贫。今见之，亦贫。所异于昔者，苍颜华发耳。女无美恶，富者妍，士无贤不肖，贫者鄙。使其逢时遇合，岂减当世之士哉！顷宿长安驿舍，闻泣者甚怨，问之，乃昔富而今贫者，乃作一诗。今以赠杨君

孤村微雨送秋凉，逆旅愁人怨夜长。不寐相看惟枥马，悲歌互答有寒螀。（眉批：三、四自佳。）天寒滞穗犹栖亩，岁晚空机任倚墙。劝尔一杯聊复睡，人间贫富海茫茫。

夜直秘阁呈王敏甫

蓬瀛宫阙隔埃氛，帝乐天香似许闻。瓦弄寒晖鸳卧月，楼生晴霭凤盘云。（眉批：第三句太凑，第四句不似夜。）共谁交臂论今古，只有闲心对此君。大隐本来无境界，北山猿鹤漫移文。

谢苏自之惠酒

（眉批：旋转自如，止如口语而不落浅易，格力高也。然此种殊不易学，无其格力，而以颓唐出之，风斯下矣。）

高士例须怜曲糵，此语尝闻退之说。我今有说殆不然，曲糵未必高士怜。醉者坠车庄生言，全酒未若全于天。达人本是不亏缺，何暇更求全处全。景山沉迷阮籍傲，毕卓盗窃刘伶颠。贪狂嗜怪无足取，世俗喜异矜其贤。杜陵诗客尤可笑，罗列八子参群仙。流涎露顶置不说，为问底处能逃禅。我今不饮非不饮，心月皎皎常孤圆。有时客至亦为酌，琴虽未去聊忘弦。吾宗先生有深意，百里双罂远将寄。且言不饮固亦高，举世皆同吾独异。不如同异两俱冥，得鹿亡羊等嬉戏。决须饮此勿复辞，何用区区较醒醉。（眉批：一路庄论，几无转身之地，化出此意作结，可谓辩才无碍。）

卷　六

古今体诗五十首

次韵柳子玉见寄

薄雷轻雨晓晴初,陌上青泥未溅裾。行乐及时虽有酒,出门无侣漫看书。遥知寒食催归骑,定把鸱夷载后车。他日见邀须强起,不应辞病似相如。

送曾子固倅越得燕字

醉翁门下士,杂遝难为贤。曾子独超轶,孤芳陋群妍。昔从南方来,与翁两联翩。翁今自憔悴,查云:入题飘忽。子去亦宜然。贾谊穷适楚,乐生老思燕。那因江鲙美,遽厌天庖膻。但苦世论隘,聒耳如蜩蝉。安得万顷池,养此横海鳣。(眉批:愤激太甚,宜其招尤。即以诗品论,亦殊乖温厚之旨。)

王颐赴建州,钱监求诗及草书

(眉批:亦是应酬之作,而笔意疏爽可诵。)

我昔识子自武功,寒厅夜语尊酒同。酒阑烛尽语不尽,倦仆立寐僵屏风。(眉批:对面烘托。)丁宁劝学不死诀,自言亲受方瞳翁。嗟予闻道不早悟,醉梦颠倒随盲聋。迩来忧患苦摧剥,意思萧索如霜蓬。羡君颜色愈少壮,外慕渐少由中充。河车挽水灌脑黑,丹砂伏火入颊红。大梁相逢又东去,但道何日辞樊笼。未能便乞勾漏令,官曹似是锡与铜。留诗河上慰离别,草书未暇缘匆匆。

(眉批:一带便足。)

秀州僧本莹静照堂

鸟囚不忘飞,马系常念驰。静中不自胜,不若听所之。君看厌事人,无事乃更悲。本之香山"病人多梦医"一章，而以下机调不同，故非剿袭。（眉批：刘须溪谓讥其未必能静观子由所题七律，其说良信。）贫贱苦形劳，富贵嗟神疲。作堂名静照，此语子谓谁。（眉批：句太奚落，尚可浑融其词。）江湖隐沦士，岂无适时资。顿挫好。老死不自惜，扁舟自娱嬉。（眉批：亦太奚落。）从之恐莫见，况肯从我为。

石苍舒醉墨堂

（眉批：骂题格。）

人生识字忧患始，姓名粗记可以休。何用草书夸神速，开卷惝恍令人愁。我尝好之每自笑，君有此病何能瘳。自言其中有至乐，适意不异逍遥游。近者作堂名醉墨，如饮美酒消百忧。乃知柳子语不妄，病嗜土炭如珍羞。君于此艺亦云至，堆墙败笔如山丘。兴来一挥百纸尽，骏马倏忽踏九州。我书意造本无法，点画信手烦推求。胡为议论独见假，只字片纸皆藏收。不减钟张君自足，下方罗赵我亦优。不须临池更苦学，完取绢素充衾裯。

送安惇秀才失解西归

旧书不厌百回读，熟读深思子自知。他年名宦恐不免，今日栖迟那可追。我昔家居断还往，著书不暇窥园葵。朅来东游慕人爵，弃去旧学从儿嬉。狂谋谬算百不遂，惟有霜鬓来如期。故山松柏皆手种，行且拱矣归何时。万事早知皆有命，十年浪走宁非痴。与君未可较得失，临别惟有长嗟咨。（眉批：意好而语不精彩。）

送任伋通判黄州兼寄其兄孜

（眉批：边幅颇狭，少波澜顿挫之致，而吐属爽朗，无一冗赘字，句亦自可观。）

吾州之豪任公子，少年盛壮日千里。无媒自进谁识之，有才不用今老矣。别来十年学不厌，读破万卷诗愈美。黄州小郡夹溪谷，茅屋数家依竹苇。知命无忧子何病，见贤不荐谁当耻。平泉老令更可悲，六十青衫贫欲死。桐乡遗老至今泣,颍川大姓谁能榷。因君寄声问消息,莫对黄鹂矜爪觜。(眉批:查云:结句于义未洽然,当日引用必有所指。)

次韵子由初到陈州二首

(眉批:不失古格,亦不脱古格。)

道丧虽云久,吾犹及老成。如今各衰晚,那更治刑名。懒惰便樗散,疏狂托圣明。阿奴须碌碌,门户要全生。(眉批:末二句用事甚切,而着语太露,东坡时有此病。)

旧隐三年别,杉松好在不?我今尚眷眷,此意恐悠悠。闭户时寻梦,无人可说愁。(眉批:昌谷诗"楚魂寻梦风飒然",二字本此。)还来送别处,双泪寄南州。

次韵子由绿筠堂

爱竹能延客,求诗剩挂墙。风梢千纛乱,月影万夫长。(眉批:"千纛""万夫"虽有出典,然竹岂可着此语?)谷鸟惊棋响,武功一派。山蜂识酒香。只应陶靖节,会取北窗凉。

送刘攽倅海陵

(眉批:摹写古调,然不如自运本色。)

君不见阮嗣宗,臧否不挂口,莫夸舌在齿牙牢,是中惟可饮醇酒。读书不用多,作诗不须工。海边无事日日醉,梦魂不到蓬莱宫。秋风昨夜入庭树,莼丝未老君先去。君先去,几时回。刘郎应白发,桃花开不开。(眉批:语少含蓄,便觉浅直。)

送钱藻出守婺州得英字

老手便剧郡,高怀厌承明。聊纾东阳绶,一濯沧浪缨。东阳佳山水,未到意已清。过家父老喜,出郭壶浆迎。子行得所愿,怆恨居者情。吾君方急贤,日旰坐迩英。自注:迩英,阁名。黄金招乐毅,白璧赐虞卿。子不少自贬,陈义空峥嵘。古称为郡乐,渐恐烦敲搒。临分敢不尽,醉语醒还惊。(眉批:后幅亦太露骨。)

送吕希道知和州

去年送君守解梁,今年送君守历阳。年年送人作太守,坐受尘土堆胸肠。君家联翩三将相,富贵未已今方将。凤雏骥子生有种,毛骨往往传诸郎。观君崛郁负奇表,便合剑佩趋明光。胡为小郡屡奔走,征马未解风帆张。我生本是便江海,忍耻未去犹彷徨。无言赠君有长叹,美哉河水空洋洋。(眉批:大段似《送任仅》诗,佳处不佳处俱似,较送钱藻诗稍含蓄,只"忍耻"二字露骨耳。)

次韵王诲夜坐

爱君东阁能延客,顾我闲官不计员。策杖频过知未厌,卜居相近岂辞迁。莫将诗句惊摇落,渐喜尊罍省扑缘。待约月明池上宿,夜深同看水中天。

送文与可出守陵州

壁上墨君不解语,见之尚可消百忧。而况我友似君者,素节凛凛欺霜秋。清诗健笔何足数,逍遥齐物追庄周。夺官遣去不自觉,晓梳脱发谁能收。江边乱山赤如赭,陵阳正在千山头。君知远别怀抱恶,时遣墨君消我愁。(眉批:萦拂有情,宕往不尽。)

送刘道原归觐南康

晏婴不满六尺长,高节万仞陵首阳。青衫白发不自叹,富贵在天那得忙。十年闭户乐幽独,百金购书收散亡。揭来东观弄丹墨,聊借旧史诛奸强。孔融不肯下曹操,汲黯本自轻张汤。虽无尺棰与寸刃,口吻排击含风霜。自言静中阅世俗,有似不饮观酒狂。衣巾狼藉又屡舞,旁人大笑供千场。交朋翩翩去略尽,惟吾与子犹彷徨。世人共弃君独厚,岂敢自爱恐子伤。朝来告别惊何速,归意已逐征鸿翔。匡庐先生古君子,挂冠两纪鬓未苍。定将文度置膝上,喜动邻里烹猪羊。君归为我道姓氏,幅巾他日容登堂。(眉批:风力自健,波澜亦阔,惟激讦处太多,非诗品耳。)

出都来陈,所乘船上有题小诗八首,不知何人有感于余心者,聊为和之

蛙鸣青草泊,蝉噪垂杨浦。吾行亦"亦"字承上二虫。偶然,及此新过雨。(眉批:有与物俱适之意。以下七首则怒张之气太露,殊无所谓心平韵和者。)

鸟乐忘置罦,鱼乐忘钩饵。何必择所安,滔滔天下是。

烟火动村落,晨光尚熹微。田园处处好,渊明胡不归。

我行无疾徐,轻楫信溶漾。船留村市闹,闸发寒波涨。

舟人苦炎热,宿此乔木湾。清月未及上,黑云如颓山。

万窍号地籁,冲风散天池。喧豗瞬息间,还挂斗与箕。

颍水非汉水,亦作蒲萄绿。恨无襄阳儿,令唱《铜鞮曲》。

我诗虽云拙,心平声韵和。年来烦恼尽,古井无由波。

次韵张安道读杜诗

(眉批:字字深稳,句句飞动,如此作和韵诗,固不嫌于和韵。句句似杜。难韵巧押,腾挪处全在用比。)

《大雅》初微缺,流风困暴豪。张为词客赋,变作楚臣《骚》。展转更崩坏,纷纶阅俊髦。地偏蕃怪产,源失乱狂涛。粉黛迷真色,鱼虾易豢牢。谁知杜陵杰,名与谪仙高。扫地收千轨,争标看两艘。诗人例穷苦,天意遣奔逃。尘暗人亡鹿,溟翻帝斩鳌。艰危思李牧,述作谢王褒。失意各千里,哀鸣闻九皋。骑鲸遁沧海,捋虎得绨袍。巨笔屠龙手,微官似马曹。迁疏无事业,醉饱死游遨。简牍仪型在,儿童篆刻劳。今谁主文字?公合把旌旄。开卷遥相忆,知音

两不遭。般斤思郢质,鲲化陋鲦濠。恨我无佳句,时蒙致白醪。殷勤理黄菊,未遭没蓬蒿。(眉批:结意蕴藉,此为诗人之笔。)

送张安道赴南都留台

我公古仙伯,超然羡门姿。偶怀济物志,遂为世所縻。黄龙游帝郊,箫韶凤来仪。终然反溟极,岂复安笼池。出入四十年,忧患未尝辞。一言有归意,阖府谏莫移。吾君信英睿,搜士及茅茨。无人长者侧,何以安子思。(眉批:语殊非体。)归来扫一室,虚白以自怡。游于物之初,世俗安得知。我亦世味薄,因循鬓生丝。出处良细事,从公当有时。

傅尧俞济源草堂

微官共有田园兴,老罢方寻隐退庐。栽种成阴十年事,仓黄求买万金无。先生卜筑临清济,乔木如今似画图。(眉批:查云:直至第六句方说明诗旨,章法奇绝。)邻里亦知偏爱竹,春来相与护龙雏。

陆龙图诜挽词

挺然直节庇峨岷,谋道从来不计身。属纩家无十金产,过车巷哭六州民。尘埃辇寺三年别,樽俎岐阳一梦新。(眉批:中四句切脚。)他日思贤见遗像,自注:成都有思贤阁,画诸公像。不论宿草更沾巾。

胡完夫母周夫人挽词

柏舟高节冠乡邻,绛帐清风耸缙绅。岂似凡人但慈母,能令孝子作忠臣。当年织屦随方进,晚节称觞见伯仁。回首悲凉便陈迹,凯风吹尽棘成薪。(眉批:"凯风"用古说。)

次韵柳子玉过陈绝粮二首

风雨萧萧夜晦迷,不须鸣叫强知时。多才久被天公怪,阙食惟应爨妇知。

杜叟挽衣那及胫,颜公食粥敢言炊。诗人情味真尝遍,试问于今底处亏。

如我自观犹可厌,非君谁复肯相寻。图书跌宕悲年老,灯火青荧语夜深。淡语传神。早岁便怀齐物志,微官敢有济时心。南行千里知何事,一听秋涛万鼓音。(眉批:愤懑而出以和平,故但觉沉着而不露张怒。)

颍州初别子由二首

(眉批:二诗悱恻深至。)

征帆挂西风,别泪滴清颍。留连知无益,惜此须臾景。我生三度别,此别尤酸冷。(眉批:用李陵"且复立斯须"意,而上句作一顿挫,意境便别。)念子似先君,木讷刚且静。寡辞真吉人,介石乃机警。至今天下士,去莫如子猛。嗟我久病狂,意行无坎井。有如醉且坠,幸未伤即醒。从今得闲暇,默坐消日永。作诗解子忧,持用日三省。

近别不改容,远别涕沾胸。咫尺不相见,实与千里同。人生无离别,谁知恩爱重。意本苏武"惟念当乖离,恩情日以新"语。始我来宛丘,牵衣舞儿童。便知有此恨,留我过秋风。秋风亦已过,别恨终无穷。问我何年归?我言岁在东。离合既循环,忧喜迭相攻。语此长太息,我生如飞蓬。多忧发早白,不见六一翁。(眉批:曲折之至,而爽朗如话。盖情真而笔又足以达之,遂成绝调。)

欧阳少师令赋所蓄石屏

何人遗公石屏风,上有水墨希微踪。不画长林与巨植,独画峨嵋山西雪岭上万岁不老之孤松。崖崩涧绝可望不可,孤烟落日相溟蒙。含风偃蹇得真态,刻画始信天有工。我恐毕宏韦偃死葬虢山下,骨可朽烂心难穷。(眉批:借事生波,忽成奇弄,妙在纯以意运,不是纤巧字句关合,故不失大方。)神机巧思无所发,化为烟霏沦石中。古来画师非俗士,摹写物象略与诗人同。愿公作诗慰不遇,无使二子含愤泣幽宫。(眉批:有上四句之将无作有,须有此句方结束得住。)

陪欧阳公燕西湖

谓公方壮须似雪,谓公已老光浮颊。竭来湖上饮美酒,醉后剧谈犹激烈。湖边草木新着霜,芙蓉晚菊争煌煌。插花起舞为公寿,公言百岁如风狂。赤松共游也不恶,谁能忍饥啖仙药。已将寿夭付天公,彼徒辛苦吾差乐。城上乌栖暮霭生,银缸画烛照湖明。插此二句便有情致,似从杜老《越王楼歌》化来。不辞歌诗劝公饮,坐无桓伊能抚筝。(眉批:末四有乐往哀来之感,桓、伊事亦用得蕴藉。)

十月二日,将至涡口五里所,遇风留宿

长淮久无风,放意弄清快。今朝雪浪满,始觉平野隘。两山控吾前,吞吐久不嘬。孤舟系桑本,终夜舞澎湃。舟人更传呼,弱缆恃营䈲。平生傲忧患,久矣恬百怪。鬼神欺吾穷,戏我聊一噫。瓶中尚有酒,信命谁能戒。(眉批:意亦犹人,取其波峭。)

出颍口初见淮山,是日至寿州

我行日夜向江海,枫叶芦花秋兴长。长淮忽迷天远近,青山久与船低昂。寿州已见白石塔,短棹未转黄茅冈。波平风软望不到,故人久立烟苍茫。(眉批:吴体之佳者。吴体无粗犷之气即佳。)

寿州李定少卿出饯城东龙潭上

山鸦噪处古灵湫,乱沫浮涎绕客舟。未暇燃犀照奇鬼,欲将烧燕出潜虬。使君惜别催歌管,村巷惊呼聚玃猴。此地他年颂遗爱,观鱼并记老庄周。

濠州七绝

(眉批:七诗不脱宋人窠臼。)

涂　山

自注:下有鲧庙,山前有禹会村。

川锁支祁水尚浑,地埋汪罔骨应存。樵苏已入黄能庙,乌鹊犹朝禹会村。

彭祖庙

自注:有云母山,云彭祖所采服也。

跨历商周看盛衰,欲将齿发斗蛇龟。空餐云母连山尽,不见蟠桃著子时。

逍遥台

自注:庄子祠堂在开元寺,即墓为堂也。

常怪刘伶死便埋,岂伊忘死未忘骸。乌鸢夺得与蝼蚁,谁信先生无此怀。

观鱼台

欲将同异较锱铢,肝胆犹能楚越如。若信万殊归一理,子今知我我知鱼。

虞姬墓

帐下佳人拭泪痕,门前壮士气如云。仓黄不负君王意,只有虞姬与郑君。

(眉批:此首较可。)

四望亭

自注:太和中,刺史刘嗣之立。李绅以太子宾客分司东都,过濠为作记,今存,而亭废者数年矣。

颓垣破础没柴荆,故老犹言短李亭。敢请使君重起废,落霞孤鹜换新铭。

浮山洞

自注:洞在淮上,夏潦不能及,而冬不加高,故人疑其浮也。

人言洞府是鳌宫,升降随波与海通。共坐船中那得见,乾坤浮水水浮空。

发洪泽,中途遇大风,复还

风浪忽如此,吾行欲安归。挂帆却西迈,此计未为非。洪泽三十里,安流去如飞。居民见我还,劳问亦依依。携酒就船卖,此意厚莫违。醒来夜已半,岸木声向微。明日淮阴市,白鱼能许肥。我行无南北,适意乃所祈。何劳舞澎湃,终夜摇窗扉。妻孥莫忧色,更典箧中衣。(眉批:与《涡口》诗同,刺小人之排抑,然俱不露,所以为佳。)

十月十六日记所见

风高月暗云水黄,淮阴夜发朝山阳。山阳晓雾如细雨,炯炯初日寒无光。云收雾卷已亭午,有风北来寒欲僵。忽惊飞雹穿户牖,迅驶不复容遮防。市人颠沛百贾乱,疾雷一声如颓墙。使君来呼晚置酒,坐定已复日照廊。恍疑所见皆梦寐,百种变怪旋消亡。共言蛟龙厌旧穴,鱼鳖随徙空陂塘。愚儒无知守章句,论说黑白推何祥。惟有主人言可用,天寒欲雪饮此觞。(眉批:愤语无痕。)

广陵会三同舍,各以其字为韵,仍邀同赋

刘贡父

去年送刘郎,醉语已惊众。如今各漂泊,笔砚谁能弄。我命不在天,羿彀未必中。作诗聊遣意,老大慵讥讽。夫子少年时,雄辩轻子贡。尔来再伤弓,戢翼念前痛。广陵三日饮,相对恍如梦。况逢贤主人,白酒泼春瓮。竹西已挥手,湾口犹屡送。羡子去安闲,吾邦正喧哄。(眉批:结太露。)

孙巨源

三年客京辇,憔悴难具论。挥汗红尘中,但随马蹄翻。人情贵往返,不报生祸根。坐令平生友,终岁不及门。南来实清旷,但恨无与言。不谓广陵城,得逢刘与孙。异趣不两立,譬如王孙猿。吾侪久相聚,恐见疑排掍。我褊类中散,子通真巨源。绝交固未敢,且复东南奔。(眉批:此首尤露骨。)

刘莘老

江陵昔相遇,幕府称上宾。再见明光宫,峨冠挹缙绅。如今三见子,坎坷为逐臣。朝游云霄间,欲分丞相茵。暮落江湖上,遂与屈子邻。了不见愠喜,子岂真可人。邂逅成一欢,醉语出天真。士方在田里,自比渭与莘。出试乃大谬,刍狗难重陈。岁晚多霜露,归耕当及辰。(眉批:三诗意旨俱同。惟此诗收来有体,此争用笔之曲直。)

卷　七

古今体诗五十首

游金山寺

（眉批：首尾谨严，笔笔矫健，节短而波澜甚阔。）

我家江水初发源，宦游直送江入海。入手即伏结意。闻道潮头一丈高，天寒尚有沙痕在。中泠南畔石盘陀，古来出没随涛波。试登绝顶望乡国，江南江北青山多。（眉批：又一萦拂。）羁愁畏晚寻归楫，山僧苦留看落日。微风万顷靴纹细，断霞半空鱼尾赤。是时江月初生魄，二更月落天深黑。江心似有炬火明，飞焰照山栖乌惊。怅然归卧心莫识，非鬼非人竟何物？自注：是夜所见如此。江山如此不归山，江神见怪惊我顽。此句即指炬火事。我谢江神岂得已，有田不归如江水。（眉批：结处将无作有，两层搭为一片。归结完密之极，亦巧便之极。设非如此，挽合中一段如何消纳？）

自金山放船至焦山

（眉批：前半以金山萦绕，后半借乡僧生情。布局极有波折，语亦脱洒。）

金山楼观何耽耽，撞钟击鼓闻淮南。焦山何有有修竹，采薪汲水僧两三。云霾浪打人迹绝，时有沙户祈春蚕。自注：吴人谓水中可田者为沙。我来金山更留宿，而此不到心怀惭。同游兴尽决独往，赋命穷薄轻江潭。清晨无风浪自涌，中流歌啸倚半酣。老僧下山惊客至，迎笑喜作巴人谈。自注：焦山长老，中江人也。（眉批：触手起波，生下半幅。）自言久客忘乡井，只有弥勒为同龛。困眠得就纸帐暖，饱食未厌山蔬甘。山林饥饿古亦有，无田不退宁非贪。展禽虽未三见黜，叔夜自知七不堪。行当投劾谢簪组，为我佳处留茅庵。（眉批：仍结到本题。）

甘露寺

（眉批：以记序体行之，与李氏园诗同法。首尾完整,可为长篇之式。）

江山岂不好,独游情易阑。但有相携人,何必素所欢。我欲访甘露,当途无闲官。二子旧不识,欣然肯联鞍。古郡山为城,层梯转朱栏。楼台断崖上,地窄天水宽。一览吞数州,山长江漫漫。却望大明寺,惟见烟中竿。很石卧庭下,穿窿如伏黿。缅怀卧龙公,挟策事雕钻。一谈收猘子,再说走老瞒。名高有余想,事往无留观。萧公古铁镬,相对空团团。陂陀受百斛,积雨生微澜。泗水逸周鼎,渭城辞汉盘。（眉批：是"汉盘辞渭城",贪用昌谷语,倒转迳成语病。）山川失故态,怪此能独完。僧繇六化人,霓衣挂冰纨。隐见十二叠,观者疑夸谩。破板陆生画,青猊戏盘跚。上有二天人,挥手如翔鸾。笔墨虽欲尽,典型垂不刊。赫赫赞皇公,英姿凛以寒。古柏亲手种,挺然谁敢干。枝撑云峰裂,根入石窟蟠。薙草得断碑,斩崖出金棺。瘗藏岂不牢,见伏理可叹。四雄"四雄"应指孔明、仲谋、梁武、赞皇。张、陆皆梁人,因铁镬连类及之,并入梁武之下,不在此数。皆龙虎,遗迹俨未刓。方其盛壮时,争夺肯少安。废兴属造物,迁逝谁控抟。况彼妄庸子,而欲事所难。古今共一轨,后世徒辛酸。聊兴广武叹,不待雍门弹。
（眉批：收得满足。凡大篇须有结束,凡细碎之文亦须有结束。）

次韵子由柳湖感物

（眉批：与子由诗一意特有,激而反言之,其词未免失之尖薄。与原诗相答乃唱和正格,唐人此种处颇不苟,后人乃自说自话,不过依次用韵耳。）

忆昔子美在东屯,数间茅屋苍山根。嘲吟草木调蛮獠,欲与猿鸟争啾喧。子今憔悴众所弃,驱马独出无往还。惟有柳湖万株柳,清阴与子供朝昏。胡为讥评不少借,生意凌挫难为繁。（眉批：按子由诗意,谓柳花入水为浮萍,松性坚耐,其露堕地为仙茅,功力十倍于钟乳,故东坡有"胡为讥评"句。）柳虽无言不解愠,世俗乍见应怃然。娇姿共爱春濯濯,岂问空腹修蛇蟠。朝看浓翠傲炎赫,夜爱疏影摇清圆。风翻雪阵春絮乱,蠹响啄木秋声坚。四时盛衰各有态,摇落凄怆惊寒温。南山孤松积雪底,抱冻不死谁复贤。

次韵杨褒早春

穷巷凄凉苦未和,君家庭院得春多。不辞瘦马骑冲雪,来听佳人唱《踏莎》。破恨径须烦曲糵,增年谁复怨羲娥。良辰乐事古难并,白发青衫我亦歌。细雨郊园聊种菜,冷官门户可张罗。放朝三日君恩重,睡美不知身在何。（眉批：末三字不妥。）

初到杭州寄子由二绝

（眉批：两诗并太露太尽。）

眼看时事力难胜,贪恋君恩退未能。迟钝终须投劾去,使君何日换聋丞？

圣明宽大许全身,衰病摧颓自畏人。莫上冈头苦相望,吾方祭灶请比邻。

次韵柳子玉二首

地　炉

细声蚯蚓发银瓶,拥褐横眠天未明。衰鬓镊残欹雪领,壮心降尽倒风旌。（眉批："倒"字不雅。）自称丹灶锱铢火,倦听山城长短更。闻道床头惟竹几,夫人应不解卿卿。自注：俗谓"竹几"为竹夫人。

纸　帐

乱文龟壳细相连,惯卧青绫恐未便。洁似僧巾白氎布,暖于蛮帐紫茸毡。锦衾速卷持还客,破屋那愁仰见天。但恐娇儿还恶睡,夜深踏裂不成眠。

腊日游孤山,访惠勤、惠思二僧

天欲雪,云满湖,楼台明灭山有无。水清石出鱼可数,林深无人鸟相呼。腊日不归对妻孥,名寻道人实自娱。道人之居在何许？宝云山前路盘纡。孤山孤绝谁肯庐,道人有道山不孤。(眉批:忽叠韵,忽隔句韵,音节之妙动合天然,不容凑泊,其源出于古乐府。)纸窗竹屋深自暖,拥褐坐睡依团蒲。天寒路远愁仆夫,整驾催归及未晡。出山回望云木合,但见野鹘盘浮图。(眉批:与"但见乌帽出复没"同一写法。)兹游淡薄欢有余,到家恍如梦蘧蘧。作诗火急追亡逋,清景一失后难摹。

李杞寺丞见和前篇,复用元韵答之

兽在薮,鱼在湖,一入池槛归期无。误随弓旌落尘土,坐使鞭棰环呻呼。追胥连保罪及孥,自注:近屡获盐贼,皆坐同保,徙其家。百日愁叹一日娱。白云旧有终老约,朱绶岂合山人纡。人生何者非蘧庐,故山鹤怨秋猿孤。何时自驾鹿车去,扫除白发烦菖蒲。麻鞋短后随猎夫,射弋狐兔供朝晡。陶潜自作《五柳传》,潘阆画入三峰图。吾年凛凛今几余,知非不去惭卫蘧。岁荒无术归亡逋,鹄则易画虎难摹。(眉批:有牵掣韵脚之迹。)

再 和

东望海,西望湖,山平水远细欲无。野人疏狂逐渔钓,刺史宽大容歌呼。君恩饱暖及尔孥,才者不闲拙者娱。穿岩度岭脚力健,未厌山水相萦纡。三百六十古精庐,出游无伴篮舆孤。作诗虽未造藩阃,破闷岂不贤摴蒱。君才敏赡兼百夫,朝作千篇日未晡。竭来湖上得佳句,从此不看营丘图。知君箧椟富有余,莫惜锦绣偿菅蕗。穷多斗险谁先逋,赌取名画不用摹。(眉批:数句不免强押。)

游灵隐寺,得来诗,复用前韵

(眉批:更押得牵强。)

君不见,钱塘湖,钱王壮观今已无。屋堆黄金斗量珠,运尽不劳折简呼。四方宦游散其孥,宫阙留与闲人娱。盛衰哀乐两须臾,何用多忧心郁纡。溪山处处皆可庐,最爱灵隐飞来孤。乔松百丈苍髯须,扰扰下笑柳与蒲。高堂会食罗千夫,撞钟击鼓喧朝晡。凝香方丈眠氍毹,绝胜絮被缝海图。清风时来惊睡余,遂超羲皇傲几蘧。归时栖鸦正毕逋,孤烟落日不可摹。(眉批:结句却有致,押得亦妥。)

戏子由

宛丘先生长如丘,宛丘学舍小如舟。常时低头诵经史,忽然欠伸屋打头。斜风吹帷雨注面,先生不愧旁人羞。任从饱死笑方朔,肯为雨立求秦优。眼前勃蹊何足道,处置六凿须天游。读书万卷不读律,致君尧舜知无术。劝农冠盖闹如云,送老齑盐甘似蜜。门前万事不挂眼,头虽长低气不屈。余杭别驾无功劳,画堂五丈容旗旄。重楼跨空雨声远,屋多人少风骚骚。生平所惭今不耻,坐对疲氓更鞭棰。道逢阳虎呼与言,心知其非口诺唯。(眉批:何至以孔子自居,即以诗论亦无此理,无论贾祸也。)居高忘下真何益,气节消缩今无几。文章小技安足程,先生别驾旧齐名。如今衰老俱无用,付与时人分重轻。

送蔡冠卿知饶州

吾观蔡子与人游,掀髯笑语无不可。平声倜荡不惊俗,临事迂阔乃过我。横前坑阱众所畏,布路金珠谁不裹。尔来变化惊何速,昔号刚强今亦颇。怜君独守廷尉法,晚岁却理鄱阳柁。莫嗟天骥逐羸牛,欲试良玉须猛火。世事徐观真梦寐,人生不信长辘轳。知君决狱有阴功,他日老人酬魏颗。(眉批:语自俊爽,病亦在太俊太爽,遂无复余地。)

嘲子由

堆几尽埃简,攻之如蠹虫。谁知圣人意,不尽书籍中。曲尽弦犹在,器成机见空。妙哉斫轮手,堂下笑桓公。(眉批:理自明通,语则凡近。)

越州张中舍寿乐堂

(眉批:了无深意,而说来通体精彩,此真善于蹈虚。)

青山偃蹇如高人,常时不肯入官府。查云:入手奇崛,一转合题。高人自与山有素,不待招邀满庭户。卧龙蟠屈半东州,万室鳞鳞枕其股。背之不见与无同,狐裘反衣无乃鲁。张君眼力觑天奥,能遣荆棘化堂宇。(眉批:"眼力"二字未雅。)持颐宴坐不出门,收揽奇秀得十五。才多事少厌闲寂,卧看云烟变风雨。笋如玉箸椹如簪,强饮且为山作主。不忧儿辈知此乐,但恐造物怪多取。春浓睡足午窗明,想见新茶如泼乳。

姚屯田挽词

京口年来耆旧衰,高人沦丧路人悲。空闻韦叟一经在,不见恬侯万石时。贫病只知为善乐,逍遥却恨弃官迟。十年一别真如梦,犹记萧然瘦鹤姿。

送岑著作

(眉批:以文为诗,始元次山,或以为宋调,非也。)

懒者常似静,静岂懒者徒?查云:一气萦拂,转换不穷。拙则近于直,而直岂拙欤?夫子静且直,雍容时卷舒。嗟我复何为,相得欢有余。我本不违世,而世与我殊。(眉批:即后山"老怀吾自异,不是故违人"意。)拙于林间鸠,懒于冰底鱼。人皆笑其狂,子独怜其愚。直者有时信,静者不终居。而我懒拙病,不受砭药除。(眉批:曲折深至。)临行怪酒薄,已与别泪俱。(眉批:"临行"十字似郊、岛。)后会岂无时,遂恐出处疏。惟应故山梦,随子到吾庐。

雨中明庆赏牡丹

霏霏雨露作清妍,烁烁明灯照欲然。明日春阴花未老,故应未忍着酥煎。

吉祥寺赏牡丹

人老簪花不自羞,花应羞上老人头。醉归扶路人应笑,十里珠帘半上钩。

吉祥寺僧求阁名

过眼荣枯电与风,久长那得似花红?上人宴坐观空阁,观色观空色即空。

和刘道原见寄

敢向清时怨不容,直嗟吾道与君东。坐谈足使淮南惧,归去方知冀北空。独鹤不须惊夜旦,群乌未可辨雌雄。庐山自古不到处,得与幽人子细穷。

和刘道原咏史

仲尼忧世接舆狂,臧谷虽殊竟两亡。吴客漫陈豪士赋,桓侯初笑越人方。(眉批:三、四警刻而不露。)名高不朽终安用,日饮无何计亦良。独掩陈编吊兴废,窗前山雨夜浪浪。(眉批:收得生动,着此七字便有远神。)

和刘道原寄张师民

仁义大捷径,诗书一旅亭。相夸绶若若,犹诵麦青青。腐鼠何劳吓,高鸿本自冥。颠狂不用唤,酒尽渐须醒。(眉批:此直叫嚣唾骂,不止怨以怒矣。)

送张职方吉甫赴闽漕六和寺中作

(眉批:了无深意,而风调胜人。小诗如此亦自佳。但偶一为之则可,不得倚为安身立命处。)

羡君超然鸾鹤姿,江湖欲下还飞去。空使吴儿怨不留,青山漫漫七闽路。门前江水去掀天,寺后清池碧玉环。君如大江日千里,我如此水千山底。即陈思"清路尘""浊水泥"二句化出。而切合实境生情,故不落其窠臼。

和子由柳湖久涸,忽有水,开元寺山茶旧无花,今岁盛开二首

太昊祠东铁墓西,一樽曾与子同携。回瞻郡阁遥飞槛,北望樯竿半隐堤。饭豆羹藜思两鹄,饮河噀水赖长霓。如今胜事无人共,花下壶卢鸟劝提。

长明灯下石栏干,长共松杉守岁寒。叶厚有棱犀甲健,花深少态鹤头丹。(眉批:比拟处愈似愈拙。)久陪方丈曼陀雨,羞对先生苜蓿盘。雪里盛开知有意,明年开后更谁看?

雨中游天竺灵感观音院

蚕欲老,麦半黄,前山后山雨浪浪。似谚似谣,盎然古趣。农夫辍耒女废筐,白衣仙人在高堂。(眉批:刺当事之不恤民也,妙于不尽其词。)

赠上天竺辩才师

南北一山门,上下两天竺。中有老法师,瘦长如鹳鹄。不知修何行,碧眼照山谷。见之自清凉,洗尽烦恼毒。坐令一都会,男女礼白足。我有长头儿,角颊峙犀玉。四岁不知行,抱负烦背腹。师来为摩顶,起走趁奔鹿。乃知戒律中,妙用谢羁束。何必言法华,佯狂啖鱼肉。(眉批:语殊凡鄙,不识东坡何以至此?)

和蔡准郎中见邀游西湖三首

夏潦涨湖深更幽,西风落木芙蓉秋。飞雪暗天云拂地,新蒲出水柳映洲。(眉批:平排四句奇崛,前不装头更奇崛。)湖上四时看不足,惟有人生飘若浮。解颜一笑岂易得,主人有酒君应留。君不见钱塘游宦客,朝推囚,暮决狱,不因人唤何时休。

城市不识江湖幽,如与蟪蛄语春秋。试令江湖处城市,却似麋鹿游汀洲。高人无心无不可,得坎且止乘流浮。公卿故旧留不得,遇所得意终年留。君不

见抛官彭泽令,琴无弦,巾有酒,醉欲眠时遣客休。(眉批:一意圆转,快而不薄。)

田间决水鸣幽幽,插秧未遍麦已秋。相携烧笋苦竹寺,却下踏藕荷花洲。船头斫鲜细缕缕,船尾炊玉香浮浮。临风饱食得甘寝,肯使细故胸中留。君不见壮士憔悴时,饥谋食,渴谋饮,功名有时无罢休。

六月二十七日望湖楼醉书五绝

(眉批:五首皆不失风调。)

黑云翻墨未遮山,白雨跳珠乱入船。卷地风来忽吹散,望湖楼下水如天。

放生鱼鳖逐人来,无主荷花到处开。水枕能令山俯仰,风船解与月徘徊。

乌菱白芡不论钱,乱系青菰裹绿盘。忽忆尝新会灵观,滞留江海得加餐。

献花游女木兰桡,细雨斜风湿翠翘。无限芳洲生杜若,吴儿不识楚辞招。

(眉批:此首更饶情致。)

未成小隐聊中隐,可得长闲胜暂闲。我本无家更安往,故乡无此好湖山。

七月一日出城,舟中苦热

凉飙呼不来,流汗方被体。稀星乍明灭,暗水光弥弥。香风过莲芡,惊枕裂鲂鲤。欠伸宿酒余,起坐濯清泚。火云势方壮,未受月露洗。身微欲安适,坐待东方启。

宿余杭法喜寺后绿野堂,望吴兴诸山,怀孙莘老学士

(眉批:不必精深,自然华妙。此由气韵不同。)

徙倚秋原上,凄凉晚照中。水流天不尽,人远思何穷。问艣知秦过,看山识禹功。自注:余杭,始皇所舍舟也。西北有杭山,尧时洪水,系舟山上。稻凉初吠蛤,柳老半书虫。荷背风翻白,莲腮雨退红。(眉批:写难状之景。)追游慰迟暮,觅句效儿童。北望苕溪转,遥怜震泽通。烹鱼得尺素,好在紫髯翁。

宿临安净土寺

（眉批：直起直收，逐节挨叙，章法甚别。）

鸡鸣发余杭，到寺已亭午。参禅固未暇，饱食良先务。平生睡不足，急扫清风宇。闭门群动息，香篆起烟缕。觉来烹石泉，紫笋发轻乳。晚凉沐浴罢，衰发稀可数。浩歌出门去，暮色入村坞。微月半隐山，圆荷争泻露。相携石桥上，夜与故人语。明朝入山房，石镜炯当路。昔照熊虎姿，今为猿鸟顾。废兴何足吊，万世一仰俯。（眉批：得力在收处萦带一波，有此一虚，前路五实皆活。）

自净土步至功臣寺

落日岸葛巾，晚风吹羽扇。松间野步稳，竹外飞桥转。神功凿横岭，岩石得巨片。直渡千人沟，下有微流泫。冈峦蔚回合，金碧烂明绚。缅怀异姓王，负担此乡县。长逢胯下辱，屡乞桑间饭。谁谓山石顽，识此希世彦。凛然英气逼，屹起犹耸战。（眉批：入一事便有波澜，亦不廓落。）他年万骑归，父老恣欢宴。锦绣被原野，金珠散贫贱。窦融既入朝，吴芮空记面。（眉批：用事的当，叙得简净，他人须五、六句方了。）荣华坐销歇，阅世如邮传。惟有长明灯，依然照深殿。

游径山

众峰来自天目山，势若骏马奔平川。（眉批：入手便以喻起，耳目一新，东坡惯用此法。与"船上看山如走马"设譬略同，而工拙相去远矣。）中途勒破千里足，金鞭玉镫相回旋。人言山住水亦住，下有万古蛟龙渊。道人天眼识王气，结茅宴坐荒山巅。精神贯山石为裂，天女下试颜如莲。寒窗暖足来朴朔，夜钵咒水降蜿蜒。雪眉老人朝叩门，愿为弟子长参禅。尔来废兴三百载，奔走吴会输金钱。飞楼涌殿压山破，朝钟暮鼓惊龙眠。晴空仰见浮海蜃，落日下数投林鸢。有生共处覆载内，扰扰膏火同烹煎。近来愈觉世议隘，每到宽处差安便。嗟余老矣百事废，却寻旧学心茫然。问龙乞水归洗眼，欲看细字销残年。自注：龙井水洗病眼有效。(眉批:绾合不泛。)

自径山回,得吕察推诗,用其韵招之,宿湖上

多君贵公子,爱山如爱色。心随叶舟去,梦绕千山碧。新诗到中路,令我喜折屐。古来轩冕徒,操舍两悲栗。数朝辞簪笏,两脚得暂赤。归来不入府,却走湖上宅。宠辱吾久忘,宁畏官长诘。飘然便归去,谁在子思侧。(眉批:用事不的。)君能从我游,出郭及未黑。

宿望湖楼再和

新月如佳人,出海初弄色。娟娟到湖上,潋潋摇空碧。(眉批:写景自好。)夜凉人未寝,山静闻响屐。骚人故多感,悲秋更惨栗。君胡不相就,朱墨纷黝赤。(眉批:"朱墨"句指案牍也,然语不分明。)我行得所嗜,十日忘家宅。但恨无友生,诗病莫诃诘。君来试吟咏,定作鹤头侧。改罢心愈疑,满纸蛟蛇黑。(眉批:后半不甚自然。)

夜泛西湖五绝

(眉批:以拗取姿,然无甚佳处,中二首差有致耳。蝉联格本陈思《赠白马王彪》诗。初白先生以为创格,非也。然终是小样,雅不喜之。)

新月生魄迹未安,才破五六渐盘桓。今夜吐艳如半璧,游人得向三更看。

三更向阑月渐垂,欲落未落景特奇。明朝人事谁料得,看到苍龙西没时。

苍龙已没牛斗横,东方芒角升长庚。渔人收筒及未晓,船过惟有菰蒲声。自注:湖上禁渔,皆盗钓者也。

菰蒲无边水茫茫,荷花夜开风露香。渐见灯明出远寺,更待月黑看湖光。

(眉批:五首蝉联而下,前首已是将晓,何以此首又待月黑?未喻其故。)

湖光非鬼亦非仙,风恬浪静光满川。须臾两两入寺去,就视不见空茫然。

卷 八

古今体诗六十九首

焦千之求惠山泉诗

（眉批：意新语创，得此一起，并下四"或"字习调亦觉生趣盎然，不为耳目之厌。）

兹山定空中，乳水满其腹。遇隙则发见，臭味实一族。浅深各有值，方圆随所蓄。或为云汹涌，或作线断续。或鸣空洞中，杂佩间琴筑。或流苍石缝，宛转龙鸾蹙。瓶罂走千里，真伪半相渎。贵人高宴罢，醉眼乱红绿。赤泥开方印，紫饼截圆玉。倾瓯共叹赏，窃语笑僮仆。岂如泉上僧，盥洒自挹掬。故人怜我病，蒻笼寄新馥。欠伸北窗下，昼睡美方熟。精品厌凡泉，愿子致一斛。

答任师中次韵

自注：来诗劝以诗酒自娱。

闲里有深趣，常忧儿辈知。已成归蜀计，谁惜买山赀。世事久已谢，故人犹见思。平生不饮酒，对子敢论诗。（眉批：语亦清健。或以为盛唐极则、作家老境，则非也。此种极易效，庸浅者多假以售欺。宜细辨之，方不坠入五里雾中。）

沈谏议召游湖不赴，明日得双莲于北山下，作一绝持献沈。既见和，又别作一首，因用其韵

（眉批：既涉世故，那能不作应酬诗？但存之集中，则转为盛名之累。此非作诗者之过，而编诗者之过也。）

湖上棠阴手自栽，问公更得几时来？水仙亦恐公归去，故遣双莲一夜开。诏书行捧缕金笺，乐府应歌《相府莲》。莫忘今年花发处，西湖西畔北山前。

和欧阳少师会老堂次韵

一时冠盖尽严终,旧德年来岂易逢。闻道堂中延盖叟,定应床下拜梁松。蠹鱼自晒闲箱箧,科斗长收古鼎钟。我欲弃官重问道,寸筳何以得春容。

题永叔会老堂

三朝出处共雍容,岁晚交情见二公。乘兴不辞千里远,放怀还喜一樽同。嘉谋定国垂青史,盛事传家有素风。自顾尘缨犹未濯,九霄终日羡冥鸿。

和欧阳少师寄赵少师次韵

(眉批:谨严而不局促,清利而不浅薄,自是用意之作。)

朱门有遗啄,千里来燕雀。公家冷如冰,百呼无一诺。平生亲友半迁逝,公虽不怪旁人愕。世事如今腊酒酽,交情自古春云薄。(眉批:二句足得有声情,所谓言之不足而长言之,长言之不足而咏叹之。)二公凛凛和非同,畴昔心亲岂貌从。白须相映松间鹤,清句更酬雪里鸿。何日扬雄一廛足,却追范蠡五湖中。

监试呈诸试官

我本山中人,寒苦盗寸廪。文辞虽久作,勉强非天禀。既得旋废忘,懒惰今十稔。麻衣如再着,墨水真可饮。(眉批:"麻衣"二句真语,非通人不肯道。然是用晋李怪意。)每闻科诏下,白汗如流沈。此邦东南会,多士敢题品。乌芸尽兰荪,香不数葵荏。贫家见珠贝,眩晃自难审。缅怀嘉祐初,文格变已甚。(眉批:中一段大开大合,波澜起伏,极为壮阔。)千金碎全璧,百衲收寸锦。调和椒桂醙,咀嚼沙砾碜。广眉成半额,学步归踔踸。维时老宗伯,气压群儿凛。蛟龙不世出,鱼鲔初惊淰。至音久乃信,知味犹食椹。至今天下士,微管几左衽。谓当千载后,石室祠高朕。(眉批:顿挫有力。)尔来又一变,此学初谁谂。(眉批:虽痛诋新学,而以嬉笑出之,尚未至以怒骂。)权衡破旧法,乌夋笑凡饪。高言追卫乐,篆刻鄙曹沈。先生周孔出,弟子渊骞寝。却顾老钝躯,顽朴谢镌锓。诸君况才杰,容我懒且噤。聊欲废书眠,秋涛春午枕。(眉批:只得如此收场,再一着语,便难措手。)

望海楼晚景五绝

海上涛头一线来,楼前指顾雪成堆。从今潮上君须上,更看银山二十回。

横风吹雨入楼斜,壮观应须好句夸。雨过潮平江海碧,电光时掣紫金蛇。(眉批:"紫金蛇"究非佳语。)

青山断处塔层层,隔岸人家唤欲应。江上秋风晚来急,为传钟鼓到西兴。

楼下谁家烧夜香,玉笙哀怨弄初凉。临风有客吟秋扇,拜月无人见晚妆。(眉批:此首格力较卑靡。)

沙河灯火照山红,歌鼓喧呼笑语中。为问少年心在否?角巾欹侧鬓如蓬。

试院煎茶

蟹眼已过鱼眼生,飕飕欲作松风鸣。(眉批:发端超妙,惜以下多入波调耳。)蒙茸出磨细珠落,眩转绕瓯飞雪轻。银瓶泻汤夸第二,未识古人煎水意。自注:古语云:煎水不煎茶。君不见昔时李生好客手自煎,贵从活火发新泉。(眉批:"君不见"三字引句原是古调,然后人用滥,实有一种可厌处。)又不见今时潞公煎茶学西蜀,定州花瓷琢红玉。我今贫病常苦饥,分无玉碗捧蛾眉。(眉批:倒装不妥。)且学公家作茗饮,砖炉石铫行相随。不用撑肠拄腹文字五千卷,但愿一瓯常及睡足日高时。(眉批:结亦太滑。)

孙莘老求墨妙亭诗

(眉批:句句警健,东坡极加意之作。)

兰亭茧纸入昭陵,世间遗迹犹龙腾。颜公变法出新意,细筋入骨如秋鹰。徐家父子亦秀绝,字外出力中藏棱。(眉批:查云:评书的确而不可移。)峄山传刻典刑在,千载笔法留阳冰。杜陵评书贵瘦硬,此论未公吾不凭。短长肥瘦各有态,玉环飞燕谁敢憎。(眉批:此真通人之论。诗文皆然,不独书也。江淹杂拟诗序已明此旨,东坡移以论书耳。)吴兴太守真好古,购买断缺挥缣缯。龟趺入座螭隐壁,空斋昼静闻登登。奇踪散出走吴越,胜事传说夸友朋。书来乞诗要自写,为把栗尾书溪藤。后来视今犹视昔,过眼百世如风灯。他年刘郎忆贺监,还道同时须服膺。

李公择求黄鹤楼诗,因记旧所闻于冯当世者

(眉批:音节璆然。遁入别径,避崔颢也。此狡狯处,亦寸心自知处。)

黄鹤楼前月满川,抱关老卒饥不眠。夜闻三人笑语言,羽衣着屐响空山。非鬼非人意其仙,石扉三叩声清圆。洞中铿鈜落门关,缥缈入石如飞烟。鸡鸣月落风驭还,迎拜稽首愿执鞭。汝非其人骨腥膻,黄金乞得重莫肩。(眉批:此三句他人数行不能了。)持归包裹敝席毡,夜穿茅屋光射天。里闾来观已变迁,似石非石铅非铅。或取而有众忿喧,讼归有司今几年。无功暴得喜欲颠,神人戏汝真可怜。愿君为考然不然,此语可信冯公传。(眉批:得此二语,方非小说传奇;不然,则游骑无归、收束不住。)

八月十日夜看月,有怀子由并崔度贤良

(眉批:清而不浅。)

宛丘先生自不饱,更笑老崔穷百巧。一更相过三更归,古柏阴中看参昴。去年举君首蓿盘,夜倾闽酒赤如丹。今年还看去年月,露冷遥知范叔寒。典衣自种一顷豆,那知积雨生科斗。归来四壁草虫鸣,不如王江常饮酒。自注:王江,陈州道人。

催试官考较戏作

八月十五夜,月色随处好。不择茅檐与市楼,况我官居似蓬岛。风味堂前

野橘香,剑潭桥畔秋荷老。八月十八潮,壮观天下无。鲲鹏水击三千里,组练长驱十万夫。红旗青盖互明灭,黑沙白浪相吞屠。人生会合古难必,此景此行那两得。愿君闻此添蜡烛,门外白袍如立鹄。(眉批:此何等大典,乃以竣事游眺促之,立言殊不得体。虽题有"戏"字,其实"戏"字已先错。)

八月十七日,复登望海楼,自和前篇。是日榜出,与试官两人复留五首

楼上烟云怪不来,楼前飞纸落成堆。非关文字须重看,却被江山未放回。(眉批:本色得好。)

眼昏烛暗细行斜,考阅精强外已夸。(眉批:句太鄙。)明日失杯君莫怪,早知安足不成蛇。

乱山遮晓拥千层,睡美初凉撼不鹰。昨夜酒行君屡叹,定知归梦到吴兴。(眉批:此戏笔却不嫌佻,所谓言各有当。)

天台桂子为谁香,倦听空阶点夜凉。赖有明朝看潮在,万人空巷斗新妆。

秋花不见眼花红,身在孤舟兀兀中。细雨作寒知有意,寓意。未教金菊出蒿蓬。(眉批:尔时新学盛行,去取必不如意,故有金菊蓬蒿之感。观呈诸试官诗可见。)

秋怀二首

(眉批:敛才以效古人,音节、意旨遂皆去之不远。)

苦热念西风,常恐来无时。及兹遂凄凛,又作徂年悲。蟋蟀鸣我床,黄叶投我帷。窗前有栖鹏,夜啸如狐狸。露冷梧叶脱,孤眠无安枝。熠耀亦有偶,高屋飞相追。定知无几见,迫此清霜期。(眉批:流年迟暮之感,妙不正写,只以物化烘托而出。)物化逝不留,我兴为嗟咨。便当勤秉烛,为乐戒暮迟。

海风东南来,吹尽三日雨。空阶有余滴,似与幽人语。(眉批:三、四平语却极奇幻。)念我平生欢,寂寞守环堵。壶浆慰我劳,裹饭救寒苦。今年秋应熟,过从饱鸡黍。嗟我独何求,万里涉江浦。居贫岂无食,自不安畎亩。(眉批:"居

贫"二句亦人不肯道语。)念此坐达晨,残灯翳复吐。

哭欧阳公,孤山僧惠思示小诗,次韵

故人已为土,衰鬓亦惊秋。犹喜孤山下,相逢说旧游。

梵天寺见僧守诠小诗清婉可爱,次韵

但闻烟外钟,不见烟中寺。幽人行未已,草露湿芒屦。惟应山头月,夜夜照来去。(眉批:庄老告退,山水方滋。晋宋以还,清音遂畅。揆以《风雅》之本旨,正如六经而外别出玄谈,亦自一种不可磨灭文字。后人转相神圣,遂欲截断众流,专标此种为正法眼藏。然则三百以下、汉魏以前作者,岂尽俗格哉!东坡之喜此诗,盖亦偶思螺蛤之意,谈彼法者勿以借口。)

和沈立之留别二首

而今父老千行泪,一似当时去越时。不用镌碑颂遗爱,丈人清德畏人知。(眉批:此首清老。)

卧闻铙鼓送归艎,梦里匆匆共一觞。试问别来愁几许,春江万斛若为量。自注:去时,予在试院。(眉批:此首不免滥套。)

和陈述古拒霜花

(眉批:用意颇为深曲。初白以浅讥之,似未喻其旨。)

千林扫作一番黄,只有芙蓉独自芳。唤作拒霜知未称,细思却是最宜霜。(眉批:原唱末二句"容易便开三百朵,此心应不畏秋霜",此则更进一层,以比述古之见斥而名愈重耳。)

次韵孔文仲推官见赠

(眉批:大段疏畅而牵于韵脚,不免疵累。)

我本麋鹿性,谅非伏辕姿。君如汗血马,作驹已权奇。齐驱大道中,并带銮镳驰。闻声自决骤,那复受絷维。谓君朝发燕,秣楚日未欹。云何中道止,连塞驴骡随。金鞍冒翠锦,玉勒垂青丝。旁观信美矣,自揣良厌之。(眉批:"旁观信美矣,自揣良厌之"二句太落宋调。)均为人所劳,何必陋盐辎。(眉批:十字警。)君看立仗马,不敢鸣且窥。(眉批:"窥"字添出。)调习困鞭棰,仅存骨与皮。(眉批:仗马不应如此说。虽是托喻,亦不可不比附。)人生各有志,此论我久持。他人闻定笑,聊与吾子期。空斋卧积雨,病骨烦撑支。秋草上垣墙,霜叶鸣阶墀。门前自无客,敢作扬雄麾。候吏报君来,弭节江之湄。一对高人谈,稍忘俗吏卑。今朝柱诗句,粲如凤来仪。(眉批:以下牵于韵脚,夹杂无绪。)上山绝梯磴,堕海迷津涯。怜我枯槁质,借润生华滋。肯效世俗人,洗刮求瘢痍。贤明日登用,《清庙》歌缉熙。胡不学长卿,预作《封禅词》。

朱寿昌郎中,少不知母所在,刺血写经,求之五十年,去岁得之蜀中。以诗贺之

(眉批:格意俱鄙。初白先生极赏之,非末学所知。)

嗟君七岁知念母,怜君壮大心愈苦。羡君临老得相逢,喜极无言泪如雨。不羡白衣作三公,不爱白日升青天。爱君五十着彩服,儿啼却得偿当年。烹龙为炙玉为酒,鹤发初生千万寿。金花诏书锦作囊,白藤肩舆帘蹙绣。感君离合我酸辛,此事今无古或闻。长陵竭来见大姊,仲孺岂意逢将军。(眉批:此事不佳。)开皇苦桃空记面,建中天子终不见。西河郡守谁复讥,颍谷封人羞自荐。

汤村开运盐河雨中督役

居官不任事,萧散羡长卿。胡不归去来,滞留愧渊明。盐事星火急,谁能恤农耕。鼛鼛晓鼓动,万指罗沟坑。天雨助官政,泫然淋衣缨。(眉批:"天雨"句拙滞。)人如鸭与猪,投泥相溅惊。(眉批:"人如"句太俚。)下马荒堤上,四顾但湖泓。线路不容足,又与牛羊争。归田虽贱辱,岂失泥中行。(眉批:十字却真。)寄语故山友,慎毋厌藜羹。

是日宿水陆寺,寄北山清顺僧二首

草没河堤雨暗村,寺藏修竹不知门。拾薪煮药怜僧病,扫地焚香净客魂。农事未休侵小雪,佛灯初上报黄昏。年来渐识幽居味,思与高人对榻论。

长嫌钟鼓聒湖山,此境萧条却自然。乞食绕村真为饱,无言对客本非禅。(眉批:三、四放平,愈有身分。)披榛觅路冲泥入,洗足关门听雨眠。遥想后身穷贾岛,夜寒应耸作诗肩。

盐官部役戏呈同事兼寄述古

新月照水水欲冰,夜霜穿屋衣生棱。野庐半与牛羊共,晓鼓却随鸦鹊兴。夜来履破裘穿缝,红颊曲眉应入梦。千夫在野口如林,岂不怀归畏嘲弄。我州贤将知人劳,已酿白酒买豚羔。耐寒努力归不远,两脚冻硬须公软。(眉批:题有"戏"字,不嫌滑稽,然不应如此之鄙。)

盐官绝句四首

(眉批:四首皆不脱宋调。)

南寺千佛阁

古邑居民半海涛,师来构筑便能高。千金用尽身无事,坐看香烟绕白毫。

北寺悟空禅师塔

自注:名齐安。宣宗微时,师知其非凡人。

已将世界等微尘,空里浮花梦里身。岂为龙颜更分别,只应天眼识天人。

塔前古桧

当年双桧是双童,相对无言老更恭。庭雪到腰埋不死,如今化作两苍龙。

(眉批:此意入之歌行未为不可。松石屏诗不妨以无作有也,此竟无起无收。作一绝句,非庄非戏,非幻非真,却不为佳。第二句尤腐。)

僧爽白鸡

自注:养二十余年,常在坐侧听经。

断尾雄鸡本畏烹,年来听法伴修行。还须却置莲花漏,老怯风霜恐不鸣。

(眉批:结寓意。)

六和寺冲师闸山溪为水轩

欲放清溪自在流,忍教冰雪落沙洲。出山定被江潮涴,能为山僧更少留。

(眉批:即"在山泉水清"之意。)

冬至日独游吉祥寺

井底微阳回未回,萧萧寒雨湿枯荄。何人更似苏夫子,不是花时肯独来。

(眉批:率笔而极有风致。)

后十余日复至

东君意浅着寒梅,千朵深红未暇栽。安得道人殷七七,不论时节把花开。

(眉批:此却无味。)

戏　赠

惆怅沙河十里春,一番花老一番新。小桥依旧斜阳里,不见楼中垂手人。

(眉批:晚唐窠臼。)

和人求笔迹

麦光铺几净无瑕,入夜青灯照眼花。从此剡藤真可吊,半纡春蚓绾秋蛇。

(眉批:查云:末二句从"眼花"二字生出。)

将之湖州戏赠莘老

余杭自是山水窟,仄闻吴兴更清绝。湖中橘林新着霜,溪上苕花正浮雪。顾渚茶芽白于齿,梅溪木瓜红胜颊。吴儿脍缕薄欲飞,未去先说馋涎垂。(眉批:太鄙拙。)亦知谢公到郡久,应怪杜牧寻春迟。鬓丝只可对禅榻,湖亭不用张水嬉。

鸦种麦行

霜林老鸦闲无用,畦东拾麦畦西种。畦西种得青猗猗,畦东已作牛尾稀。明年麦熟芒攒槊,农夫未食鸦先啄。徐行俯仰若自矜,鼓翅跳踉上牛角。忆昔舜耕历山鸟为耘,如今老鸦种麦更辛勤。农夫罗拜鸦飞起,劝农使者来行水。

送张轩民寺丞赴省试

龙飞甲子尽豪英,尝喜吾犹及老成。人竞春兰笑秋菊,天教明月伴长庚。传家各自闻诗礼,与子相逢亦弟兄。洗眼上林看跃马,贺诗先到古宣城。自注:伯父与太平州张侍读同年,此其子。

和致仕张郎中春昼

投绂归来万事轻,消磨未尽只风情。旧因莼菜求长假,新为杨枝作短行。不祷自安缘寿骨,深藏难没是诗名。浅斟杯酒红生颊,细琢歌词稳称声。蜗壳卜居心自放,蝇头写字眼能明。盛衰阅过君应笑,宠辱年来我亦平。跪履数从圯下老,逸书闲问济南生。东风屈指无多日,只恐先春鹁鸪鸣。(眉批:七言长律最难此,故不失圆稳。)

再用前韵寄莘老

(眉批:语太愤激。)

君不见夷甫开三窟,不如长康号痴绝。痴人自得终天年,智士死智罪莫雪。困穷谁要卿料理,举头看山笏挂颊。野凫翅重自不飞,黄鹤何事两翼垂。泥中相从岂得久,今我不往行恐迟。江夏无双应未去,(眉批:歇后未佳。)恨无文字相娱嬉。

画鱼歌

自注：湖州道中作。

（眉批：语自清历。初白先生以为波澜苍茫，无自穷其畔岸，推之太过。）

天寒水落鱼在泥，短钩画水如耕犁。渚蒲披折藻荇乱，此意岂复遗鳅鲵。本旨在此。偶然信手皆虚击，本不辞劳几万一。"偶然"与"皆"字不合，句亦未炼，病在"本"字。一鱼中刃百鱼惊，虾蟹奔忙误跳掷。渔人养鱼如养雏，插竿冠笠惊鹈鹕。岂知白梃闹如雨，搅水觅鱼嗟已疏。（眉批：喻诛求之殚民力也。）

吴中田妇叹

自注：和贾收韵。

今年粳稻熟苦迟，庶见霜风来几时。（眉批：拙滞。）霜风来时雨如泻，杷头出菌镰生衣。（眉批：常景写成奇句。）眼枯泪尽雨不尽，忍见黄穗卧青泥。茅苫一月陇上宿，天晴获稻随车归。汗流肩赪载入市，价贱乞与如糠粞。卖牛纳税拆屋炊，虑浅不及明年饥。（眉批：七字沉痛。）官今要钱不要米，西北万里招羌儿。龚黄满朝人更苦，不如却作河伯妇。（眉批：惜一结浅露。）

和邵同年戏赠贾收秀才三首

倾盖相欢一笑中，从来未省马牛风。卜邻尚可容三径，投社终当作两翁。古意已将兰缉佩，招词闲咏桂生丛。此身自断天休问，白发年来渐不公。

朝见新萁出旧槎，骚人孤愤苦思家。五噫处士太穷约，三赋先生多诞夸。帐外鹤鸣奁有镜，筒中钱尽案无鲑。玉川何日朝金阙，白昼关门守夜叉。自注：时贾欲再娶。

生涯到处似樯乌，科第无心摘颔须。黄帽刺船忘岁月，白衣担酒慰鳏孤。狙公欺病来分栗，水伯知馋为出鲈。莫向洞庭歌此曲，烟波渺渺正愁予。

游道场山何山

（眉批：纯用唐人转韵格,亦殊宛转多姿。）

道场山顶何山麓,上彻云峰下幽谷。我从山水窟中来,查云:尊题格。尚爱此山看不足。陂湖行尽白漫漫,青山忽作龙蛇盘。山高无风松自响,误认石齿号惊湍。山僧不放山泉出,屋底清池照瑶席。阶前合抱香入云,月里仙人亲手值。（眉批：若断若连,有自在流行之妙。）出山回望翠云鬟,碧瓦朱栏缥缈间。白水田头问行路,小溪深处是何山。（眉批："何山"只作带笔,点染轻便之至。）高人读书夜达旦,至今山鹤鸣夜半。我今废学不归山,山中对酒空三叹。

赠孙莘老七绝

嗟予与子久离群,耳冷心灰百不闻。若对青山谈世事,当须举白便浮君。（眉批：语太浅露。）

天目山前绿浸裾,碧澜堂上看衔舻。作堤捍水非吾事,闲送苕溪入太湖。（眉批：查云:时莘老守湖州。故以下五首皆用湖州事。）

夜来雨洗碧巑岏,浪涌云屯绕郭寒。闻有弁山何处是,为君四面意求看。

夜桥灯火照溪明,欲放扁舟取次行。暂借官奴遣吹笛,明朝新月到三更。

三年京国厌藜蒿,长羡淮鱼压楚糟。今日骆驼桥下泊,恣看修网出银刀。

乌程霜稻袭人香,酿作春风雪水光。时复中之徐邈圣,无多酌我次公狂。（眉批：后二句是到地江西派,古人无此格也。）

去年腊日访孤山,曾借僧窗半日闲。不为思归对妻子,道人有约径须还。

莘老葺天庆观小园,有亭北向,道士山宗说乞名与诗

春风欲动北风微,归雁亭边送雁归。蜀客南游家最远,吴山寒尽雪先晞。扁舟去后花絮乱,五马来时宾从非。惟有道人应不忘,抱琴无语立斜晖。（眉批：风调自佳。）

至秀州,赠钱端公安道,并寄其弟惠山老

鸳鸯湖边月如水,孤舟夜榜鸳鸯起。平明系缆石桥亭,惭愧冒寒髯御史。结交最晚情独厚,论心无数今有几。寂寞抱关叹萧生,耆老执戟哀扬子。怪君颜采却秀发,无乃迁谪反便美。天公欲困无奈何,世人共抑真疏矣。毗陵高山锡为骨,陆子遗味泉冰齿。贤哉仲氏早拂衣,占断此山长洗耳。山头望湖光泼眼,山下濯足波生指。倘容逸少问金堂,记与嵇康留石髓。(眉批:语特爽朗。)

秀州报本禅院乡僧文长老方丈

万里家山一梦中,吴音渐已变儿童。每逢蜀叟谈终日,便觉峨眉翠扫空。(眉批:三、四常意,写来警动。)师已忘言真得道,我除搜句百无功。明年采药天台去,更欲题诗满浙东。

王复秀才所居双桧二首

吴王池馆遍重城,闲草幽花不记名。青盖一归无觅处,只留双桧待升平。
凛然相对敢相欺,直干凌空未要奇。根到九泉无曲处,世间惟有蛰龙知。

宋叔达家听琵琶

数弦已品龙香拨,半面犹遮凤尾槽。新曲翻从玉连锁,旧声终爱郁轮袍。(眉批:三、四寓意。)梦回只记归舟字,赋罢双垂紫锦绦。何异乌孙送公主,碧天无际雁行高。(眉批:结得无味,亦无力。)

以东坡管领湖山,宜有高唱。而此卷警策之作却不甚多,岂吏事萦心之故耶?

卷　九

古今体诗六十二首

元日次韵张先子野见和七夕寄莘老之作

得句牛女夕,转头参尾中。青春先入睡,白发不遗穷。(眉批:四句意欲弄姿,转似荆公"一鸟不鸣"之句。)酒社我为敌,诗坛子有功。(眉批:五句"为敌"字不妥,若作"无敌",又与东坡不饮不合,未喻其故。)缩头先夏鳖,自注:见《玉川子》。实腹鄙秋虫。莫唱裙垂绿,无人脸断红。旧交怀贺老,新进谢终童。袍鹊双双瑞,腰犀一一通。小蛮知在否,试问嗫嚅翁。

正月九日有美堂饮,醉归径睡,五鼓方醒,不复能眠,起阅文书,得鲜于子骏所寄《杂兴》,作《古意》一首答之

众人事纷扰,志士独悄悄。何意琵琶弦,常遭腰鼓闹。三杯忘万虑,醒后还皎皎。有如辘轳索,已脱重萦绕。(眉批:入手直插两喻,笔力奇矫。)家人自约饬,始慕陈妇孝。可怜原巨先,放荡今谁吊。平生嗜羊炙,识味肯轻饱。烹蛇啖蛙蛤,颇讶能稍稍。(眉批:"烹蛇"二句比,勉强从时。)忧来自不寐,起视天汉渺。阑干玉绳低,耿耿太白晓。(眉批:结处少落窠白。)

次韵答章传道见赠

(眉批:锋芒太露,而纵横之气自为可爱。)

并生天地宇,同阅古今宙。(眉批:既曰天地又曰宇,既曰古今又曰宙,未为妥协。)视下则有高,无前孰为后。达人千钧弩,一弛难再彀。下士沐猴冠,已系犹跳骤。欲将驹过隙,坐待石穿溜。君看汉唐主,宫殿悲《麦秀》。而况彼区

区,何异一醉富。鹪鹩非所养,俯仰眩金奏。髑髅有余乐,不博南面后。嗟我昔少年,守道贫非疚。自从出求仕,役物恐见囿。马融既依梁,班固亦事窦。效矉岂不欲,顽质谢镌镂。仄闻长者言,婞直非养寿。吐面慎勿拭,出胯当俯就。居然成懒废,敢复齿豪右。子如照海珠,纲目疏见漏。宏材乏近用,巧舞困短袖。坐令倾国容,临老见邂逅。吾衰信久矣,书绝十年旧。门前可罗雀,感子烦屡叩。愿言歌《缁衣》,子粲还予授。

法惠寺横翠阁

(眉批:短峭而杂以曼声,使人怆然易感。)

朝见吴山横,暮见吴山纵。起得峭拔。吴山故多态,转折为君容。幽人起朱阁,空洞更无物。惟有千步冈,东西作帘额。春来故国归无期,人言秋悲春更悲。已泛平湖思濯锦,更看横翠忆峨眉。雕栏能得几时好,不独凭栏人易老。百年兴废更堪哀,悬知草莽化池台。游人寻我旧游处,但觅吴山横处来。

(眉批:眼前真境而自来,未经人道。)

祥符寺九曲观灯

纱笼擎烛迎门入,银叶烧香见客邀。自注:事见诸香名谱。金鼎转丹光吐夜,宝珠穿蚁闹连朝。(眉批:三、四刻画九字小样。)波翻焰里元相激,鱼舞汤中不畏焦。(眉批:何其鄙陋乃尔。)明日酒醒空想像,清吟半逐梦魂销。

上元过祥符僧可久房,萧然无灯火

门前歌舞斗分朋,一室清风冷欲冰。不把琉璃闲照佛,始知无尽本无灯。

正月二十一日病后,述古邀往城外寻春

(眉批:语意道上。)

屋上山禽苦唤人,槛前冰沼忽生鳞。老来厌伴红裙醉,病起空惊白发新。

卧听使君鸣鼓角,试呼稚子整冠巾。曲栏幽榭终寒窘,一看郊原浩荡春。(眉批:结句写出胸次。)

有以官法酒见饷者,因用前韵,求述古为移厨饮湖上

喜逢门外白衣人,欲脍湖中赤玉鳞。游舫已妆吴榜稳,舞衫初试越罗新。欲将渔钓追黄帽,未要靴刀抹绛巾。芳意十分强半在,为君先踏水边春。

饮湖上初晴后雨二首

朝曦迎客艳重冈,晚雨留人入醉乡。此意自佳君不会,一杯当属水仙王。自注:湖上有水仙王庙。

水光潋滟晴偏好,山色空蒙雨亦奇。欲把西湖比西子,淡妆浓抹总相宜。(眉批:二诗本色,却佳。)

往富阳新城,李节推先行三日,留风水洞见待

春山磔磔鸣春禽,此间不可无我吟。路长漫漫傍江浦,此间不可无君语。(眉批:磊磊落落,起法绝佳。)金鲫池边不见君,追君直过定山村。路人皆言君未远,骑马少年清且婉。风岩水穴旧闻名,只隔山溪夜不行。溪桥晓溜浮梅蕚,知君系马岩花落。出城三日尚逶迤,妻孥怪骂归何时。世上小儿夸疾走,如君相待今安有。(眉批:一结索然。)

风水洞二首和李节推

风转鸣空穴,泉幽泻石门。虚心闻地籁,妄意觅桃源。过客诗难好,居僧语不繁。归瓶得冰雪,清冷慰文园。

山前乳水隔尘凡,山上仙风舞桧杉。(眉批:"风""水"二字分疏匀称,但语皆不工。)细细龙鳞生乱石,团团羊角转空岩。(眉批:清风、仙风总不至此。)冯夷窟宅非梁栋,御寇车舆谢辔衔。世事渐艰吾欲去,永随二子脱讥谗。

独游富阳普照寺

富春真古邑,此寺亦唐余。鹤老依乔木,龙归护赐书。连筒春水远,出谷晚钟疏。欲继江潮韵,何人为起予。(眉批:此种诗,寺寺可题,何必普照?人人可题,何必东坡?秋谷诗中有人之说,真笃论也。)

自普照游二庵

长松吟风晚雨细,东庵半掩西庵闭。山行尽日不逢人,裛裛野梅香入袂。(眉批:查云:劈头二句,全题已无余景,以后都入议论。)居僧笑我恋清景,自厌山深出无计。我虽爱山亦自笑,幽独神伤后难继。不如西湖饮美酒,红杏碧桃香覆髻。作诗寄谢采薇翁,本不避人那避世。

富阳妙庭观董双成故宅,发地得丹鼎,覆以铜盘,承以琉璃盆,盆既破碎,丹亦为人争夺持去,今独盘鼎在耳,二首

人去山空鹤不归,丹亡鼎在世徒悲。可怜九转功成后,却把飞升乞内芝。
琉璃击碎走金丹,无复神光发旧坛。时有世人来舐鼎,欲随鸡犬事刘安。

新城道中二首

东风知我欲山行,吹断檐间积雨声。岭上晴云披絮帽,树头初日挂铜钲。(眉批:起有神致。三、四自恶,不必曲为之讳。)野桃含笑竹篱短,溪柳自摇沙水清。西崦人家应最乐,煮芹烧笋饷春耕。

身世悠悠我此行,溪边委辔听溪声。散材畏见搜林斧,疲马思闻卷斾钲。细雨足时茶户喜,乱山深处长官清。人间岐路知多少,试向桑田问耦耕。

山村五绝

(眉批:五首语多露骨,不为佳作。)

竹篱茅屋趁溪斜，春入山村处处花。无象太平还有象，孤烟起处是人家。
烟雨蒙蒙鸡犬声，有生何处不安生。但教黄犊无人佩，布谷何劳也劝耕。
老翁七十自腰镰，惭愧春山笋蕨甜。岂是闻韶解忘味，迩来三月食无盐。
杖藜裹饭去匆匆，过眼青钱转手空。赢得儿童语音好，一年强半在城中。
窃禄忘归我自羞，丰年底事汝忧愁。不须更待飞鸢堕，方念平生马少游。

癸丑春分后雪

（眉批：纯寓牢骚，亦嫌其露。）

雪入春分省见稀，半开桃李不胜威。（眉批："不胜威"字太腐。）应惭落地梅花识，却作漫天柳絮飞。不分东君专节物，故将新巧发阴机。从今造物尤难料，更暖须留御腊衣。

湖上夜归

（眉批：句句摹神，真而不俚。）

我饮不尽器，半酣味尤长。篮舆湖上归，春风吹面凉。行到孤山西，夜色已苍苍。清吟杂梦寐，得句旋已忘。（眉批："清吟"二句神来。）尚记梨花村，依依闻暗香。入城定何时，宾客半在亡。睡眼忽惊矍，繁灯闹河塘。市人拍手笑，状如失林獐。始悟山野姿，异趣难自强。人生安为乐，吾策殊未良。（眉批：查云："安"当作"要"。）

曾元恕游龙山，吕穆仲不至

青春不觉老朱颜，强半销磨簿领间。愁客倦吟花似酒，佳人休唱日衔山。共知寒食明朝过，且赴僧窗半日闲。命驾吕安邀不至，浴沂曾点暮方还。（眉批：切二姓转成小样。）

寒食未明至湖上，太守未来，两县令先在

城头月落尚啼乌，乌榜红舷早满湖。鼓吹未容迎五马，水云先已飏双凫。

映山黄帽螭头舫,夹道青烟鹊尾炉。老病逢春只思睡,独求僧榻寄须臾。

次韵孙莘老见赠,时莘老移庐州,因以别之

炉锤一手赋形殊,造化无心敢忘渠。(眉批:次句宋人野调。)我本疏顽固当尔,子犹沦落况其余。(眉批:三、四江西句法。)龚黄侧畔难言政,罗赵前头且眩书。自注:莘老见称政事与书,而莘老书至不工。惟有阳关一杯酒,殷勤重唱赠离居。

赠别

青鸟衔巾久欲飞,黄莺别主更悲啼。殷勤莫忘分携处,湖水东边凤岭西。

次韵代留别

绛蜡烧残玉斝飞,离歌唱彻万行啼。他年一舸鸱夷去,应记侬家旧住西。(眉批:语有情韵。)

月兔茶

环非环,玦非玦,中有迷离玉兔儿。一似佳人裙上月,月圆还缺缺还圆,此月一缺圆何年。(眉批:东坡乃有此恶札。)君不见斗茶公子不忍斗小团,上有双衔绶带双飞鸾。

薄命佳人

双颊凝酥发抹漆,眼光入帘珠的皪。故将白练作仙衣,不许红膏污天质。吴音娇软带儿痴,无限闲愁总未知。自古佳人多命薄,闭门春尽杨花落。(眉批:题鄙甚,诗却不失古格。)

吉祥寺花将落而述古不至

今岁东风巧剪裁,含情只待使君来。对花无信花应恨,直恐明年便不开。

述古闻之，明日即至，坐上复用前韵同赋

仙衣不用剪刀裁，国色初含卯酒来。太守问花花有语，为君零落为君开。

李钤辖坐上分题戴花

二八佳人细马驮，十千美酒渭城歌。帘前柳絮惊春晚，头上花枝奈老何。露湿醉巾香掩冉，月明归路影婆娑。绿珠吹笛何时见，欲把斜红插皂罗。（眉批：气味似玉溪生。）

於潜令刁同年野翁亭

（眉批：野气太重，似晚唐人七古下调。）

山翁不出山，溪翁长在溪。自注：前二令作二翁亭。不如野翁来往溪山间，上友麋鹿下凫鹥。问翁何所乐，三年不去烦推挤？翁言此间亦有乐，非丝非竹非蛾眉。山人醉后铁冠落，溪女笑时银栉低。我来观政问风谣，皆云吠犬足生氂。但恐此翁一旦舍此去，长使山人索寞溪女啼。自注：天目山唐道士常冠铁冠，於潜妇女皆插大银栉，长尺许，谓之蓬沓。

於潜女

青裙缟袂於潜女，两足如霜不穿屦。觰沙鬓发丝穿柠，蓬沓障前走风雨。老濞宫妆传父祖，至今遗民悲故主。（眉批："老濞"二句横亘中间，殊无头绪。）苕溪杨柳初飞絮，照溪画眉渡溪去。逢郎樵归相媚妩，不信姬姜有齐鲁。

自昌化双溪馆下步寻溪源，至治平寺二首

乱山滴翠衣裘重，双涧响空窗户摇。饱食不嫌溪笋瘦，穿林闲觅野芎苗。（眉批："苗"字如何对"瘦"字？）却愁县令知游寺，尚喜渔人争渡桥。（眉批：六句用庄子争席意。）正似醴泉山下路，桑枝刺眼麦齐腰。

每见田园辄自招,倦飞不拟控扶摇。共疑杨恽非锄豆,谁信刘章解立苗。老去尚贪彭泽米,梦归时到锦江桥。宦游莫作无家客,举族长悬似细腰。

於潜僧绿筠轩

可使食无肉,不可使居无竹。无肉令人瘦,无竹令人俗。人瘦尚可肥,俗士不可医。旁人笑此言,似高还似痴。若对此君仍大嚼,世间那有扬州鹤。(眉批:与《月兔茶》诗相埒。)

与临安令宗人同年剧饮

(眉批:清而浅。)

我虽不解饮,把盏欢意足。试呼白发感秋人,令唱黄鸡催晓曲。与君登科如隔晨,敝袍霜叶空残绿。如今莫问老与少,儿子森森如立竹。黄鸡催晓不须愁,老尽世人非我独。

宝山昼睡

(眉批:粗犷。)

七尺顽躯走世尘,十围便腹贮天真。此中空洞浑无物,何止容君数百人。

僧清顺新作垂云亭

江山虽有余,亭榭苦难稳。(眉批:次句言从前亭榭不得地也,然究是趁韵。)登临不得要,万象各偃蹇。惜哉垂云轩,此地得何晚。天功争向背,诗眼巧增损。路穷朱栏出,山破石壁很。海门浸坤轴,湖尾抱云巘。葱葱城郭丽,淡淡烟村远。纷纷鸟鹊去,一一渔樵返。(眉批:力摹昌黎,而气机流走处,仍是本色耳。摹古须见几分本色,方不是双钩填廓。)雄观快新获,微景收昔遁。(眉批:"雄观"联置之韩集中,不可复辨。)道人真古人,啸咏慕嵇阮。空斋卧蒲褐,芒屦每自捆。天怜诗人穷,乞与供诗本。我诗久不作,荒涩旋锄垦。从君觅佳句,咀嚼废朝饭。

五月十日，与吕仲甫、周邠、僧惠勤、惠思、清顺、可久、惟肃、义诠同泛湖游北山

三吴雨连月，湖水日夜添。寻僧去无路，潋潋水拍檐。（眉批：四句用义山"水齐檐"语。）驾言徂北山，得与幽人兼。清风洗昏翳，晚景分秋纤。缥缈朱楼人，斜阳半疏帘。（眉批：如画。）临风一挥手，怅焉起遐瞻。世人骛朝市，独向溪山廉。此乐得有命，轻传神所歼。（眉批："歼"字太甚。）

会客有美堂，周邠长官与数僧同泛湖往北山，湖中闻堂上歌笑声，以诗见寄，因和二首。时周有服

霭霭君诗似岭云，从来不许醉红裙。不知野屐穿山翠，惟见轻桡破浪纹。颇忆呼卢袁彦道，难邀骂座灌将军。自注：皆取其有服也。（眉批：六句究非佳事。）晚风落日元无主，不惜清凉与子分。

载酒无人过子云，掩关昼卧客书裙。歌喉不共听珠贯，醉面何因作缬纹。僧侣且陪香火社，诗坛欲敛鹳鹅军。凭君遍绕湖边寺，涨绿晴来已十分。

席上代人赠别三首

（眉批：卑俗。）

凄音怨乱不成歌，纵使重来奈老何。泪眼无穷似梅雨，一番匀了一番多。

天上麒麟岂混尘，笼中翡翠不由身。那知昨夜香闺里，更有偷啼暗别人。

莲子擘开须见忆，楸枰著尽更无期。破衫却有重逢日，一饭何曾忘却时。

留题徐氏花园二首

（眉批：滑调。）

莫寻群玉山头路，莫看刘郎观里花。但解闭门留我住，主人休问是谁家。

退之身外无穷事，子美樽前欲看花。更有多情君未识，不随柳絮落人家。

唐道人言：天目山上俯视雷雨，每大雷电，但闻云中如婴儿声，殊不闻雷震也

已外浮名更外身，区区雷电若为神。山头只作婴儿看，无限人间失箸人。

（眉批：狂语近粗。）

追和子由去岁试举人洛下所寄

暴雨初晴楼上晚景五首

秋后风光雨后山，满城流水碧潺潺。烟云好处无多子，及取昏鸦未到间。

（眉批：此首较有风致，次首亦可，余皆平平。）

洛邑从来天地中，嵩高苍翠北邙红。（眉批：苍翠红青，未免太复。）风流耆旧消磨尽，只有青山对病翁。自注：谓富公也。（眉批：末二句有世道之感。）

白汗翻浆午景前，雨余风物便萧然。应倾半熟鹅黄酒，照见新晴水碧天。

疾雷破屋雨翻河，一扫清风未觉多。应似画师吴道子，高堂巨壁写降魔。

（眉批：此首趁韵。）

客路三年不见山，上楼相对梦魂间。明朝却踏红尘去，羞向清伊照病颜。

过广爱寺，见三学演师，观杨惠之塑宝山，朱瑶画文殊、普贤三首

寓世身如梦，安闲日似年。败蒲翻覆卧，破衲再三连。劝客眠风竹，长斋饮石泉。回头万事错，自笑觉师贤。

妙迹苦难寻，兹山见几层。乱峰螺髻出，绝涧阵云崩。措意元同画，观空欲问僧。莫教林下意，终老叹何曾。

朱瑶唐晚辈，得法尚雄深。满寺空遗迹，何人识苦心。长廊欹雨脚，破壁撼钟音。成坏无穷事，他年复吊今。（眉批：题脱"和子由"三字。）

韩子华石淙庄

（眉批：此卷多率笔应酬之作。此诗特为深警，故知有物之言不同浮响。又见无所取

义而作诗,虽东坡亦不能佳。此首与《广爱寺》诗同和子由洛下作。)

绛侯百万兵,尚畏书牍背。功名意不已,数与危机会。我公抱绝识,凛凛镇横溃。欲收伊吕迹,远与巢由对。誓言虽未从,久已断诸内。区区为怀祖,颇觉义之隘。此身随造物,一叶舞澎湃。田园不早定,归宿终安在。彼美石淙庄,每到百事废。泉流知人意,屈折作涛濑。寒光洗肝膈,清响跨竽籁。我旧门前客,放言不自外。园中亦何有,荟蔚可胜计。请公试回首,岁晚余苍桧。
(眉批:庄语妙无腐气。)

卷 十

古今体诗五十八首

立秋日祷雨，宿灵隐寺，同周、徐二令

百重堆案掣身闲，（眉批：为民祷雨不得谓之"掣身闲"，立言少体。）一叶秋声对榻眠。床下雪霜侵户月，枕中琴筑落阶泉。崎岖世味尝应遍，寂寞山栖老渐便。惟有悯农心尚在，起占云汉更茫然。（眉批：倒挽祷雨。）

游灵隐寺，戏赠开轩李居士

推到垣墙也不难，一轩复作两轩看。若教从此成千里，巧历如今也被谩。（眉批：禅偈气。）

病中独游净慈，谒本长老，周长官以诗见寄，仍邀游灵隐。因次韵答之

（眉批：突入，少绪。）
卧闻禅老入南山，净扫清风五百间。我与世疏宜独往，君缘诗好不容攀。自知乐事年年减，难得高人日日闲。欲问云公觅心地，要知何处是无还。自注：《楞严经》云：我今示汝无所还地。

病中游祖塔院

紫李黄瓜村路香，乌纱白葛道衣凉。闭门野寺松阴转，欹枕风轩客梦长。因病得闲殊不恶，安心是药更无方。道人不惜阶前水，借与匏樽自在尝。（眉批：此种已居然剑南派，然剑南别有安身立命之地。细看全集，自知杨芝田专选此种。世人

以易于摹仿而盛传之,而剑南之真遂隐。)

虎跑泉

亭亭石塔东峰上,此老初来百神仰。虎移泉眼趁行脚,龙作浪花供抚掌。至今游人盥濯罢,卧听空阶环玦响。故知此老如此泉,莫作人间去来想。

佛日山荣长老方丈五绝

(眉批:五诗皆清洒,但无深味耳。)

陶令思归久未成,远公不出但闻名。山中只有苍髯叟,数里萧萧管送迎。
千株玉槊挼云立,一穗珠旒落镜寒。何处霜眉碧眼客,结为三友冷相看。
东麓云根露角牙,细泉幽咽走金沙。不堪土肉埋山骨,未放苍龙浴渥洼。
食罢茶瓯未要深,清风一榻抵千金。腹摇鼻息庭花落,(眉批:不雅。)还尽平生未足心。
日射回廊午枕明,水沉销尽碧烟横。山人睡觉无人见,只有飞蚊绕鬓鸣。

吊天竺海月辩师三首

欲寻遗迹强沾裳,本自无生可得亡。今夜生公讲堂月,满庭依旧冷如霜。
(眉批:三首皆不脱宋格,此首尤落习径。)
生死犹如臂屈伸,情钟我辈一酸辛。乐天不是蓬莱客,凭仗西方作主人。
欲访浮云起灭因,无缘却见梦中身。安心好住王文度,此理何须更问人。

孤山二咏

孤山有陈时柏二株。其一为人所薪,山下老人自为儿时已见其枯矣,然坚悍如金石,愈于未枯者。僧志诠作堂于其侧,名之曰柏堂。堂与白公居易竹阁相连属。余作二诗以纪之。

柏　堂

道人手种几生前,鹤骨龙筋尚宛然。双干一先神物化,九朝三见太平年。

(眉批:三、四小巧。)忽惊华构依岩出,乞与佳名到处传。此柏未枯君记取,灰心聊伴小乘禅。

竹　阁

海山兜率两茫然,古寺无人竹满轩。白鹤不留归后语,苍龙犹是种时孙。两丛恰似萧郎笔,十亩空怀渭上村。欲把新诗问遗像,病维摩诘更无言。(眉批:此首清妥。)

与述古自有美堂乘月夜归

娟娟云月稍侵轩,潋潋星河半隐山。鱼钥未收清夜永,凤箫犹在翠微间。凄风瑟缩经弦柱,香雾凄迷着髻鬟。共喜使君能鼓乐,万人争看火城还。

有美堂暴雨

游人脚底一声雷,满座顽云拨不开。天外黑风吹海立,浙东飞雨过江来。十分潋滟金樽凸,千杖敲铿羯鼓催。唤起谪仙泉洒面,倒倾鲛室泻琼瑰。(眉批:此首为《诗话》所盛推,然犷气太重。)

八月十五日看潮五绝

(眉批:题目既大,非大篇不足以写之;只作五绝,未免草草。)

定知玉兔十分圆,已作霜风九月寒。寄语重门休上钥,夜潮留向月中看。

万人鼓噪慑吴侬,犹是浮江老阿童。欲识潮头高几许,越山浑在浪花中。

江边身世两悠悠,久与沧波共白头。造物亦知人易老,故教江水向西流。

吴儿生长狎涛渊,冒利轻生不自怜。东海若知明主意,应教斥卤变桑田。

自注:是时新有旨,禁弄潮。

江神河伯两醯鸡,海若东来气吐霓。安得夫差水犀手,三千强弩射潮低。

自注:吴越王尝以弓弩射潮头,与海神战,自尔水不近城。

东阳水乐亭

自注：为东阳令王都官楙作。

（眉批：看似纵横有气，实则凑泊而成，非真正神力。）

君不学白公引泾东注渭，五斗黄泥一钟水。又不学哥舒横行西海头，归来羯鼓打凉州。但向空山石壁下，爱此有声无用之清流。流泉无弦石无窍，强名水乐人人笑。惯见山僧已厌听，多情海月空留照。洞庭不复来轩辕，至今鱼龙舞钧天。闻道磬襄东入海，遗声恐在海山间。铿然涧谷含宫徵，节奏未成君独喜。不须写入薰风弦，纵有此声无此耳。（眉批：结亦太露。）

与周长官、李秀才游径山，二君先以诗见寄，次其韵二首

少年饮红裙，酒尽推不去。呼来径山下，试与洗尘雾。痴马惜障泥，临流不肯渡。（眉批：大署伤雅。）独有汝南君，从我无朝暮。肯将红尘脚，暂着白云屦。嗟我与世人，何异笑百步。功名一破甑，弃置何用顾。更凭陶靖节，往问征夫路。查注：右答周长官。

龙亦恋故居，百年尚来去。至今雨雹夜，殿暗风缠雾。而我弃乡国，大江忘北渡。便欲此山前，筑室安迟暮。又恐太幽独，岁晚霜入屦。（眉批："岁晚"句微显牵强。）同游得李生，仄足随蹇步。孔明不自爱，临老起三顾。（眉批：孔明出时未老。）吾归便却扫，谁踏门前路。查注：右答李秀才。

临安三绝

将军树

阿坚泽畔菰蒲节，玄德墙头羽葆桑。不会世间闲草木，与人何事管兴亡。

锦溪

楚人休笑沐猴冠，越俗徒夸翁子贤。五百年间异人出，尽将锦绣裹山川。

石镜

山鸡舞破半岩云，菱叶开残野水春。应笑武都山下土，枉教明月殉佳人。

登玲珑山

（眉批：古诗意格，入律奇矫。）

何年僵立两苍龙，瘦脊盘盘尚倚空。翠浪舞翻红罢亚，白云穿破碧玲珑。（眉批：三、四不解。查云以虚对实法，益不能解更详之。）三休亭上工延月，九折岩前巧贮风。脚力尽时山更好，莫将有限趁无穷。

宿九仙山

自注：九仙谓左元放，许迈，王、谢之流。

风流王谢古仙真，一去空山五百春。玉室金堂余汉士，桃花流水失秦人。困眠一榻香凝帐，梦绕千岩冷逼身。夜半老僧呼客起，云峰缺处涌冰轮。

陌上花三首

游九仙山，闻里中儿歌《陌上花》。父老云：吴越王妃每岁春必归临安。王以书遗妃曰："陌上花开，可缓缓归矣。"吴人用其语为歌，含思宛转，听之凄然。而其词鄙野，为易之云。

陌上花开蝴蝶飞，江山犹是昔人非。遗民几度垂垂老，游女长歌缓缓归。

（眉批：真有含思宛转之意。）

陌上山花无数开，路人争看翠軿来。若为留得堂堂去，且更从教缓缓回。

生前富贵草头露，身后风流陌上花。已作迟迟君去鲁，犹教缓缓妾还家。

（眉批：指钱俶归朝之事，用事殊不伦。）

游东西岩

自注：即谢安东山也。

谢公含雅量，世运属艰难。况复情所钟，感概萃中年。正赖丝与竹，陶写有余欢。尝恐儿辈觉，坐令高趣阑。独携缥缈人，来上东西山。放怀事物外，徒倚弄云泉。一旦功业成,管蔡复流言。慷慨桓野王,哀歌和清弹。挽须起流涕,始知使君贤。意长日月促,卧病已辛酸。恸哭西州门,往驾那复还。空余行乐处,古木昏苍烟。(眉批:似有寓意,然语殊汗漫乏精彩。)

宿海会寺

篮舆三日山中行,山中信美少旷平。下投黄泉上青冥,线路每与猱猿争。重楼束缚遭涧坑,两股酸哀饥肠鸣。(眉批:"重楼"句拙,下句俚。)北渡飞桥踏彭铿,缭垣百步如古城。大钟横撞千指迎,高堂延客夜不扃。杉槽漆斛江河倾,本来无垢洗更轻。(眉批:"轻"字未稳。)倒床鼻息四邻惊,鼾如五鼓天未明。(眉批:"倒床"字亦太粗。)木鱼呼粥亮且清,不闻人声闻履声。(眉批:从"萧萧马鸣"意化出。)

海会寺清心堂

南郭子綦初丧我,西来达摩尚求心。此堂不说有清浊,游客自观随浅深。句有意。两岁频为山水役,一溪长照雪霜侵。(眉批:"霜雪"指鬓发也。然不说鬓发,"侵"字何指?)纷纷无补竟何事,惭愧高人闭户吟。

径山道中次韵答周长官,兼赠苏寺丞

(眉批:长而不衍,押韵亦无勉强之病。)

年来战纷华,渐觉夫子胜。欲求五亩宅,洒扫乐清净。学道恨日浅,问禅惭听莹。聊为山水行,遂此麋鹿性。独游吾未果,觅伴谁复听。吾宗古遗直,穷达付前定。舖糟醉方熟,洒面呼不醒。奈何效燕蝠,屡欲争晨暝。不如从我游,高论发犀柄。溪南渡横木,山寺称小径。自注:太平寺俗号小径山。幽寻自兹始,归路微月映。南望功臣山,云外盘飞磴。三更渡锦水,再宿留石镜。缅怀周与李,能作《洛生咏》。明朝三子至,诗律严号令。篮舆置纸笔,得句轻千乘。玲珑苦奇秀,名实巧相称。九仙更幽绝,笑语千山应。空岩侧破瓮,飞溜洒浮磬。山前见虎迹,候吏铙鼓竞。我生本艰奇,尘土满釜甑。山禽与野兽,知我久蹭蹬。笑谓候吏还,遇虎我有命。(眉批:波澜生动。)径山虽云远,行李稍可并。颇讶王子猷,忽起山阴兴。但报菊花开,吾当理归棹。

汪覃秀才久留山中,以诗见寄,次其韵

季子应嗔不下机,弃家来伴碧云师。中秋冷坐无因醉,半月长斋未肯辞。掷简摇毫无怍色,自注:汪善书,托写诸人诗。投名入社有新诗。飞腾桂籍他年事,莫忘山中采药时。

再游径山

(眉批:语自轻峭,但少沉郁顿挫之致,觉神锋太剽耳。)

老人登山汗如濯,倒床困卧呼不觉。觉来五鼓日三竿,始信孤云天一握。自注:古语云:"孤云两角,去天一握。"平生未省出艰险,两足惯曾行荦确。含晖亭上望东溟,凌霄峰头挹南岳。共爱丝杉翠丝乱,谁见玉芝红玉琢。白云何事自来往,明月长圆无晦朔。自注:山有白云峰、明月庵。冢上鸡鸣犹忆钦,山前凤舞远征璞。雪窗驯兔元不死,烟岭孤猿苦难捉。(眉批:此种押法究不佳。"捉"字趁韵。)从来白足傲生死,不怕黄巾把刀槊。榻上双痕凛然在,剑头一映何须角。自注:以上皆山中故事。嗟我昏顽晚闻道,与世龃龉空多学。灵水先除眼界花,自注:龙井水洗眼有效。清诗为洗心源浊。骚人未要逃竞病,禅老但喜闻剥啄。此生更得几回来,从今有暇无辞数。

洞霄宫

上帝高居愍世顽,故留琼馆在凡间。青山九锁不易到,作者七人相对闲。自注:《论语》云作者七人矣,今监宫凡七人。庭下流泉翠蛟舞,洞中飞鼠白鸦翻。长松怪石宜霜鬓,不用金丹苦驻颜。

初自径山归，述古召饮介亭，以病先起

（眉批：查云：公七律不讲炼字之法。似此，反为变调。）

西风初作十分凉，喜见新橙透甲香。迟暮赏心惊节物，登临病眼怯秋光。惯眠处士云庵里，倦醉佳人锦瑟旁。（眉批：五句觉率，六句便不觉率，此故可思。）犹有梦回清兴在，卧闻归路乐声长。

明日重九，亦以病不赴述古会，再用前韵

月入秋帷病枕凉，霜飞夜簟故衾香。可怜吹帽狂司马，空对亲春老孟光。不作雍容倾坐上，翻成骯脏倚门傍。人间此会论今古，细看茱萸感叹长。（眉批：结句用于登高，则常语用于不登高，则两层俱到。）

九日，寻臻阇黎，遂泛小舟至勤师院二首

（眉批：二诗俱清圆。）

白发长嫌岁月侵，病眸兼怕酒杯深。南屏老宿闲相过，东阁郎君懒重寻。试碾露芽烹白雪，休拈霜蕊嚼黄金。扁舟又截平湖去，欲访孤山支道林。（眉批：过接清楚，不失古法。）

湖上青山翠作堆，葱葱郁郁气佳哉。笙歌丛里抽身出，云水光中洗眼来。白足赤髭迎我笑，拒霜黄菊为谁开。明年桑苎煎茶处，忆着衰翁首重回。自注：皎然有《九日与陆羽煎茶》诗，羽自号桑苎翁。余来年九日去此久矣。

九日，舟中望见有美堂上鲁少卿饮，以诗戏之二首

（眉批：游戏之笔，颇饶风韵。）

指点云间数点红，笙歌正拥紫髯翁。谁知爱酒龙山客，却在渔舟一叶中。

西阁珠帘卷落晖，水沉烟断佩声微。遥知通德凄凉甚，拥髻无言怨未归。

元翰少卿宠惠谷帘水一器、龙团二枚,仍以新诗为贶, 叹昧不已,次韵奉和

(眉批:浅率。)

岩垂匹练千丝落,雷起双龙万物春。此水此茶俱第一,共成三绝景中人。

游诸佛舍,一日饮酽茶七盏,戏书勤师壁

(眉批:亦浅率。)

示病维摩元不病,在家灵运已忘家。何须魏帝一丸药,且尽卢仝七碗茶。

九日,湖上寻周、李二君不见,君亦见寻于湖上, 以诗见寄,明日乃次其韵

(眉批:比兴深微,殊有古意。)

湖上野芙蓉,含思愁脉脉。娟然如静女,不肯傍阡陌。诗人杳未来,霜艳冷难宅。君行逐鸥鹭,出处浩莫测。苇间闻拿音,云表已飞屐。使我终日寻,逢花不忍摘。人生如朝露,要作百年客。嗟彼终岁劳,幸兹一日泽。愿言竟不遂,人事多乖隔。悟此知有命,沉忧伤魂魄。

送杭州杜、戚、陈三掾罢官归乡

(眉批:殊嫌太快。)

秋风摵摵鸣枯蓼,船阁荒村夜悄悄。正当逐客断肠时,君独歌呼醉连晓。老夫平生齐得丧,尚恋微官失轻矫。(眉批:轻矫趁韵。)君今憔悴归无食,五斗未可秋毫小。君言失意能几时,月啖虾蟆行复皎。杀人无验中不快,此恨终身恐难了。徇时所得无几何,随手已遭忧患绕。期君正似种宿麦,忍饥待食明年秒。

次韵周长官寿星院同钱鲁少卿

（眉批：查云：自成冷艳。）

琉璃百顷水仙家,风静湖平响钓车。寂历疏松欹晚照,伶俜寒蝶抱秋花。（眉批：对句更胜。）困眠不觉依蒲褐,归路相将踏桂华。更着纶巾披鹤氅,他年应作画图夸。（眉批：不见钱意,何也？）

次韵述古过周长官夜饮

二更铙鼓动诸邻,百首新诗间八珍。已遣乱蛙成两部,更邀明月作三人。云烟湖寺家家镜,灯火沙河夜夜春。（眉批："云烟"句不自然。）曷不劝公勤秉烛,老来光景似奔轮。

述古以诗见责屡不赴会,复次前韵

我生孤癖本无邻,老病年来益自珍。肯对红裙辞白酒,但愁新进笑陈人。（眉批：就句对。）北山怨鹤休惊夜,南亩巾车欲及春。多谢清时屡推毂,狶膏那解转方轮。自注：来诗有云"霄蒲轮"之句。

金门寺中见李西台与二钱唱和四绝句,戏用其韵跋之

（眉批：四诗俱风致。）

帝城春日帽檐斜,二陆初来尚忆家。未肯将盐下莼菜,已应知雪似杨花。

生平贺老惯乘舟,骑马风前怕打头。欲问君王乞符竹,但忧无蟹有监州。自注：皆世所传钱氏故事。

西台妙迹继杨风,自注：凝式。无限龙蛇洛寺中。一纸清诗吊兴废,尘埃零落梵王宫。

五季文章堕劫灰,升平格力未全回。故知前辈宗徐庾,数首风流似玉台。

胡穆秀才遗古铜器,似鼎而小,上有两柱,可以覆而不蹶,以为鼎则不足,疑其饮器也。胡有诗,答之

(眉批:以形象考之,乃爵也。)

只耳兽啮环,长唇鹅擘喙。三趾下锐春蒲短,两柱高张秋菌细。君看翻覆俯仰间,覆成三角翻两髻。(眉批:写貌新隽,惜后半弩末耳。)古书虽满腹,苟有用我亦随世。嗟君一见呼作鼎,才注升合已漂逝。不如学鸱夷,尽日盛酒真良计。自注:有古篆五字,不可识。

卷十一

古今体诗七十七首

贺陈述古弟章生子

郁葱佳气夜充闾,始见徐卿第二雏。甚欲去为汤饼客,惟愁错写弄獐书。参军新妇贤相敌,阿大中郎喜有余。我亦从来识英物,试教啼看定何如?(眉批:此种何以入集?)

赠治易僧智周

寒窗孤坐冻生瓶,尚把遗编照露萤。阁束九师新得妙,梦吞三画旧通灵。(眉批:查批本抹"新得妙""旧通灵"六字。)断弦挂壁知音丧,自注:师与契嵩深相知,时已逝矣。挥麈空山乱石听。用生公事无迹。斋罢何须更临水,胸中自有洗心经。(眉批:结句绾合得妙,层层俱到。)

张子野年八十五,尚闻买妾,述古令作诗

锦里先生自笑狂,莫欺九尺鬓眉苍。诗人老去莺莺在,公子归来燕燕忙。柱下相君犹有齿,江南刺史已无肠。平生谬作安昌客,略遣彭宣到后堂。(眉批:游戏之笔,不以诗论。《诗话》以其能切张姓盛推之,然则案有《万姓统谱》一部,即人人为作者矣。)

书双竹湛师房二首

我本江湖一钓舟,意嫌高屋冷飕飕。羡师此室才方丈,一炷清香尽日留。(眉批:意自寻常,语颇清脱。)

暮鼓朝钟自击撞,闭门孤枕对残釭。(眉批:查本改"釭"为"缸",嫌与"朝钟"字碍耳。然"暮鼓朝钟"自是一日工课,"闭门孤枕"自是工课完后之事,原不相碍。)白灰旋拨通红火,卧听萧萧雨打窗。

宝山新开径

藤梢橘刺元无路,竹杖棕鞋不用扶。风自远来闻笑语,水分流处见江湖。回观佛国青螺髻,踏遍仙人碧玉壶。野客归时山月上,棠梨叶战瞑禽呼。

和述古冬日牡丹四首

(眉批:二首寓刺却不甚露,好在比而不赋。)

一朵妖红翠欲流,春光回照雪霜羞。化工只欲呈新巧,不放闲花得少休。

花开时节雨连风,却向霜余染烂红。漏泄春光私一物,此心未信出天工。

(眉批:二首蛇足。)

当时只道鹤林仙,解遣秋光发杜鹃。谁信诗能回造化,直教霜枿放春妍。

不分清霜入小园,故将诗律变寒暄。使君欲见蓝关咏,更倩韩郎为染根。

(眉批:突称"欲见蓝关",殊无取义。以后事论之,竟似南迁之谶矣。)

刘贡父见余歌词数首,以诗见戏,聊次其韵

十载飘然未可期,那堪重作看花诗。门前恶语谁传去,醉后狂歌自不知。刺舌君今犹未戒,灸眉我亦更何辞。相从痛饮无余事,正是春容最好时。

和柳子玉喜雪次韵,仍呈述古

诗翁爱酒长如渴,瓶尽欲沽囊已竭。灯青火冷不成眠,一夜撚须吟喜雪。诗成就我觅欢处,我穷正与君仿佛。谒不走投陈孟公,有酒醉君仍饱德。(眉批:"饱德"趁韵。)琼瑶欲尽天应惜,更遣清光续残月。安得佳人擢素手,笑捧玉碗两奇绝。艳歌一曲回阳春,坐使高堂生暖热。

观子玉郎中草圣

柳侯运笔如电闪,子云寒悴羊欣俭。百斛明珠便可扛,此书非我谁能双?
(眉批:偶书戏语,岂可摭以入集?)

雪后至临平,与柳子玉同至僧舍,见陈尉烈

落帆古戍下,积雪高如丘。强邀诗老出,疏髯散飕飗。僧房有宿火,手足渐和柔。静士素寡言,相对自忘忧。铜炉擢烟穗,石鼎浮霜沤。征夫念前路,急鼓催行舟。我行虽有程,坐稳且复留。大哉天地间,此生得浮游。

李颀秀才善画山,以两轴见寄,仍有诗,次韵答之

平生自是个中人,欲向渔舟便写真。诗句对君难出手,云泉劝我早抽身。年来白发惊秋速,长恐青山与世新。从此北归休怅望,囊中收得武陵春。

夜至永乐文长老院,文时卧病退院

夜闻巴叟卧荒村,来打三更月下门。往事过年如昨日,此身未死得重论。老非怀土情相得,病不开堂道益尊。惟有孤栖旧时鹤,举头见客似长言。(眉批:通体深稳。)

柳氏二外甥求笔迹二首

退笔如山未足珍,读书万卷始通神。君家自有元和脚,莫厌家鸡更问人。

一纸行书两绝诗,遂良须鬓已成丝。何当火急传家法,欲见诚悬笔谏时。

和钱安道寄惠建茶

我官于南今几时,尝尽溪茶与山茗。胸中似记故人面,口不能言心自省。为君细说我未暇,试评其略差可听。建溪所产虽不同,一一天与君子性。森然

可爱不可慢,骨清肉腻和且正。雪花雨脚何足道,啜过始知真味永。纵复苦硬终可录,汲黯少戆宽饶猛。(眉批:将人比物,脱尽用事之痕,开后人多少法门。其源出于蔚宗和香方,但彼是以物比人,此翻转用之耳。然语虽翻转,而意则犹是比人也。)草茶无赖空有名,高者妖邪次顽懬。体轻虽复强浮沉,性滞偏工呕酸冷。其间绝品岂不佳,张禹纵贤非骨硬。葵花玉銙不易致,接建茶一段。道路幽险隔云岭。谁知使者来自西,开缄磊落收百饼。嗅香嚼味本非别,透纸自觉光炯炯。粃糠团凤友小龙,奴隶日注臣双井。收藏爱惜待佳客,不敢包裹钻权倖。此诗有味君勿传,暗结草茶一段。空使时人怒生瘿。(眉批:通体警策,惟一结太露。虽东坡诗不甚忌露,然西子捧心不得谓之非病。)

钱安道席上令歌者道服

乌府先生铁作肝,霜风卷地不知寒。犹嫌白发年前少,故点红灯雪里看。他日卜邻先有约,待君投劾我休官。如今且作华阳服,醉唱侬家七返丹。(眉批:意中先有末二句,以前六句曲曲逼出,天然入拍。)

惠山谒钱道人,烹小龙团,登绝顶,望太湖

踏遍江南南岸山,逢山未免更留连。独携天上小团月,来试人间第二泉。石路萦回九龙脊,水光翻动五湖天。孙登无语空归去,半岭松声万壑传。(眉批:逐层清出,亦颇细致,但乏警策耳。)

钱道人有诗云"直须认取主人翁",作两绝戏之

(眉批:此是禅偈,不以诗论。)

首断故应无断者,冰销那复有冰知。主人若苦令侬认,认主人人竟是谁。
有主还须更有宾,不如无镜自无尘。只从半夜安心后,失却当年觉痛人。

除夜野宿常州城外二首

行歌野哭两堪悲,远火低星渐向微。病眼不眠非守岁,乡音无伴苦思归。

重衾脚冷知霜重,新沐头轻感发稀。多谢残灯不嫌客,孤舟一夜许相依。(眉批:言人则见嫌矣。)

南来三见岁云徂,直恐终身走道途。老去怕看新历日,退归拟学旧桃符。(眉批:三、四是到地宋格,在东坡不妨一学之,便入恶趣。)烟花已作青春意,霜雪偏寻病客须。(眉批:五、六沉着。)但把穷愁博长健,不辞最后饮屠苏。

元日过丹阳,明日立春,寄鲁元翰

堆盘红缕细茵陈,巧与椒花两斗新。竹马异时宁信老,土牛明日莫辞春。(眉批:三、四沉着。)西湖弄水犹应早,北寺观灯欲及辰。白发苍颜谁肯记,晓来频嚏为何人。(眉批:寄鲁意转从对面写出,用笔灵活。)

古缠头曲

鹍弦铁拨世无有,乐府旧工惟尚叟。一生喙硬眼无人,坐此困穷今白首。翠鬟女子年十七,指法已似呼韩妇。轻帆渡海风掣回,满面尘沙和泪垢。青衫不逢湓浦客,红袖漫插曹纲手。尔来一见哀驼佗,便著臂鞲躬井臼。我惭贫病百不足,强对黄花饮白酒。转关護索动有神,雷辊空堂战窗牖。四弦一抹拥袂立,再拜十分为我寿。世人只解锦缠头,与汝作诗传不朽。(眉批:亦自有致。)

刁同年草堂

(眉批:查云:出手太易。)

不用长竿矫绣衣,南园北第两参差。青山有约长当户,流水无情自入池。岁久醥醸浑欲合,春来杨柳不胜垂。主人不用匆匆去,正是红梅着子时。

刁景纯赏瑞香花,忆先朝侍宴,次韵

上宛夭桃自作行,刘郎去后几回芳。厌从年少追新赏,闲对宫花识旧香。欲赠佳人非泛洧,好纫幽佩吊沉湘。鹤林神女无消息,为问何年返帝乡。(眉批：后四句寓兴深微；置之玉溪生集中，不可复辨。）

同柳子玉游鹤林、招隐，醉归，呈景纯

花时腊酒照人光，归路春风洒面凉。刘氏宅边霜竹老，戴公山下野桃香。岩头匹练兼天净，泉底真珠溅客忙。（眉批：中四句复调。）安得道人携笛去，一声吹裂翠崖冈。

景纯见和，复次韵赠之二首

解组归来道益光，坐看百物自炎凉。卷帘堂上檀槽闹，送客林间桦烛香。浅量已愁当酒怯，非才尤觉和诗忙。何人贪佩黄金印，千柱耽耽琐北冈。

人间膏火正争光，每到藏春得暂凉。多事始知田舍好，凶年偏觉野蔬香。溪山胜画徒能说，来往如梭为底忙。老去此身无处著，为翁栽插万松冈。

柳子玉亦见和，因以送之，兼寄其兄子璋道人

不羡腰金照地光，暂时假面弄西凉。晴窗咽日肝肠暖，古殿朝真屦袖香。说静故知犹有动，无闲底处更求忙。（眉批：此种直是禅偈。）先生官罢乘风去，何用区区赋《陟冈》。

子玉家宴，用前韵见寄，复答之

自酌金樽劝孟光，更教长笛奏伊凉。自注：子玉家有笛妓。牵衣男女绕太白，扇枕郎君烦阿香。诗病逢春转深痼，愁魔得酒暂奔忙。醒时情味吾能说，日在西南白草冈。

景纯复以二篇：一言其亡兄与伯父同年之契，一言今者唱酬之意，仍次其韵

灵寿扶来似孔光，感时怀旧一悲凉。蟾枝（眉批：字鄙。）不独同攀桂，鸡舌

还应共赐香。自注:亦同为郎。等是浮休无得丧,粗分忧乐有闲忙。年来世事如波浪,郁郁谁知柏在冈。

屡把铅刀齿步光,更遭华衮照庞凉。苏门山上莫长啸,薝卜林中无别香。烛烬已残终夜刻,槐花还似昔年忙。背城借一吾何敢,慎莫尊前替戾冈。

子玉以诗见邀,同刁丈游金山

君年甲子未相逢,难向君前说老翁。更有方瞳八十一,奋衣矍铄走山中。

金山寺与柳子玉饮,大醉卧宝觉禅榻,夜分方醒,书其壁

恶酒如恶人,相攻剧刀箭。颓然一榻上,胜之以不战。(眉批:语觉微快,然自奇崛。)诗翁气雄拔,禅老语清软。我醉都不知,但觉红绿眩。醒时江月堕,撼撼风响变。惟有一龛灯,二豪俱不见。(眉批:结用"二豪",太难为子玉、宝觉;然一首兀傲诗,非如此兀傲作结便不配。所谓箭在弦上也。)

送柳子玉赴灵仙

世事方艰便猛回,此心未老已先灰。何时梦入真君殿,也学传呼观主来。(眉批:出口便。)

监洞霄宫俞康直郎中所居四咏

退圃

(眉批:句句皆含退意,竟不说破,又是一格。)

百丈休牵上濑船,一钩归钓缩头鳊。园中草木春无数,只有黄杨厄闰年。自注:俗说黄杨一岁长一寸,遇闰退三寸。

逸堂

新第谁来作并邻,旧官宁复忆星辰。请君置酒吾当贺,知向江湖拜散人。

遁轩

冠盖相望起隐沦,先生那得老江村。古来真遁何曾遁,笑杀逾垣与闭门。

（眉批：此首太犷气。）

远　楼

西山烟雨卷疏帘，北户星河落短檐。不独江天解空阔，地偏心远似陶潜。

游鹤林、招隐二首

郊原雨初霁，春物有余妍。古寺满修竹，深林闻杜鹃。（眉批：不减"曲径通幽"之句。）睡余柳花堕，目眩山樱然。西窗有病客，危坐看香烟。

行歌白云岭，坐咏修竹林。风轻花自落，日薄山半阴。涧草谁复识，闻香杳难寻。时见城市人，幽居惜未深。（眉批：此首亦直逼唐人。）

书普慈长老壁

自注：志诚。

普慈寺后千竿竹，醉里曾看碧玉椽。倦客再游行老矣，高僧一笑故依然。（眉批：三、四用文句极其自然，无宋人文句之野气。）久参白足知禅味，苦厌黄公自注：鸟名。聒昼眠。惟有两株红百叶，晚来犹得向人妍。

书焦山纶长老壁

（眉批：直作禅偈而不以禅偈为病，语妙故也。不讨人厌处在挥洒如意，微不满人意处在剽而不留。）

法师住焦山，而实未尝住。我来辄问法，法师了无语。法师非无语，不知所答故。节拍天然。君看头与足，本自安冠屦。譬如长鬣人，不以长为苦。一旦或人问，每睡安所措。归来被上下，一夜无着处。（眉批：二句可删。）展转遂达晨，意欲尽镊去。此言虽鄙浅，故自有深趣。持此问法师，法师一笑许。

刁景纯席上和谢生二首

误入仙人碧玉壶，一欢那复问亲疏。杯盘狼籍吾何敢，车骑雍容子甚都。

此夜新声闻北里,他年故事记南徐。欲穷风月三千界,愿化天人百亿躯。

纵饮谁能问挈壶,不知门外晓星疏。绮罗胜事齐三阁,宾主谈锋敌两都。榻畔烟花尝叹杜,海中童卯尚追徐。无多酌我公须听,醉后粗狂胆满躯。

留别金山宝觉、圆通二长老

沐罢巾冠快晚凉,睡余齿颊带茶香。舣舟北岸何时渡,晞发东轩未肯忙。康济此身殊有道,医治外物本无方。(眉批:此则宋调之取厌者也。)风流二老长还往,顾我归期尚渺茫。

和苏州太守王规父侍太夫人观灯之什。余时以刘道原见访,滞留京口,不及赴此会二首

不觉朱轓辗后尘,争看绣幰锦缠轮。洛滨侍从三人贵,京兆平反一笑春。但逐东山携妓女,那知后阁走穷宾。滞留不见荣华事,空作赓诗第七人。

翻翻缇骑走香尘,激激飞涛射火轮。美酒留连三夜月,丰年倾倒五州春。自注:时浙西皆以不熟罢灯,惟苏独盛。安排诗律追强对,蹭蹬归期为恶宾。堕珥遗簪想无限,华胥犹见梦回人。

常、润道中有怀钱塘,寄述古五首

从来直道不辜身,得向西湖两过春。沂上已成曾点服,泮宫初采鲁侯芹。休惊岁岁年年貌,且对朝朝暮暮人。细雨晴时一百六,画船萧鼓莫违民。

草长江南莺乱飞,年来事事与心违。花开后院还空落,燕入华堂怪未归。世上功名何日是,樽前点检几人非。(眉批:二句太滑,遂令通篇削色。)去年柳絮飞时节,记得金笼放雪衣。自注:杭人以放鸽为太守寿。

浮玉山头日日风,涌金门外已春融。二年鱼鸟浑相识,三月莺花付与公。(眉批:此应为官妓而发,说事大雅。)剩看新翻眉倒晕,未应泣别脸消红。何人织得相思字,寄与江边北向鸿。

国艳夭娆酒半酣,去年同赏寄僧檐。但知扑扑晴香软,谁见森森晓态严。谷雨共惊无几日,蜜蜂未许辄先甜。应须火急回征棹,一片辞枝可得黏。(眉批:多不成语。)

惠泉山下土如濡,阳羡溪头米胜珠。卖剑买牛吾欲老,杀鸡为黍子来无。地偏不信容高盖,俗俭真堪着腐儒。莫怪江南苦留滞,经营身计一生迂。(眉批:此首深稳。)

杭州牡丹开时,仆犹在常、润,周令作诗见寄,次其韵,复次一首送赴阙

(眉批:此首赋牡丹。)

羞归应为负花期,已见成阴结子时。与物寡情怜我老,遣春无恨赖君诗。玉台不见朝酣酒,金缕犹歌空折枝。从此年年定相见,欲师老圃问樊迟。

(眉批:此首送赴阙。)

莫负黄花九日期,人生穷达可无时。十年且就三都赋,万户终轻千首诗。天静伤鸿犹戢翼,月明惊鹊未安枝。(眉批:用比更觉深警。)君看六月河无水,万斛龙骧到自迟。

常州太平寺观牡丹

武林千叶照观空,别后湖山几信风。自笑眼花红绿眩,还将白首对鞓红。

游太平寺净土院,观牡丹中有淡黄一朵,特奇,为作小诗

醉中眼缬自斓斑,天雨曼陀照玉盘。一朵淡黄微拂掠,鞓红魏紫不须看。

无锡道中赋水车

(眉批:节短势险,句句奇矫。)

翻翻联联衔尾鸦,荦荦确确蜕骨蛇。分畴翠浪走云阵,刺水绿针抽稻芽。

洞庭五月欲飞沙,鼍鸣窟中如打衙。天公不见老翁泣,唤取阿香推雷车。(眉批:结句四平未谐调,然义山《韩碑》已有此句法。)

成都进士杜暹伯升出家,名法通,往来吴中

欲识当年杜伯升,飘然云水一孤僧。若教俯首随缰锁,料得如今似我能。
自注:柳子玉云:通若及第,不过似我。

虎丘寺

(眉批:通体精悍。)

入门无平田,石路穿细岭。阴风生涧壑,古木翳潭井。湛卢谁复见,秋水光耿耿。铁花秀岩壁,杀气噤蛙黾。(眉批:十字精警。"秀"当作"绣"。)幽幽生公堂,左右立顽矿。当年或未信,异类服精猛。胡为百岁后,仙鬼互驰骋。窈然留清诗,读者为悲哽。东轩有佳致,云水丽千顷。熙熙览生物,春意破凄冷。我来属无事,暖日相与永。喜鹊翻初旦,愁鸢蹲落景。坐见渔樵还,新月溪上影。(眉批:查云:细静。)悟彼良自咍,归田行可请。

苏州闾丘、江君二家雨中饮酒二首

小圃阴阴遍洒尘,方塘潋潋欲生纹。已烦仙袂来行雨,莫遣歌声便驻云。肯对绮罗辞白酒,试将文字恼红裙。(眉批:中四句平头。)今宵记取醒时节,点滴空阶独自闻。(眉批:推过一步作结,便脱窠臼。)

五纪归来鬓未霜,十眉环列坐生光。唤船渡口迎秋女,驻马桥边问泰娘。曾把四弦娱白傅,敢将百草斗吴王。(眉批:中四句切脚碍格,四古人名尤碍格。)从今却笑风流守,画戟空凝宴寝香。

苏州姚氏三瑞堂

自注:姚氏世以孝称。

君不见董邵南,隐居行义孝且慈。天公亦恐无人知,故令鸡狗相哺儿,又令韩老为作诗。尔来三百年,名与淮水东南驰。此人世不乏,此事亦时有。枫桥三瑞皆目见,天意宛在虞鳏后。惟有此诗非昔人,君更往求无价手。(眉批:凡鄙太甚。)

次韵沈长官三首

家山何在两忘归,杯酒相逢慎勿违。不独饭山嘲我瘦,也应糠核怪君肥。

男婚已毕女将归,累尽身轻志莫违。闻道山中食无肉,玉池清水自生肥。

造物知吾久念归,似怜衰病不相违。风来震泽帆初饱,雨入松江水渐肥。

戏书吴江三贤画像三首

(眉批:咏古绝句之正格。)

谁将射御教吴儿,长笑申公为夏姬。却遣姑苏有麋鹿,更怜夫子得西施。自注:范蠡。

浮世功劳食与眠,季鹰真得水中仙。不须更说知几早,直为鲈鱼也自贤。自注:张翰。

千首文章二顷田,囊中未有一钱看。却因养得能言鸭,惊破王孙金弹丸。自注:陆龟蒙。(眉批:惜其未能逃名也。用本事点缀有致。)

刘孝叔会虎丘,时王规父斋素祈雨不至二首

白简威犹凛,青山兴已秾。(眉批:此"秾"字不可作"浓淡"之"浓"。)鹤闲云作氅,驼卧草埋峰。跪屦若可教,卜邻应见容。因公问回老,何处定相逢。

太常斋未解,不肯对纤秾。只遣三千履,来游十二峰。林空答清唱,潭净写衰容。归去瑶台路,还应月下逢。

过永乐文长老已卒

初惊鹤瘦不可识,旋觉云归无处寻。三过门间老病死,一弹指顷去来今。

存亡惯见浑无泪,乡井难忘尚有心。欲向钱塘访圆泽,葛洪川畔待秋深。(眉批:查谓:三、四巧对,然作对太巧是一病。特此尚未太碍格,后半曲折顿挫。)

赠张、刁二老

(眉批:疵累太重,三、四乃香山野调。)

两邦山水未凄凉,二老风流总健强。共成一百七十岁,各饮三万六千觞。藏春坞里莺花闹,仁寿桥边日月长。惟有诗人被磨折,金钗零落不成行。

才出杭州,诗便深警,非胸中清思半耗于簿书半耗于游宴耶?信乎!诗非静力不工。虽东坡天才,亦不能于胶胶扰扰时挥洒自如也。

卷十二

古今体诗四十八首

去年秋偶游宝山上方,入一小院阒然无人,有一僧,隐几低头读书。与之语,漠然不甚对。问其邻之僧,曰"此云闍黎也,不出十五年矣"。今年六月自常、润还,复至其室,则死葬数月矣。作诗题其壁

(眉批:出手颇率。)

云师来宝山,一住十五秋。读书尝闭户,客至不举头。去年造其室,清坐忘百忧。我初无言说,师亦无对酬。今来复扣门,空房但飕飀。云已灭无余,薪尽火不留。却疑此室中,常有斯人不。所遇孰非梦,事过吾何求。

听僧昭素琴

(眉批:绝似香山。)

至和无攫醳,至平无按抑。不知微妙声,究竟从何出？散我不平气,洗我不和心。此心知有在,尚复此微吟。

僧惠勤初罢僧职

(眉批:取喻精警,语亦高浑。)

轩轩青田鹤,郁郁在樊笼。既为物所縻,遂与吾辈同。今来始谢去,万事一笑空。新诗如洗出,不受外垢蒙。清风入齿牙,出语如风松。霜髭茁病骨,饥坐听午钟。非诗能穷人,穷者诗乃工。此语信不妄,吾闻诸醉翁。

游灵隐高峰塔

（眉批：直起直收，不着一语，而义蕴甚深。）

言游高峰塔，蓐食治野装。火云秋未衰，及此初旦凉。雾霏岩谷暗，日出草木香。嘉我同来人，久便云水乡。相劝小举足，前路高且长。古松攀龙蛇，怪石坐牛羊。渐闻钟磬音，飞鸟皆下翔。入门空有无，云海浩茫茫。（眉批：写出大善知识境界。）惟见聋道人，老病时绝粮。问年笑不答，但指穴藜床。心知不复来，欲归更彷徨。赠别留匹布，今岁天早霜。

八月十七日天竺山送桂花，分赠元素

月缺霜浓细蕊干，此花元属玉堂仙。鹫峰子落惊前夜，蟾窟枝空记昔年。破戒山僧怜耿介，练裙溪女斗清妍。愿公采撷纫幽佩，莫遣孤芳老涧边。

捕蝗至浮云岭，山行疲苦，有怀子由弟二首

西来烟障塞空虚，洒遍秋田雨不如。新法清平那有此，老身穷苦自招渠。无人可诉乌衔肉，忆弟难凭犬附书。自笑迂疏皆此类，区区犹欲理蝗余。（眉批：亦嫌太露。）

霜风渐欲作重阳，熠熠溪边野菊黄。久废山行疲荦确，尚能村醉（眉批：二字生造。）舞淋浪。独眠林下梦魂好，回首人间忧患长。杀马毁车从此逝，子来何处问行藏。

青牛岭高绝处有小寺，人迹罕到

（眉批：语语脱洒咫尺，而有万里之势。）

暮归走马沙河塘，炉烟袅袅十里香。朝行曳杖青牛岭，寒泉咽咽千山静。君勿笑老僧，耳聋唤不闻，百年俱是可怜人。明朝且复城中去，白云却在题诗处。（眉批：结得缥缈，然中有寓托。不同泛作杳杳冥冥语。）

新城陈氏园次晁补之韵

（眉批：忽作王、孟清音，亦复相似。偶一为之，亦是一种文字。）

荒凉废圃秋，寂历幽花晚。山城已穷僻，况与城相远。二句自好，有意故也。我来亦何事，徙倚望云巘。不见苦吟人，清樽为谁满。

梅圣俞诗中有毛长官者，今於潜令国华也。圣俞殁十五年，而君犹为令，捕蝗至其邑，作诗戏之

诗翁憔悴老一官，厌见苜蓿堆青盘。归来羞涩对妻子，自比鮎鱼缘竹竿。今君滞留生二毛，饱听衙鼓眠黄绸。更将嘲笑调朋友，人道猕猴骑土牛。愿君恰似高常侍，暂为小邑仍刺史。不愿君为孟浩然，却遭明主放还山。（眉批：晚唐五代之下调，东坡何以为之！）宦游逢此岁年恶，飞蝗来时半天黑。羡君封境稻如云，蝗自识人人不识。

与毛令、方尉游西菩寺二首

推挤不去已三年，鱼鸟依然笑我顽。人未放归江北路，天教看尽浙西山。（眉批：查云：三、四香山得意句。）尚书清节衣冠后，处士风流水石间。（眉批：切姓便俗，工部之杜酒张梨不可训也。）一笑相逢那易得，数诗狂语不须删。

路转山腰足未移，水清石瘦便能奇。白云自占东西岭，明月谁分上下池。黑黍黄粱初熟候，朱柑绿橘半甜时。人生此乐须天付，莫遣儿郎取次知。（眉批：已开剑南之派。）

听贤师琴

大弦春温和且平，小弦廉折亮以清。平生未识宫与角，但闻牛鸣盎中雉登木。门前剥啄谁叩门？山僧未闲君勿嗔。归家且觅千斛水，净洗从前筝笛耳。

（眉批：意境甚阔，不知其为四韵诗。）

赠写真何充秀才

君不见潞州别驾眼如电,左手挂弓横撚箭。又不见雪中骑驴孟浩然,皱眉吟诗肩耸山。饥寒富贵两安在,空有遗像留人间。此身常拟同外物,浮云变化无踪迹。问君何苦写我真?君言好之聊自适。黄冠野服山家容,意欲置我山岩中。勋名将相今何限,往写褒公与鄂公。(眉批:意境甚浅。)

回先生过湖州东林沈氏,饮醉,以石榴皮书其家东老庵之壁云"西邻已富忧不足,东老虽贫乐有余。白酒酿来因好客,黄金散尽为收书"。西蜀和仲,闻而次其韵三首。东老,沈氏之老自谓也,湖人因以名之。其子偕作诗,有可观者

世俗何知穷是病,神仙可学道之余。但知白酒留佳客,不问黄公觅素书。
符离道士晨兴际,华岳先生尸解余。忽见黄庭丹篆句,犹传青纸小朱书。
凄凉雨露三年后,仿佛尘埃数字余。至用榴皮缘底事,中书君岂不中书。

李行中醉眠亭三首

已向闲中作地仙,更于酒里得天全。从教世路风波恶,贺监偏工水底眠。
君且归休我欲眠,人言此语出天然。醉中对客眠何害,须信陶潜未若贤。
孝先风味也堪怜,肯为周公昼日眠。枕曲先生犹笑汝,枉将空腹贮遗编。

润州甘露寺弹筝

(眉批:小诗赋琐事,意境却空阔有余。)

多景楼上弹神曲,欲断哀弦再三促。江妃出听雾雨愁,白浪翻空动浮玉。自注:金山名。唤取吾家双凤槽,遣作三峡孤猿号。与君合奏芳春调,啄木飞来霜树杪。

单同年求德兴俞氏聚远楼诗三首

（眉批：此亦应酬诗，但题目不俗，故说来脱洒耳。实按之，则空空无味。）

云山烟水苦难亲，野草幽花各自春。赖有高楼能聚远，一时收拾与闲人。

无限青山散不收，云奔浪卷入帘钩。直将眼力为疆界，何啻人间万户侯。

闻说楼居似地仙，不知门外有尘寰。幽人隐几寂无语，心在飞鸿灭没间。

平山堂次王居卿祠部韵

高会日陪山简醉，狂言屡发次公醒。酒如人面天然白，山向吾曹分外青。（眉批：狂语却蕴藉。）江上飞云来北固，槛前修竹忆南屏。六朝兴废余丘垄，空使奸雄笑宁馨。查注：《吴曾漫录》张谓诗："家无阿堵物，门有宁馨儿。"以"宁"字为去声。刘梦得诗："为问中朝学道者，几人雄猛得宁馨。"以"宁"字为平声。按晋、宋间以"宁馨儿"为不佳也。虽"宁"字平、去二声皆可通用，然张、刘二诗之义则乖矣。东坡亦作仄声。（眉批："宁馨"犹言如是，非不佳之谓。唐人五律往往三平落脚，不得援为仄声之据。刘中山诗却是平声的据。）

次韵陈海州书怀

郁郁苍梧海上山，自注：东海郁州山，云自苍梧浮来。蓬莱方丈有无间。旧闻草木皆仙药，欲弃妻孥守市阛。雅志未成空自叹，故人相对若为颜。酒醒却忆儿童事，长恨双凫去莫攀。自注：陈曾令乡邑。

次韵陈海州乘槎亭

人事无涯生有涯，逝将归钓汉江槎。乘桴我欲从安石，遁世谁能识子嗟。日上红波浮翠巘，潮来白浪卷青沙。清谈美景双奇绝，不觉归鞍带月华。

次韵孙职方苍梧山

苍梧奇事岂虚传，荒怪还须问子年。远托鳌头转沧海，来依鹏背负青天。

或云灵境归贤者,又恐神功亦偶然。(眉批:查云:五、六联从无此流丽。然却是滑调,初白偶然喜之,不可为训。)闻道新春恣游览,羡君平地作飞仙。

次韵孙巨源寄涟水李、盛二著作,并以见寄五绝

南岳诸刘岂易逢,相望无复马牛风。山公虽见无多子,社燕何由恋塞鸿。自注:昔与巨源、刘贡父、刘莘老相遇于山阳,自尔契阔,惟巨源近者复相见于京口。

高才晚岁终难进,勇退当年正急流。不独二疏为可慕,他时当有景孙楼。自注:巨源近离东海,郡有景疏楼。

漱石先生难可意,自注:谓巨源。啮毡校尉久无朋。自注:自谓。(眉批:切姓可厌,此格最俗,况"啮毡"犹不切情事。)应知客路愁无奈,故遣吟诗调李陵。自注:谓李君也。

云雨休排神女车,忠州老病畏人夸。诗豪正值安仁在,空看河阳满县花。自注:盛为邑宰。

胶西未到吾能说,桑柘禾麻不见春。不羡京城骑马客,羡他淮月弄舟人。

王莽

汉家殊未识经纶,入手功名事事新。百尺穿成连夜井,千金购得解飞人。

董卓

公业平时劝用儒,诸公何事起相图。只言天下无健者,岂信车中有布乎?
(眉批:虽有寓意,诗殊不佳。以东坡之故,而曲为之说。宋人多有此习气。)

虎儿

旧闻老蚌生明珠,未省老兔生於菟。老兔自谓月中物,不骑快马骑蟾蜍。蟾蜍爬沙不肯行,坐令青衫垂白须。於菟骏猛不类渠,指挥黄熊驾黑貂。丹砂紫麝不用涂,眼光百步走妖狐。妖狐莫夸智有余,不劳摇牙咀尔徒。

除夜病中赠段屯田

（眉批：语皆精炼。）

龙钟三十九，劳生已强半。岁暮日斜时，还为昔人叹。自注：乐天诗云："行年三十九，岁暮日斜时。"今年一线在，那复堪把玩。欲起强持酒，故交云雨散。惟有病相寻，空斋为老伴。萧条灯火冷，寒夜何时旦。倦仆触屏风，饥鼯嗅空案。数朝闭阁卧，霜发秋蓬乱。传闻使者来，策杖就梳盥。书来苦安慰，不怪迟请缓。大夫忠烈后，高义金石贯。要当击权豪，未肯觑衰懦。（眉批：借太尉生出波澜，非他诗切姓之比。）此生何所似，暗尽灰中炭。归田计已决，此邦聊假馆。三径粗成资，一枝有余暖。愿君更信宿，庶奉一笑粲。

乔太博见和，复次韵答之

百年三万日，老病常居半。其间互忧乐，歌笑杂悲叹。颠倒不自知，直为神所玩。（眉批：谐语却奇确。）须臾便堪笑，万事风雨散。自从识此理，久谢少年伴。逝将游无何，岂暇读城旦。非才更多病，二事可并案。愧烦贤使者，弭节整纷乱。乔侯瑚琏质，清庙尝荐盥。奋髯百吏走，坐变齐俗缓。未遭甘鹖退，并进耻鱼贯。每闻议论余，凛凛激贪懦。莫邪当自跃，岂复烦炉炭。便应朝秣越，未暮刷燕馆。（眉批：二句譬剑，又忽二句譬马，而马字不出明文，竟承莫邪说下，殊不了了。此为韵所牵耳。）胡为守故丘，眷恋桑榆暖。为君叩牛角，一咏南山粲。

二公再和亦再答之

（眉批：此首无和韵之迹，连作三比而头绪秩然，非前首夹杂之比。）

寒鸡知将晨，饥鹤知夜半。亦如老病客，遇节尝感叹。光阴等敲石，过眼不容玩。亲友如抟沙，放手还复散。羁孤每自笑，寂寞谁肯伴。元达号神君，高论森月旦。纪明本贤将，自注：段释之，本将家。汩没事堆案。欣然肯相顾，夜阁灯火乱。盘空愧不饱，酒薄仅堪盥。雍容许著帽，不怪安石缓。虽无窈窕人,清唱弄珠贯。幸有纵横舌,说剑起慵懦。二豪沉下位,暗火埋湿炭。岂似草玄人,默默老儒馆。行看富贵逼,炙手借余暖。应念苦思归,登楼赋王粲。

雪后书北台壁二首

(眉批:二诗徒以窄韵得名,实非佳作。)

黄昏犹作雨纤纤,夜静无风势转严。但觉衾裯如泼水,不知庭院已堆盐。五更晓色来书幌,半月一作夜。(眉批:作"半夜"则不似雪,作"半月"指晴后之檐溜,又与末二句不贯。)寒声落画檐。试扫北台看马耳,未随埋没有双尖。

城头初日始翻鸦,陌上晴泥已没车。冻合玉楼寒起粟,光摇银海眩生花。遗蝗入地应千尺,宿麦连云有几家。(眉批:《瀛奎律髓》作"万家"。)老病自嗟诗力退,空吟《冰柱》忆刘叉。(眉批:此首较可。)

谢人见和前篇二首

(眉批:查云:先生自和已不能佳,后人乃好用此韵作雪诗,何也?)

已分酒杯欺浅懦,敢将诗力斗深严。渔蓑句好应须画,柳絮才高不道咸。败履尚存东郭足,飞花又舞谪仙檐。书生事业真堪笑,忍冻孤吟笔退尖。(眉批:此句强。)

九陌凄风战齿牙,银杯逐马带随车。(眉批:去一缟字便不是雪。)也知不作坚牢玉,无奈能开顷刻花。得酒强欢愁底事,闭门高卧定谁家。台前日暖君须爱,冰下寒鱼渐可叉。

赵成伯家有丽人,仆忝乡人,不肯开樽,徒吟春雪美句,次韵一笑

绣帘朱户未曾开,谁见梅花落镜台。试问高吟三十韵,自注:世言,检死秀才衣带上,有《雪》诗三十韵。何如低唱两三杯。自注:世传陶穀学士买得党太尉家故伎。遇雪,陶取雪水烹团茶,谓伎曰:"党家应不识此?"伎曰:"彼粗人安有此景,但能于销金暖帐下浅斟低唱,吃羊羔儿酒。"陶默然愧其言。莫言衰鬓聊相映,须得纤腰与共回。

(眉批:中四句虚字平头。)知道文君隔青琐,梁园赋客肯言才。自注:聊答来句,义取妇人而已,罪过,罪过。

成伯家宴造坐无由,辄欲效颦而酒已尽,入夜不欲烦扰,戏作小诗,求数酌而已

(眉批:此二首当时原不当做诗,后人炫博收之,为累不小。)

道士令严难继和,僧伽帽小却空回。隔篱不唤邻翁饮,抱瓮须防吏部来。自注:《道士令》,《悦神乐》中所谓离而复合者。

成伯席上赠所出妓川人杨姐

坐来真个好相宜,深注唇儿浅画眉。须信杨家佳丽种,洛川自有浴妃池。

铁沟复赠乔太博

城东坡陇何所似?风吹海涛低复起。城中病守无所为,走马来寻铁沟水。铁沟水浅不容舻,恰似当年韩与侯。有鱼无鱼何足道,驾言聊复写我忧。孤村野店亦何有,欲发狂言须斗酒。山头落日侧金盆,倒著接䍦搔白首。忽忆从军年少时,轻裘细马百不知。臂弓腰箭南山下,追逐长杨射猎儿。老去同君两憔悴,犯夜醉归人不避。明年定起故将军,未肯先诛霸陵尉。(眉批:文境拓开,音节亦直逼唐人。)

莫笑银杯小答乔太博

陶潜一县令,独饮仍独醒。犹将公田二顷五十亩,种秫作酒不种粳。我今号为二千石,岁酿百石何以醉宾客。请君莫笑银杯小,尔来岁旱东海窄。会当拂衣归故丘,作书贷粟监河侯。万斛船中著美酒,与君一生长拍浮。

卷十三

古今体诗四十三首

送段屯田分得于字

(眉批:通篇不见送段之意,恐有脱讹,诗语却极矫健。)

劝农使者古大夫,不惜春衫践泥涂。王事靡盬君甚劬,奉常客卿虬两须。东武县令天马驹,泮宫先生非俗儒。相与野饮四子俱,乐哉此乐城中无。溪边策杖自携壶,腰笏不烦何易于。(眉批:用一事而两面俱到。有此二句,方不是直头布袋。)胶西病守老且迂,空斋愁坐纷墨朱。四十岂不知头颅,畏人不出何其愚。

和段屯田荆林馆

南山有佳色,无人空自奇。清诗为题品,草木变芬菲。谢女得秀句,留待中郎归。便当勤鞭策,仆倦马亦饥。自注:段有侄女在密州。

出城送客不及,步至溪上二首

(眉批:二诗皆老笔直写,无根柢人效之便成浅率。)

送客客已去,寻花花未开。未能城里去,且复水边来。父老借问我,使君安在哉。如此写"步"字神妙。今年好风雪,会见麦千堆。

春来六十日,笑口几回开。会作堂堂去,何妨得得来。倦游行老矣,旧隐赋归哉。东望峨眉小,卢山翠作堆。自注:郡东卢山,绝类峨眉而小。(眉批:绾合得不寂寞。)

游卢山,次韵章传道

尘容已似服辕驹,野性犹同纵壑鱼。出入岩峦千仞表,较量筋力十年初。

虽无窈窕驱前马,还有鸱夷挂后车。莫笑吟诗淡生活,当令阿买为君书。(眉批:前四句自佳,后半无聊塞白耳。)

卢山五咏

卢敖洞

自注:《图经》云:敖,秦博士,避难此山,遂得道。

上界足官府,飞升亦何益。还在此山中,相逢不相识。(眉批:不必定是卢敖洞诗,而借以托意,语自可喜。)

饮酒台

博士雅好饮,空山谁与娱。莫向骊山去,君王不喜儒。(眉批:此首太直,反不如前首之不切。)

圣灯岩

石室有金丹,山神不知秘。何必吐光芒,夜半惊童稚。(眉批:有"至人贵忘机"之感。)

三　泉

皎皎岩下泉,无人还自洁。不用比三星,清光同一月。

障日峰

长安自不远,蜀客苦思归。莫教名障日,唤作小峨眉。自注:其状类峨眉,俱小尔。(眉批:坐煞反成死句,不如步至溪上诗多矣。诗家往往同一意而工拙不同,只争运笔耳。)

次韵章传道喜雨

自注:祷常山而得。

(眉批:通体老健。)

去年夏旱秋不雨,海畔居民饮咸苦。今年春暖欲生蝗,地上戢戢多于土。(眉批:只说旱蝗相资之苦,而雨之可喜自见。此背面烘托之法。)预忧一旦开两翅,口吻如凤那肯吐。前时渡江入吴越,布阵横空如项羽。自注:去岁钱塘见飞蝗自西北来,极可畏。农夫拱手但垂泣,人力区区固难御。扑缘鬣尾困牛马,啖啮衣服穿房户。坐观不救亦何心,秉畀炎火传自古。荷锄散掘谁敢后,得米济饥还小补。常山山神信英烈,拗驾雷公诃电母。应怜郡守老且愚,欲把疮痍手摩抚。山中归时风色变,中路已觉商羊舞。夜窗骚骚闹松竹,朝畦泫泫流膏乳。从来蝗旱必相资,此事吾闻老农语。庶将积润扫遗孽,收拾丰岁还明主。县前已窖八千斛,自注:今春及今,得蝗子八千余斛。率以一升完一亩。更看蚕妇过初眠,自注:蚕一眠,则蝗不复生矣。未用贺客来旁午。(眉批:入得稍突。)先生笔力吾所畏,蹴踏鲍谢跨徐庾。偶然谈笑得佳篇,便恐流传成乐府。陋邦一雨何足道,吾君盛德九州普。《中和》《乐职》几时作?试向诸生选何武。

谢郡人田、贺二生献花

(眉批:本色语,极老健。此老境不易效,无其火候而效之,便入香山门户。)

城里田员外,城西贺秀才。不愁家四壁,自有锦千堆。珍重尤奇品,艰难最后开。芳心困落日,薄艳战轻雷。自注:昨日雷雨。老守尤多病,壮怀先已灰。殷勤此粲者,自注:贺献魏花三朵。攀折为谁哉?玉腕揎红袖,金樽泻白醅。何当镊霜鬓,强插满头回。

惜　花

(眉批:信手写出,有曲折自如之妙。)

吉祥寺中锦千堆,自注:钱塘花最盛处。前年赏花真盛哉。道人劝我清明来,腰鼓百面如春雷,打彻凉州花自开。沙河塘上插花回,醉倒不觉吴儿咍,岂知如今双鬓摧。城西古寺没蒿莱,有僧闭门手自栽,千枝万叶巧剪裁。就中一丛何所似,马瑙盘盛金缕杯。而我食菜方清斋,对花不饮花应猜。夜来雨雹如李梅,红残绿暗吁可哀。自注:钱塘吉祥寺花为第一。壬子清明赏会最盛,金盘、彩篮以献于座者五十三人。夜归沙河塘上,观者如山,尔后无复继也。今年,诸家园圃花亦极盛,而龙兴僧房一丛尤奇。但衰病牢落,自无以发兴耳。昨日雨雹,知此花之存者有几,可为太息也。(眉批:柏梁体间一句用韵,体例俟考。)

和顿教授见寄,用除夜韵

我笑陶渊明,种秫二顷半。妇言既不用,还有责子叹。无弦则无琴,何必劳抚玩。(眉批:入手恣逸之至,惜后幅有瑕耳。)我笑刘伯伦,醉发蓬茅散。二豪苦不纳,独以锸自伴。既死何用埋,此身同夜旦。孰云二子贤?自结两重案。笑人还自笑,出口谈治乱。(眉批:出落轻捷。)一生溷尘垢,晚以道自盥。无成空得懒,坐此百事缓。仄闻顿夫子,讲道出新贯。岂无一尺书,恐不记庸懦。(眉批:二句语意不醒豁。)陋邦贫且病,数米铢称炭。惭愧章先生,十日坐空馆。袖中出子诗,贪读酒屡暖。狂言各须慎,勿使输薪粲。(眉批:二句亦太露、太直。)

和子由四首

韩太祝送游太山

(眉批:全答子由末二句意。)

偶作郊原十日游,未应回首厌笼囚。但教尘土驱驰足,终把云山烂漫酬。闻道逢春思濯锦,更须到处觅菟裘。恨君不上东封顶,夜看金轮出九幽。

送 春

梦里青春可得追,欲将诗句绊余晖。酒阑病客惟思睡,蜜熟黄蜂亦懒飞。(眉批:四句对得奇变,此对面烘托之法。)芍药樱桃俱扫地,鬓丝禅榻两忘机。凭君借取《法界观》,一洗人间万事非。自注:来书云,近看此书,余未尝见也。(眉批:上句五仄落脚,下句"万"字宜用平声。)

首夏官舍即事

安石榴花开最迟,绛裙深树出幽菲。吾庐想见无限好,客子倦游胡不归。(眉批:三、四宋调之清历者。)坐上一樽虽得满,古来四事巧相违。令人却忆湖边寺,垂柳阴阴昼掩扉。(眉批:结句复第三句。)

送李供备席上和李诗

家声赫奕盖并凉,也解微吟锦瑟旁。擘水取鱼湖起浪,引杯看剑坐生光。风流别后人人忆,才器归来种种长。不用更贪穷事业,风骚分付与沉湘。(眉批:查云:"语含讽刺,起结一意。"然此即和刘景文诗。烈士家风,安用此意?借写牢骚则有之,无讽其不必作诗之意。)

西 斋

西斋深且明,中有六尺床。病夫朝睡足,危坐觉日长。昏昏既非醉,踽踽亦非狂。褰衣竹风下,穆然中微凉。起行西园中,草木含幽香。榴花开一枝,桑枣沃以光。鸣鸠得美荫,困立忘飞翔。黄鸟亦自喜,新音变圆吭。杖藜观物化,亦以观我生。万物各得时,我生日皇皇。(眉批:善写夷旷之意,善用托染之笔,写物处全是自写。音节、字句亦皆一一入古,此东坡极经意之作。)

小 儿

小儿不识愁,起坐牵我衣。我欲嗔小儿,老妻劝儿痴。儿痴君更甚,不乐愁何为?还坐愧此言,洗盏当我前。大胜刘伶妇,区区为酒钱。

寄刘孝叔

(眉批:灏气旋转,伸缩自如。托讽处亦不甚激。)

君王有意诛骄卤,椎破铜山铸铜虎。联翩三十七将军,走马西来各开府。南山伐木作车轴,东海取鼍漫战鼓。(眉批:"漫"当作"鞔"。)汗流奔走谁敢后,恐乏军兴污资斧。保甲连村团未遍,方田讼牒纷如雨。尔来手实降新书,抉剔根株穷脉缕。诏书恻怛信深厚,吏能浅薄空劳苦。(眉批:二句诗人之笔。)平生学问只流俗,众里笙竽谁比数。忽令独奏《凤将雏》,仓卒欲吹那得谱?(眉批:妙于用比,便不露激讦之痕。前人立比体,原为一种难着语处开法门。)况复连年苦饥馑,剥啮草木咦泥土。今年雨雪颇应时,又报蝗虫生翅股。忧来洗盏欲强醉,寂寞虚斋卧空甒。公厨十日不生烟,更望红裙踏筵舞。故人屡寄山中信,只有当归无别语。方将雀鼠偷太仓,未肯衣冠挂神武。吴兴丈人真得道,平日立朝非小补。四方冠盖闹如云,归作二浙湖山主。高踪已自杂渔钓,大隐何曾弃簪组。去年相从殊未足,问道已许谈其粗。逝将弃官往卒业,俗缘未尽那得睹。公家只在雪溪上,上有白云如白羽。应怜进退苦皇皇,更把安心教初祖。

孔长源挽词二首

少年才气冠当时,晚节孤风益自奇。君胜宜为夫子后,林宗不愧蔡邕碑。南荒尚记诛元恶,东越谁能事细儿。耆旧如今几人在,为君无憾为时悲。(眉批:太激便伤雅。)

小堰门头柳系船,吴山堂上月侵筵。潮声夜半千岩响,诗句明朝万口传。自注:长源自越过杭,夜饮有美堂上联句。长源诗云:"天目远随双凤落,海门遥蹙两潮趋。"一坐称善。岂意日斜庚子后,忽惊岁在巳辰年。(眉批:"巳辰"倒用,牵于声病耳。)佳城一闭无穷事,南望题诗泪洒笺。

寄吕穆仲寺丞

孤山寺下水侵门,每到先看醉墨痕。楚相未亡谈笑是,中郎不见典刑存。自注:杭有伶人善学吕,举措酷似。别后,常令作之以为笑。(眉批:二句俱是殁后,典故用来欠亲切。)君先去踏尘埃陌,我亦来寻桑枣村。回首西湖真一梦,灰心霜鬓更休论。

余主簿母挽词

闺庭兰玉照乡闾,自昔虽贫乐有余。岂独家人在中馈,却因《麟趾》识《关雎》。云軿忽已归仙府,乔木依然拥旧庐。忍把还乡千斛泪,一时洒向老莱裾。

送赵寺丞寄陈海州

景疏楼上唤娥眉,君到应先诵此诗。若见孟公投辖饮,莫忘冲雪送君时。

答陈述古二首

漫说山东第二州,枣林桑泊负春游。城西亦有红千叶,人老簪花却自羞。

小桃破萼未胜春,罗绮丛中第一人。闻道使君归去后,舞衫歌扇总生尘。

自注:陈有小妓,述古称之。(眉批:注:"陈有"疑当作"杭有"。)

张安道乐全堂

列子御风殊不恶,犹被庄生讥数数。步兵饮酒中散琴,于此得全非至乐。乐全居士全于天,维摩丈室空儵然。(眉批:接法入化。)平生痛饮今不饮,无琴不独琴无弦。我公天与英雄表,龙章凤姿照鱼鸟。但令端委坐庙堂,北狄西戎谈笑了。(眉批:着一顿挫,方不直致。)如今老去苦思归,小字亲书寄我诗。试问乐全全底事,无全何处更相亏。(眉批:结处稍嫌偈颂气。)

张文裕挽词

高才本出朝廷右,能事方推德业余。每见便闻曹植句,至今传宝魏华书。济南名士新凋丧,剑外生祠已洁除。欲寄西风两行泪,依然乔木郑公庐。

怀西湖寄晁美叔同年

西湖天下景,游者无愚贤。浅深随所得,谁能识其全。嗟我本狂直,早为世所捐。独专山水乐,付与宁非天。三百六十寺,幽寻遂穷年。所至得其妙,心知口难传。至今清夜梦,耳目余芳鲜。君持使者节,风采烁云烟。清流与碧巘,安肯为君妍?胡不屏骑从,暂借僧榻眠。(眉批:即次山"莫遣车马来,使我鸟兽惊"意。)读我壁间诗,清凉洗烦煎。(眉批:说来太直致,便似尊己凌人。)策杖无道路,直造意所便。应逢古渔父,苇间自延缘。问道若有得,买鱼勿论钱。

和梅户曹会猎铁沟

山西从古说三明,谁信儒冠也捍城。竿上鲸鲵犹未掩,自注:近象数盗。草中狐兔不须惊。东州赵傁饮无敌,南国梅仙诗有声。不向如皋闲射雉,归来何以得卿卿。自注:是日惟梅、赵不射。

祭常山回小猎

青盖前头点皂旗,(眉批:"旗"当作"旂"。)黄茅冈下出长围。弄风骄马跑空立,趁兔苍鹰掠地飞。回望白云生翠巘,归来红叶满征衣。(眉批:写得兴致。)圣明若用西凉簿,白羽犹能效一挥。(眉批:"白"字复。)

和章七出守湖州二首

方丈仙人出渺茫,高情犹爱水云乡。功名谁使连三捷,身世何缘得两忘。早岁归休心共在,他年相见话偏长。(眉批:查云:五、六淡语似乐天,亦似牧之。)只因未报君恩重,清梦时时到玉堂。

绛阙云台总有名,应须极贵又长生。(眉批:次句故作夸张,中含微讽。)鼎中龙虎黄金贱,松下龟蛇绿骨轻。自注:君好炉火而饵茯苓。雪水未浑缨可濯,弁峰初见眼应明。两厄春酒真堪羡,独占人间分外荣。

次韵刘贡父、李公择见寄二首

白发相望两故人,眼看时事几番新。曲无和者应思郢,论少卑之且借秦。(眉批:三、四宋调之不佳者。)岁恶诗人无好语,自注:公择来诗,皆道吴中饥苦之状。夜长鳏守向谁亲?自注:贡父近丧偶。少思多睡无如我,鼻息雷鸣撼四邻。

何人劝我此间来?弦管生衣甑有埃。绿蚁沾唇无百斛,蝗虫扑面已三回。(眉批:四句太质。)磨刀入谷追穷寇,洒涕循城拾弃孩。为郡鲜欢君莫叹,犹胜尘土走章台。

和张子野见寄三绝句

过旧游
前生我已到杭州,到处长如到旧游。更欲洞霄为隐吏,一庵闲地且相留。

见题壁
狂吟跌宕无风雅,醉墨淋漓不整齐。应为诗人一回顾,山僧未忍扫黄泥。

竹阁见忆
柏堂南畔竹如云,此阁何人是主人?但遣先生披鹤氅,不须更画乐天真。

和蒋夔寄茶

(眉批:开合变动,笔力不凡。)

我生百事常随缘,四方水陆无不便。扁舟渡江适吴越,三年饮食穷芳鲜。金齑玉脍饭炊雪,海螯江柱初脱泉。临风饱食甘寝罢,一瓯花乳浮轻圆。自从舍舟入东武,沃野便到桑麻川。剪毛胡羊大如马,谁记鹿角腥盘筵。厨中蒸粟堆饭瓮,大杓更取酸生涎。自注:山东喜食粟饭,饮酸酱。柘罗铜碾弃不用,脂麻白土须盆研。故人犹作旧眼看,谓我好尚如当年。沙溪北苑强分别,水脚一线争谁先。清诗两幅寄千里,紫金百饼费万钱。吟哦烹嚼两奇绝,只恐偷乞烦封缠。老妻稚子不知爱,一半已入姜盐煎。人生所遇无不可,南北嗜好知谁贤。死生祸福久不择,更论甘苦争蚩妍。知君穷旅不自释,因诗寄谢聊相镵。(眉批:结处一齐翻尽,乃通篇俱化烟云。笔墨脱洒之至。)

光禄庵二首

文章恨不见文园,礼乐方将访石泉。何事庵中着光禄,枉教闲处笔如椽。
城中太守的何人,林下先生非我身。若向庵中觅光禄,雪中履迹镜中真。

卷十四

古今体诗六十六首

立春日，病中邀安国，仍请率禹功同来。仆虽不能饮，当请成伯主会，某当杖策倚几于其间，观诸公醉笑，以拨滞闷也，二首

孤灯照影夜漫漫，拈得花枝不忍看。白发敲簪羞彩胜，黄耆煮粥荐春盘。东方烹狗阳初动，南陌争牛卧作团。（眉批：五句滞笨，六句鄙俚。）老子从来兴不浅，向隅谁有满堂欢。

斋居卧病禁烟前，辜负名花已一年。此日使君不强喜，早春风物为谁妍。青衫公子家千里，白发先生杖百钱。曷不相将来问病，已教呼取散花天。（眉批：结处言有官妓耳，然截去"女"字似不成文。）

答李邦直

美人如春风，着物物未知。羁愁似冰雪，见子先流澌。子从徐方来，吏民举熙熙。扶病出见之，惊我一何衰。知我久慵倦，起我以新诗。诗词如醇酒，盎然熏四支。径饮不觉醉，欲和先昏疲。西斋有蛮帐，风雨夜纷披。放怀语不择，抚掌笑脱颐。别来今几何，春物已含姿。柳色日夜暗，子来竟何时。徐方虽云乐，东山禁游嬉。又无狂太守，何以解忧思。闻子有贤妇，华堂咏《螽斯》。曷不倒囊橐，卖剑买蛾眉。不用教丝竹，唱我新歌词。

和文与可洋川园池三十首

湖　桥

朱栏画柱照湖明，白葛乌纱曳履行。桥下龟鱼晚无数，识君挂杖过桥声。

（眉批：暗用堂堂策策事，写出闲逸。）

横　湖

贪看翠盖拥红妆，不觉湖边一夜霜。卷却天机云锦段，从教匹练写秋光。

（眉批：就原唱翻入一层。）

书　轩

雨昏石砚寒云色，风动牙签乱叶声。庭下已生书带草，使君疑是郑康成。

冰　池

不嫌冰雪绕池看，谁似诗人巧耐寒。记取羲之洗砚处，碧琉璃下黑蛟蟠。

竹　坞

晚节先生道转孤，岁寒惟有竹相娱。粗才杜牧真堪笑，唤作军中十万夫。

（眉批：颇作意，然亦无味。）

荻　蒲

雨折霜干不耐秋，白花黄叶使人愁。月明小艇湖边宿，便是江南鹦鹉洲。

蓼　屿

秋归南浦蟪蛄鸣，霜落横湖沙水清。卧雨幽花无限思，抱丛寒蝶不胜情。

望云楼

阴晴朝暮几回新，已向虚空付此身。出本无心归亦好，白云还似望云人。

（眉批：纯用宋格，然较胜唐，装而空调。）

天汉台

漾水东流旧见经，（眉批：字腐。）银潢左界上通灵。此台试向天文觅，阁道中间第几星。

待月台

（眉批：写"待"字好，惟嫌不似寄题耳。）

月与高人本有期，挂檐低户映蛾眉。只从昨夜十分满，渐觉冰轮出海迟。

二乐榭

此间真趣岂容谈，二乐并君已是三。仁智更烦诃妄见，坐令鲁叟作瞿昙。

自注:来诗云,"二见因妄生"。(眉批:此则宋格之恶者。)

瀓泉亭

闻道池亭胜两川,应须烂醉答云烟。劝君多拣长腰米,消破亭中万斛泉。

吏隐亭

纵横忧患满人间,颇怪先生日日闲。昨夜清风眠北牖,朝来爽气在西山。

霜筠亭

解箨新篁不自持,婵娟已有岁寒姿。要看凛凛霜前意,须待秋风粉落时。

无言亭

(眉批:气机一片。)

殷勤稽首维摩诘,敢问如何是法门。弹指未终千偈了,向人还道本无言。

(眉批:此宋格而不嫌宋格者。无言亭先是宋题,则不得不作宋诗矣。)

露香亭

亭下佳人锦绣衣,满身璎珞缀明玑。晚香消歇无寻处,花已飘零露已晞。

(眉批:三句针对原唱末句意。)

涵虚亭

水轩花榭两争妍,秋月春风各自偏。惟有此亭无一物,坐观万景得天全。

溪光亭

决去湖波尚有情,却随初日动檐楹。溪光自古无人画,凭仗新诗与写成。

(眉批:本色语,却极清楚。)

过溪亭

身轻步隐去忘归,四柱亭前野彴微。忽悟过溪还一笑,水禽惊落翠毛衣。

(眉批:末句渲染有神。)

披锦亭

烟红露绿晓风香,燕舞莺啼春日长。谁道使君贫且老,绣屏锦帐咽笙簧。

禊　亭

曲池流水细鳞鳞,高会传觞似洛滨。红粉翠蛾应不要,画船来往胜于人。

菡萏亭

日日移床趁下风,清香不断思何穷。若为化作龟千岁,巢向田田乱叶中。

荼蘼洞

半雨半晴寒食夜,野荼蘼发暗香来。分无素手簪罗髻,且折霜蕤浸玉醅。

筼筜谷

汉川修竹贱如蓬,斤斧何曾赦箨龙。料得清贫馋太守,渭川千亩在胸中。

(眉批:粗犷。)

寒芦港

溶溶晴港漾春晖,芦笋生时柳絮飞。还有江南风物否?桃花流水鲎鱼肥。

(眉批:寄题亦须一见。)

野人庐

少年辛苦事犁锄,刚厌青山绕故居。老觉华堂无意味,却须时到野人庐。

(眉批:浅语却真。)

此君庵

寄语庵前抱节君,与君到处合相亲。写真虽是文夫子,我亦真堂作记人。

(眉批:波峭多姿。)

香橙径

金橙纵复里人知,不觉鲈鱼价自低。须是松江烟雨里,小船烧薤捣香齑。

南　园

不种夭桃与绿杨,使君应欲候农桑。桑畴雨过罗纨腻,麦垄风来饼饵香。

北　园

汉水巴山乐有余,一麾从此首归途。北园草木凭君问,许我他年作主无?

(眉批:三十首各自为意,然《湖桥》一首确是总起,此首确是总结。而又各自还本位,不着痕迹,此布局之妙。)

寄题刁景纯藏春坞

白首归来种万松,待看千尺舞霜风。年抛造物陶甄外,春在先生杖屦中。

杨柳长齐低户暗,樱桃烂熟滴阶红。何时却与徐元直,共访襄阳庞德公。

玉盘盂二首

东武旧俗,每岁四月,大会于南禅、资福两寺,以芍药供佛。而今岁最盛,凡七千余朵,皆重跗累萼,繁丽丰硕。中有白花,正圆如覆盂,其下十余叶稍大,承之如盘,姿格绝异,独出于七千朵之上。云:得之于城北苏氏园中,周宰相莒公之别业也,而其名甚俚,乃为易之。

杂花狼籍占春余,芍药开时扫地无。两寺妆成宝璎珞,一枝争看玉盘盂。佳名会作新翻曲,绝品难逢旧画图。从此定知年谷熟,姑山亲见雪肌肤。

花不能言意可知,令君痛饮更无疑。但持白酒劝佳客,直待琼舟覆玉彝。负郭相君初择地,看羊属国首吟诗。(眉批:查云:黏苏字痕迹不化。)吾家岂与花相厚,更问残芳有几枝。

和潞公超然台次韵

我公厌富贵,常苦勋业寻。(眉批:次句欠妥。)相期赤松子,永望白云岑。清风出谈笑,万窍为号吟。吟成超然诗,洗我蓬之心。嗟我本何人,麋鹿强冠襟。身微空志大,交浅屡言深。嘱公如得谢,呼我幸寄音。但恐酒钱尽,烦公挥橐金。

闻乔太博换左藏知钦州,以诗招饮

(眉批:古人不忌讳,今用此韵则骇矣。)

今年果起故将军,幽梦清诗信有神。马革裹尸真细事,虎头食肉更何人。阵云冷压黄茅瘴,羽扇斜挥白葛巾。痛饮从今有几日,西轩月色夜来新。(眉批:招饮说得真至。)

乔将行,烹鹅、鹿出刀剑以饮客,以诗戏之

破匣哀鸣出素虬,倦看鹅鹳听呦呦。(眉批:"哀鸣"字不妥,次句凑。)明朝只

恐兼烹鹤,此去还须却佩牛。便可先呼报恩子,不妨仍带醉乡侯。他年万骑归应好,奈有移文在故丘。(眉批:有不满于乔之意,其语太直。)

奉和成伯,兼戏禹功

金钱石竹道傍秋,翠黛红裙马上讴。无限小儿齐拍手,山公又作习池游。

寄黎眉州

胶西高处望西川,应在孤云落照边。瓦屋寒堆春后雪,峨眉翠扫雨余天。治经方笑《春秋》学,好士今无六一贤。自注:君以《春秋》受知欧阳文忠公,公自号六一居士。且待渊明赋归去,共将诗酒趁流年。(眉批:悬空掷笔而下,起势极为超拔。三、四接得有力,后半亦沉着。)

和赵郎中捕蝗见寄次韵

(眉批:不免有努力之状。)

麦穗人许长,谷苗牛可没。天公独何意,忍使蝗虫发。驱攘著令典,农事安可忽。我仆既胼胝,我马亦款矻。飞腾渐云少,筋力亦已竭。苟无百篇诗,何以醒睡兀。初如疏畎浍,渐若决瀣渤。往来供十吏,腕脱不容歇。平生轻妄庸,熟视笑魏勃。爱君有逸气,诗坛专斩伐。(眉批:"斩伐"趁韵。)民病何时休,吏职不可越。慎毋及世事,向空书咄咄。(眉批:结亦露。)

登常山绝顶广丽亭

西望穆陵关,东望琅邪台。南望九仙山,北望空飞埃。相将叫虞舜,遂欲归蓬莱。嗟我二三子,狂饮亦荒哉。红裙欲仙去,长笛有余哀。清歌入云霄,妙舞纤腰回。自从有此山,白日封苍苔。何尝有此乐,将去复徘徊。人生如朝露,白发日夜催。弃置当何言,万劫终飞灰。(眉批:篇幅不长,而气脉极阔。一起从老杜"熊罴咆我东"四句化出。好在作起笔,若在中间则凡语矣。)

薄薄酒二首

胶西先生赵明叔,家贫好饮,不择酒而醉。常云:"薄薄酒,胜茶汤;丑丑妇,胜空房。"其言虽俚,而近乎达,故推而广之,以补东州之乐府;既又以为未也,复自和一篇,聊以发览者之一噱云尔。

(眉批:此种究是野调,以近俗易解,故传诵者众耳。)

薄薄酒,胜茶汤;粗粗布,胜无裳;丑妻恶妾胜空房。五更待漏靴满霜,不如三伏日高睡足北窗凉。珠襦玉柙万人相送归北邙,不如悬鹑百结独坐负朝阳。生前富贵,死后文章,百年瞬息万世忙。夷齐盗跖俱亡羊,不如眼前一醉是非忧乐两都忘。

薄薄酒,饮两钟;粗粗布,着两重;美恶虽异醉暖同,丑妻恶妾寿乃公。隐居求志义之从,本不计较东华尘土北窗风。百年虽长要有终,富死未必输生穷。但恐珠玉留君容,千载不朽遭樊崇。文章自足欺盲聋,谁使一朝富贵面发红。达人自达酒何功,世间是非忧乐本来空。

同年王中甫挽词

先帝亲收十五人,自注:仁宗朝贤良十五人,今惟富郑公、张宣徽、钱纯老及余与舍弟在耳。四方争看击鹏鹍。如君事业真堪用,顾我衰迟不足论。出处升沉十年后,死生契阔几人存。他时京口寻遗迹,宿草犹应有泪痕。(眉批:其言沉着,非他挽诗有文无情之比。)

奉和成伯大雨中会客解嘲

乐事难并真实语,坐排用意多乖误。兴来取次或成欢,瓦钩却胜黄金注。我生祸患久不择,肯为一时风雨阻!天公变化岂有常,明月行看照归路。

七月五日二首

(眉批:不作古音,而自有古意。)

避谤诗寻医,畏病酒入务。萧条北窗下,长日谁与度。今年苦炎热,草木困薰煮。况我早衰人,幽居气如缕。秋来有佳兴,秫稻已含露。还复此微吟,往和糟床注。

何处觅新秋？萧然北台上。秋来未云几,风日已清亮。（眉批：何不用"清旷"？）云间耸孤翠,林表浮远涨。新枣渐堪剥,晚瓜犹可饷。西风送落日,万窍含凄怆。（眉批：警切。）念当急行乐,白发不汝放。

赵郎中见和,戏复答之

（眉批：亦是滑调。）

赵子吟诗如泼水,一挥三百六十字。奈何效我欲寻医,恰似西施藏白地。赵子饮酒如淋灰,一年十万八千杯。若不令君早入务,饮竭东海生黄埃。我衰临政多缪错,羡君精采如秋鹗。颇哀老子令日饮,为君坐啸主画诺。

次韵周邠寄《雁荡山图》二首

指点先凭采药翁,丹青化出大槐宫。眼明小阁浮烟翠,齿冷新诗嚼雪风。（眉批："齿冷"字欠自然。）二华行看雄陕右,九仙今已压京东。自注：将赴河中,密迩太华,九仙在东武,奇秀不灭雁荡也。此生的有寻山分,已觉温台落手中。

西湖三载与君同,马入尘埃鹤入笼。东海独来看出日,石桥先去踏长虹。遥知别后添华发,时向尊前说病翁。所恨蜀山君未见,他年携手醉郫筒。（眉批：此首却排宕,然二首相连,不能割取此首。凡诗有可删取者,有必不可删取者。竟陵笑选诗之惜群,非知诗之言也。）

和鲁人孔周翰题诗二首

孔周翰尝为仙源令,中秋夜以事留于东武官舍中。时陈君宗古、任君建中皆在郡。其后十七年中秋,周翰持节过郡,而二君已亡。感时怀旧,留诗于壁。又其后五年中秋,轼与客饮于超然台上,闻周翰乞此郡。客有诵其诗者,乃次其韵二篇,以为他日一笑。

(眉批:二诗皆浅而有致。)

坏壁题诗已五年,故人风物两依然。定知来岁中秋月,又照先生枕曲眠。

更邀明月说明年,记取孤吟孟浩然。此去宦游如传舍,拣枝惊鹊几时眠。

送碧香酒与赵明叔教授

闻君有妇贤且廉,劝君慎勿为楚相。不羡紫驼分御食,自遣赤脚沽村酿。嗟君老狂不知愧,更吟丑妇恶嘲谤。诸生闻语定失笑,冬暖号寒卧无帐。碧香近出帝子家,鹅儿破壳酥流盎。不学刘伶独自饮,一壶往助齐眉饷。(眉批:亦滑调。)

赵既见和,复次韵答之

长安小吏天所放,日夜歌呼和丞相。岂知后世有阿瞒,自注:曹公自言参之后。北海尊前捉私酿。先生未出禁酒国,诗语孤高常近谤。几回无酒欲沽君,却畏有司书簿帐。自注:近制,公使酒过数,法甚重。酸寒可笑分一斗,日饮无何足袁盎。更将险语压衰翁,只恐自是台无饷。(眉批:此首差可,然亦不佳。)

赵郎中往莒县,逾月而归,复以一壶遗之,仍用前韵

东邻主人游不归,悲歌夜夜闻春相。门前人闹马嘶急,一家喜气如春酿。王事何曾怨独贤,室人岂忍交谪谤。大儿踉跄越门限,小儿咿哑语绣帐。定教舞袖掣伊凉,更想夜庖鸣瓮盎。题诗送酒君勿诮,免使退之嘲一饷。

苏潜圣挽词

妙龄驰誉百夫雄,晚节忘怀大隐中。悃愊无华真汉吏,文章尔雅称吾宗。趋时肯负平生志,有子还应不死同。惟我闲思十年事,数行老泪寄西风。

和晁同年九日见寄

(眉批:沉着排宕。)

仰看鸾鹄刺天飞,富贵功名老不思。病马已无千里志,骚人长负一秋悲。古来重九皆如此,别后西湖付与谁。遣子穷愁天有意,吴中山水要清诗。(眉批:查云:淡而弥旨。知此者鲜矣。)

送乔施州

恨无负郭田二顷,空有载行书五车。江上青山横绝壁,云间细路蹑飞蛇。鸡号黑暗通蛮货,自注:胡人谓犀为黑暗。蜂闹黄连采蜜花。共怪河南门下士,不应万里向长沙。自注:乔受知于吴丞相,而施州风土大类长沙。

雪夜独宿柏仙庵

晚雨纤纤变玉霙,小庵高卧有余清。梦惊忽有穿窗片,夜静惟闻泻竹声。稍压冬温聊得健,未濡秋旱若为耕。天公用意真难会,又作春风烂漫晴。(眉批:绝胜尖叉韵诗,而人多称彼,故险韵为欺人之巧策。)

和孔郎中荆林马上见寄

秋禾不满眼,宿麦种亦稀。永愧此邦人,芒刺在肤肌。平生五千卷,一字不救饥。方将怨无襦,忽复歌《缁衣》。堂堂孔北海,直气凛群儿。朱轮未及郊,清风已先驰。何以累君子,十万贫与赢。滔滔满四方,我行竟安之。何时剑关路,春山闻子规。

别东武流杯

莫笑官居如传舍,故应人世等浮云。百年父老知谁在,惟有双松识使君。

留别雩泉

举酒属雩泉,白发日夜新。何时泉中天？复照泉上人。二年饮泉水,鱼鸟亦相亲。还将弄泉手,遮日向西秦。

留别释迦院牡丹呈赵倅

春风小院初来时,壁间惟见使君诗。应问使君何处去,凭花说与春风知。年年岁岁何穷已,花似今年人老矣。去年崔护若重来,前度刘郎在千里。(眉批:前四句运意奇幻,后四句出以曼声,亦情思惘然不尽。)

董储郎中尝知眉州,与先人游。过安丘,访其故居,见其子希甫,留诗屋壁

白发郎潜旧使君,至今人道最能文。只鸡敢忘桥公语,下马来寻董相坟。(眉批:殊有情思,语亦清稳。)冬月负薪虽得免,邻人吹笛不堪闻。死生契阔君休问,洒泪西南向白云。(眉批:补出与先人游意,好。)

卷十五

古今体诗六十四首

除夜大雪留潍州,元日早晴遂行,中途雪复作

除夜雪相留,元日晴相送。东风吹宿酒,瘦马兀残梦。葱眬晓光开,旋转余花弄。下马成野酌,佳哉谁与共。须臾晚云合,乱洒无缺空。鹅毛垂马鬃,自怪骑白凤。(眉批:"鹅毛"字本俚语,得下五字便成奇采。于此悟点化之妙。)三年东方旱,逃户连敧栋。老农释耒叹,泪入饥肠痛。(眉批:"泪入"五字惨。)春雪虽云晚,春麦犹可种。敢怨行役劳,助尔歌饭瓮。(眉批:收处波澜壮阔,立言亦极得体。)

大雪青州道上,有怀东武园亭,寄交代孔周翰

超然台上雪,城郭山川两奇绝。海风吹碎碧琉璃,时见三山白银阙。盖公堂前雪,绿窗朱户相明灭。堂中美人雪争妍,粲然一笑玉齿颊。就中山堂雪更奇,青松怪石乱琼丝。惟有使君游不归,五更马上愁敛眉。君不是淮西李侍中,夜入蔡州缚取吴元济。又不是襄阳孟浩然,长安道上骑驴吟雪诗。何当闭门饮美酒,无人毁誉河东守。

至济南,李公择以诗相迎,次其韵二首

敝裘羸马古河滨,野阔天低糁玉尘。自笑餐毡典属国,来看换酒谪仙人。(眉批:此事屡用,皆不妥。金龟换酒是贺监,非李白。)宦游到处身如寄,农事何时手自亲。剩作新诗与君和,莫因风雨废鸣晨。

夜拥笙歌雪水滨,回头乐事总成尘。今年送汝作太守,到处逢君是主人。

聚散细思都是梦,(眉批:五句语太率易。)身名渐觉两非亲。相从继烛何须问,蝙蝠飞时日正晨。(眉批:结亦轻薄。)

和孔君亮郎中见赠

偶对先生尽一尊,醉看万物汹崩奔。优游共我聊卒岁,骯脏如君合倚门。只恐掉头难久住,应须倾盖便深论。固知严胜风流在,又见长身十世孙。自注:戣,字君严;弟戡,字君胜。退之志其墓云:孔世卅八,吾见其孙,白而长身。今君亮四十八世矣。(眉批:此切姓氏却好,以句有意故耳。初白但称其使事无痕,浅矣。)

颜乐亭诗

  颜子之故居所谓陋巷者,有井存焉,而不在颜氏久矣。胶西太守孔君宗翰始得其地,浚治其井,作亭于其上,命之曰颜乐。昔夫子以箪食瓢饮贤颜子,而韩子乃以为哲人之细事,何哉?苏子曰:古之观人也,必于小者观之,其大者容有伪焉。人能碎千金之璧,不能无失声于破釜;能搏猛虎,不能无变色于蜂虿。孰知箪食瓢饮之为哲人之大事乎?乃作《颜乐亭诗》以遗孔君,正韩子之说,且用以自警云。

(眉批:语自脱洒。)

天生蒸民,为之鼻口。美者可嚼,芬者可嗅。美必有恶,芬必有臭。我无天游,六凿交斗。鹜而不返,跬步商受。伟哉先师,安此微陋。孟贲股栗,虎豹却走。眇然其身,中亦何有。我求至乐,千载无偶。执瓢从之,忽焉在后。

送范景仁游洛中

(眉批:大段流畅。)

  小人真暗事,闲退岂公难。道大吾何病,言深听者寒。(眉批:起四句太激,初白以为痛快,非也。)忧时虽早白,(眉批:去"发"字,则白者何物?)驻世有还丹。得酒相逢乐,无心所遇安。去年行万里,蜀路走千盘。投老身弥健,登山意未阑。

西游为樱笋,东道尽鹓鸾。杖履携儿去,园亭借客看。折花斑竹寺,弄水石楼滩。鬻马衰怜白,惊雷怯笑韩。薛书标洞府,自注:欧阳永叔尝游嵩山,日暮,于绝壁上见苔藓成文,云"神清之洞"。明日复寻,不见。松盖偃天坛。试与刘夫子,重寻靖长官。自注:刘几云:曾见人嵩山幽绝处,眼光如猫,意其为靖长官也。(眉批:对结恰住,凡对结患不似住语。)

次韵景仁留别

公老我亦衰,相见恨不数。临行一杯酒,此意重山岳。(眉批:查云:沉着。)歌词白纻清,琴弄黄钟浊。诗新眇难和,饮少仅可学。欲参兵部选,有力谁如荦。(眉批:"欲参"二句太激,用围人荦事,亦趁韵。)且作东诸侯,山城雄鼓角。南游许过我,不惮千里邈。会当闻公来,倒屣发一握。

京师哭任遵圣

(眉批:先写情怀,次入任遵圣,倍加凄恻。笔笔作起落之势,无一率句。中有真情,故语语深至。)

十年不还乡,儿女日夜长。岂惟催老大,渐复成凋丧。每闻耆旧亡,涕泣声辄放。老任况奇逸,先子推辈行。文章得少誉,诗语尤清壮。吏能复所长,谈笑万夫上。自喜作剧县,偏工破豪党。奋髯走猾吏,嚼齿对奸将。哀哉命不偶,每以才得谤。竟使落穷山,青衫就黄壤。(眉批:一落千丈强。)宦游久不乐,江海永相望。(眉批:拓得开。)退耕本就君,时节相劳饷。此怀今不遂,归见累累葬。(眉批:合得紧。)望哭国西门,落日衔千嶂。平生惟一子,抱负珠在掌。见之髫龀中,已有食牛量。他年如入洛,生死一相访。惟有王濬冲,心知中散状。(眉批:又荡余波,收得满足。)

书韩幹《牧马图》

南山之下,汧渭之间,想见开元天宝年。(眉批:若第二句去一"之"字,作一句,神味便减。)八坊分屯隘秦川,四十万匹如云烟。骓駓骊骆骊骝骃,白鱼赤兔骍皇翰。(眉批:通首旁衬,只结处一着本位,章法奇绝。放翁《嘉陵驿折枝海棠诗》似从此得法。)龙颅凤颈狞且妍,奇姿逸德隐驽顽。碧眼胡儿手足鲜,(眉批:"鲜"字趁韵。)岁时剪刷供帝闲。柘袍临池侍三千,红妆照日光流渊。楼下玉螭吐清寒,往来蹙踏生飞湍。众工舐笔和朱铅,先生曹霸弟子韩。厩马多肉尻脽圆,肉中画骨夸尤难,金羁玉勒绣罗鞍。鞭箠刻烙伤天全,不如此图近自然。平沙细草荒芊绵,惊鸿脱兔争后先。王良挟策飞上天,何必俯首服短辕。(眉批:到末又拖一意,变化不测。)

送鲁元翰少卿知卫州

(眉批:先作顿宕,便入得不突。)

冗士无处着,寄身范公园。桃李忽成阴,荞麦秀已繁。闭门春昼永,惟有黄蜂喧。谁人肯携酒,共醉榆柳村。髯卿独何者,一月三到门。我不往拜之,髯来意弥敦。堂堂元老后,亹亹仁人言。忆在钱塘岁,情好均弟昆。(眉批:插一事,便生动有情。)时于冰雪中,笑语作春温。欲饮径相觅,夜开丛竹轩。搜寻到筐筥,鲊醢无复存。每愧烟火中,玉腕亲炮燔。别来今几何,相对如梦魂。(眉批:转得捷。)告我当北渡,新诗侑清尊。(眉批:接得紧。)坡陁太行麓,汹涌黄河翻。仕宦非不遇,王畿西北垣。斯民如鱼耳,见网则惊奔。皎皎千丈清,不如尺水浑。刑政虽首务,念当养其源。一闻襦裤音,盗贼安足论。(眉批:一结立言得体,不以理路为嫌。观此数语,知东坡得志,必不为荆公、晦翁所云左袒洛党之故耳。)

次韵子由送蒋夔赴代州学官

功利争先变法初,典型独守老成余。穷人未信诗能尔,倚市悬知绣不如。代北诸生渐狂简,床头杂说为爬梳。归来问雁吾何敢,疾世王符解著书。(眉批:语太激切。)

宿州次韵刘泾

(眉批:沉着。)

我欲归休瑟渐希,舞雩何日着春衣。多情白发三千丈,无用苍皮四十围。晚觉文章真小技,早知富贵有危机。为君垂涕君知否?千古华亭鹤自飞。自注:泾之兄汴亦有文,死矣。

和李邦直沂山祈雨有应

(眉批:愤语,却极奇。矫以借比,故不甚觉其讦。)

高田生黄埃,下田生苍耳。苍耳亦已无,更问麦有几。蛟龙睡足亦解惭,二麦枯时雨如洗。不知雨从何处来,但闻吕梁百步声如雷。试上城南望城北,际天菽粟青成堆。饥火烧肠作牛吼,不知待得秋成否?半年不雨坐龙慵,共怨天公不怨龙。今朝一雨聊自赎,龙神社鬼各言功。无功日盗太仓谷,嗟我与龙同此责。劝农使者不汝容,因君作诗先自劾。(眉批:查云:一转入题,然结四句却是余波作收,非本题正意也。)

徐州送交代仲达少卿

此身无用且东来,赖有江山慰不才。旧尹未嫌衰废久,清尊犹许再三开。满城遗爱知谁继,极目扁舟挽不回。归去青云还记否,交游胜绝古城隈。(眉批:三字趁韵。)

和孔密州五绝

见邸家园留题

大筛传闻载酒过,小诗未忍著砖磨。阳关三叠君须秘,除却胶西不解歌。自注:来诗有渭城之句。

春步西园见寄

岁岁开园成故事,年年行乐不辜春。今年太守尤难继,慈爱聪明惠利人。

(眉批:不成句法。)

东栏梨花

梨花淡白柳深青,柳絮飞时花满城。惆怅东栏二株雪,人生看得几清明。

(眉批:此首较有情致。)

和流杯石上草书小诗

蜂腰鹤膝嘲希逸,春蚓秋蛇病子云。醉里自书醒自笑,如今二绝更逢君。

堂后白牡丹

城西千叶岂不好,笑舞春风醉脸丹。何似后堂冰玉洁,游蜂非意不相干。

自注:孔颇有声妓,而客无见者。(眉批:非自注,则此诗不可解。故解诗最难。)

和赵郎中见戏二首

(眉批:颇有风致。)

燕子人亡三百秋,卷帘那复似扬州。西行未必能胜此,空唱崔徽上白楼。

我击藤床君唱歌,明年六十奈君何。自注:赵每醉歌毕,辄曰:"明年六十矣。"醉颠只要装风景,莫向人前自洗磨。

次韵子由与颜长道同游百步洪,相地筑亭种柳

平明坐衙不暖席,归来闭阁闲终日。卧闻客至倒屣迎,两眼蒙笼余睡色。城东泗水步可到,路转河洪翻雪白。安得青丝络骏马,蹙踏飞波柳阴下。奋身三丈两蹄间,振鬣长鸣声自干。(眉批:突插一波,便有生动之致。此避平、避板之意。)少年狂兴久已谢,但忆嘉陵绕剑关。剑关大道车方轨,君自不去归何难。山中故人应大笑,筑室种柳何时还。(眉批:言似为久住计。)

次韵李邦直感旧

(眉批:语自流利,然无出色之处。)

驺骑传呼出跨坊,簿书填委入充堂。谁教按部如何武,只许清尊对孟光。

婉娩有时来入梦,温柔何日听还乡。酸寒病守尤堪笑,千步空余仆射场。(眉批:查云:前六句皆说邦直,结处则先生自谓。)

与梁先、舒焕泛舟,得临、酿字二首

彭城古战国,孤客倦登临。汴泗交流处,清潭百丈深。(眉批:十字浑成。)故人轻千里,茧足来相寻。何以娱嘉客,潭水洗君心。

老守厌簿书,先生罢函丈。风流魏晋间,谈笑羲皇上。河洪忽已过,水色绿可酿。君无轻此乐,此乐清且放。(眉批:出手太快,结二句尤率。)

次韵答邦直、子由五首

簿书颠倒梦魂间,知我疏慵肯见原。闲作闭门僧舍冷,卧闻吹枕海涛喧。忘怀杯酒逢人共,引睡文书信手翻。欲吐狂言喙三尺,怕君嗔我却须吞。自注:邦直屡以此见戒。

城南短李好交游,箕踞狂歌不自由。尊主庇民君有道,乐天知命我无忧。醉呼妙舞留连夜,自注:邦直家中舞者甚多。闲作清诗断送秋。潇洒使君殊不俗,尊前容我揽须不?

老弟东来殊寂寞,故人留饮慰酸寒。草荒城角开新径,雨入河洪失旧滩。车马追陪迹未扫,唱酬往复字应漫。此诗更欲凭君改,待与江南子布看。(眉批:末句指邦直。)

君虽为我此迟留,别后凄凉我已忧。不见便同千里远,退归终作十年游。恨无扬子一区宅,懒卧元龙百尺楼。闻道鸒鸾满台阁,网罗应不到沙鸥。(眉批:此却蕴藉。)

五斗尘劳尚足留,闭关却欲治幽忧。羞为毛遂囊中颖,未许朱云地下游。(眉批:二句有体。)无事会须成好饮,思归时欲赋《登楼》。羡君幕府如僧舍,日向城南看浴鸥。(眉批:语虽稍露,而未至激讦。)

司马君实独乐园

青山在屋上,流水在屋下。中有五亩园,花竹秀而野。(眉批:直起脱洒。)花香袭杖履,竹色侵杯斝。樽酒乐余春,棋局消长夏。洛阳古多士,风俗犹尔雅。先生卧不出,冠盖倾洛社。虽云与众乐,中有独乐者。才全德不形,所贵知我寡。先生独何事,四海望陶冶。儿童诵君实,走卒知司马。(眉批:"儿童"二句乃互文,非惠连用相如长卿,越石用宣尼孔某之比。)持此欲安归,造物不我舍。名声逐吾辈,此病天所赭。抚掌笑先生,年来效喑哑。(眉批:末二句终是太露。)

送颜复,兼寄王巩

(眉批:顺笔直走以波澜萦绕,故不觉其滑。)

彭城官居冷如水,谁从我游颜氏子。我衰且病君亦穷,衰穷相守正其理。胡为一朝舍我去,轻衫触热行千里。问君无乃求之与,答我不然聊尔耳。京师万事日日新,故人如故今有几。君知牛行相君宅,扣门但觅王居士。清诗草圣俱入妙,别后寄我书连纸。苦恨相思不相见,约我重阳嗅霜蕊。君归可唤与俱来,未应指目妨进拟。太一老仙闲不出,自注:张安道为中太一宫使。踵门问道今时矣。因行过我路几何,愿君推挽加鞭棰。(眉批:句不醒豁。)吾侪一醉岂易得,买羊酿酒从今始。

蝎 虎

黄鸡啄蝎如啄黍,窗间守宫称蝎虎。暗中缴尾伺飞虫,巧捷功夫在腰膂。跂跂脉脉善缘壁,陋质从来谁比数。今年岁旱号蜥蜴,狂走儿童闹歌舞。能衔渠水作冰雹,便向蛟龙觅云雨。守宫努力搏苍蝇,明年岁旱当求汝。(眉批:寓刺之意,与后山《蝇虎》诗略同。)

子由将赴南都,与余会宿于逍遥堂,作两绝句,读之殆不可为怀,因和其诗以自解。余观子由,自少旷达,天资近道;又得至人养生长年之诀,而余亦窃闻其一二。以为今者宦游相别之日浅,而异时退休相从之日长。既以自解,且以慰子由云

(眉批:宽一步,更沉着。)

别期渐近不堪闻,风雨萧萧已断魂。犹胜相逢不相识,形容变尽语音存。

但令朱雀长金花,此别还同一转车。五百年间谁复在?会看铜狄两咨嗟。

(眉批:此亦刺当日小人,营营终归于尽,而语意浑然不露。)

留题石经院三首

葱蒨门前路,行穿翠密中。却来堂上看,岩谷意无穷。

夭矫庭中桧,枯枝鹊踏消。瘦皮缠鹤骨,高顶转龙腰。(眉批:"消"字未详,观子由和诗,又非误字。)

窈窕山头井,潜通伏涧清。欲知深几许,听放辘轳声。

过云龙山人张天骥

郊原雨初足,风日清且好。病守亦欣然,肩舆白门道。(眉批:洒然而来。)荒田咽蛰蚓,村巷悬梨枣。下有幽人居,闭门空雀噪。西风高正厉,落叶纷可扫。孤童卧斜日,病马放秋草。墟里通有无,垣墙任摧倒。(眉批:言邻里皆交契忘形,故可不设墙垣之限。然语不醒豁。)君家本冠盖,丝竹闹邻保。脱身声利中,道德自濯澡。躬耕抱赢疾,奉养百岁老。诗书膏吻颊,菽水媚翁媪。饥寒天随子,杞菊自撷芼。慈孝董邵南,鸡狗相乳抱。吾生如寄耳,归计失不早。故山岂敢忘,但恐迫华皓。从君好种秫,斗酒时自劳。(眉批:后幅稍嫌曼衍。)

赠王仲素寺丞

养气如养儿,弃官如弃泥。(眉批:起二句不甚雅。)人皆笑子拙,事定竟谁迷。归耕独患贫,问子何所赉。尺宅足自庇,寸田有余畦。明珠照短褐,陋室生虹霓。(眉批:对得工致,然古诗对偶太工,则碍格。)虽无孔方兄,顾有法喜妻。弹琴一长啸,不答阮与嵇。曹南刘夫子,名与子政齐。家有《鸿宝书》,不铸金裹蹄。促膝问道要,遂蒙分刀圭。不忍独不死,尺书肯见梯。我生本强鄙,少以气自挤。孤舟倒江河,赤手揽象犀。年来稍自笑,留气下暖脐。(眉批:太俚。)苦恨闻道晚,意象飒已凄。空见孙思邈,区区赋《病梨》。

阳关词三首

赠张继愿
受降城下紫髯郎,戏马台前古战场。恨君不取契丹首,金甲牙旗归故乡。

答李公择
济南春好雪初晴,行到龙山马足轻。使君莫忘雪溪女,时作阳关肠断声。

中秋月
暮云收尽溢清寒,银汉无声转玉盘。此生此夜不长好,明月明年何处看。

和孔周翰二绝

再观邸园留题
小园香雾晓蒙笼,醉守狂词未必工。鲁叟录《诗》应有取,曲收彤管邺廊风。

观净观堂,效韦苏州诗
弱羽巢林在一枝,幽人蜗舍两相宜。乐天长短三千首,却爱韦郎五字诗。

答任师中、家汉公

(眉批:此体创自王无功,而盛于杜工部。以诗序事而不散不冗,全由笔力不同。无大力以运之，即为长庆潦倒语。）

先君昔未仕，杜门皇祐初。道德无贫贱，风采照乡闾。何尝疏小人，小人自阔疏。出门无所诣，老史在郊墟。牵一人作波澜，好！门前万竿竹，堂上四库书。高树红消梨，小池白芙蕖。常呼赤脚婢，雨中撷园蔬。矫矫任夫子，罢官还旧庐。是时里中儿，始识长者车。烹鸡酌白酒，相对欢有余。有如庞德公，往还葛与徐。妻子走堂下，主人竟谁欤。我时年尚幼，作赋慕相如。（眉批：又插入自己，生波萦绕。）侍立看君谈，精悍实起予。（眉批：转落脉理秩然，笔力亦极沉郁、顿挫之致。）岁月曾几何，耆老逝不居。史侯最先殁，孤坟拱桑榆。我亦涉万里，清血满襟袪。（眉批："清血"二字不雅。）漂流二十年，始悟万缘虚。独喜任夫子，老佩刺史鱼。威行乌白蛮，解辫请冠裾。方当入奏事，清庙陈璠玙。胡为厌轩冕，归意不少纾。上蔡有良田，黄沙走清渠。罢亚百顷稻，雍容十年储。闲随李丞相，搏射鹿与猪。苍鹰十斤重，猛犬如黄驴。岂比陶渊明，穷苦自把锄。我今四十二，衰发不满梳。彭城古名郡，乏人偶见除。头颅已可知，几何不樵渔。会当相从去，芒鞋老菑畲。念子瘴江边，怀抱向谁摅。赖我同年友，相欢出同舆。（眉批：搭入家汉公，天然凑泊。）冰盘荐文鲔，自注：鲔，鲌也。戎、泸常有。玉斝倾浮蛆。醉中忽思我，清诗缀琼琚。（眉批：以下清出答意。）知我少所谐，教我时卷舒。世事日反覆，翩如风中蒭。雀罗吊廷尉，秋扇悲婕妤。升沉一何速，喜怒纷众狙。作诗谢二子，我师宁与蘧。

初别子由

我少知子由，天资和而清。好学老益坚，表里渐融明。（眉批："表里"句腐。）岂独为吾弟，要是贤友生。不见六七年，微言谁与赓。常恐坦率性，放纵不自程。会合亦何事，无言对空枰。使人之意消，不善无由萌。（眉批："不善"句亦腐。）森然有六女，包裹布与荆。无忧赖贤妇，藜藿等大烹。使子得行意，青衫陋公卿。明日无晨炊，倒床作雷鸣。秋眠我东阁，夜听风雨声。悬知不久别，妙理难细评。昨日忽出门，孤舟转西城。归来北堂上，古屋空峥嵘。退食误相从,入门中自惊。南郡信繁会,人事水火争。念当闭阁坐,颓然寄聋盲。妻子亦细事,文章固虚名。会须扫白发,不复用黄精。(眉批:查云:"亦"字、"固"字,玩文法,自当互换。)

次韵吕梁仲屯田

雨叶风花日夜稀,一杯相属竟何时。空虚岂敢酬琼玉,枯朽犹能出菌芝。门外吕梁从迅急,胸中云梦自逶迟。待君笔力追灵运,莫负南台九日期。

王巩屡约重九见访,既而不至,以诗送将官梁交且见寄,次韵答之。交颇文雅,不类武人,家有侍者,甚惠丽

知君月下见倾城,破恨悬知酒有兵。老守亡何惟日饮,将军竟病自诗鸣。花枝不共秋敧帽,笔阵空来夜斫营。爱惜微官将底用,他年只好写铭旌。(眉批:语意不伦。)

台头寺雨中送李邦直赴史馆,分韵得忆字、人字,兼寄孙巨源二首

(眉批:短章而边幅不狭,尚有唐人格意。)

霜林日夜西风急,老送君归百忧集。清歌窈眇入行云,云为不行天为泣。红叶黄花秋正乱,白鱼紫蟹君须忆。凭君说向髯将军,衰病相逢应不识。

珥笔西归近紫宸,太平典策不缘麟。(眉批:句拙。)付君此事宁论晋,载我当时旧《过秦》。门外想无千斛米,墓中知有百年人。看君两眼明如镜,休把《春秋》坐素臣。

代书答梁先

(眉批:殊乏精采。)

此身与世真悠悠,苍颜华发谁汝留。强名太守古徐州,忘归不如楚沐猴。

鲁人岂独不知丘,蹲借夫子无罪尤。(眉批:二句俱不伦。)异哉梁子清而修,不远千里从我游。了然正色悬双眸,世之所驰子独不。一经通明传节侯,小楷精绝规摹欧。我衰废学懒且偷,畏见问事贾长头。别来红叶黄花秋,夜梦见之起坐愁。遗我驳石盆与瓯,黑质白章声琳球。谓言山石生涧沟,追琢尚可王公羞。感子佳意能无酬,反将木瓜报珍投。学如富贾在博收,仰取俯拾无遗筹。道大如天不可求,修其可见致其幽。愿子笃实慎勿浮,发愤忘食乐忘忧。自注:梁生学欧阳公书。(眉批:结句尤腐。)

九日邀仲屯田,为大水所隔,以诗见寄,次其韵

无复龙山对孟嘉,西来河伯意雄夸。霜风可使吹黄帽,自注:舟人黄帽,土胜水也。樽酒那能泛浪花。漫遣鲤鱼传尺素,却将燕石报琼华。何时得见悲秋老,醉里题诗字半斜。

送杨奉礼

谱牒推关右,风流出靖恭。时情任险陂,家法故雍容。南去河千顷,自注:大水中相别。余惟酒一钟。更谁哀老子,令得放疏慵。

河　复

熙宁十年秋,河决澶渊,注钜野,入淮泗。自澶、魏以北,皆绝流而济。楚大被其害,彭门城下水二丈八尺,七十余日不退,吏民疲于守御。十月十三日,澶州大风终日。既止,而河流一枝已复故道,闻之喜甚,庶几可塞乎?乃作《河复》诗,歌之道路,以致民愿而迎神休,盖守土者之志也。

君不见西汉元光元封间,河决瓠子二十年。钜野东倾淮泗满,楚人恣食黄河鱣。万里沙回封禅罢,初遣越巫沉白马。河公未许人力穷,薪刍万计随流下。吾君盛德如唐尧,百神受职河神骄。帝遣风师下约束,北流夜起澶州桥。东风吹冻收微渌,神功不用淇园竹。楚人种麦满河淤,仰看浮槎栖古木。

登望谼亭

河涨西来失旧谼,孤城浑在水光中。忽然归壑无寻处,千里禾麻一半空。

韩幹马十四匹

(眉批:杜公《韦讽宅观画马》诗独创九马分写之格,此诗从彼处得法,更加变化耳。)

二马并驱攒八蹄,直起,老横,东坡惯用此法。二马宛颈鬃尾齐。一马任"任"当作"在"。前双举后,一马却避长鸣嘶。老髯奚官骑且顾,前身作马通马语。(眉批:查云:中蓦一波,前后序到便错落。)后有八匹饮且行,微流赴吻若有声。(眉批:"微流"句传神。)前者既济出林鹤,后者欲涉鹤俯啄。最后一匹马中龙,不嘶不动尾摇风。韩生画马真是马,苏子作诗如见画。世无伯乐亦无韩,此诗此画谁当看。(眉批:最后句有寓托。查云:掉尾亦健。)

有言郡东北荆山下,可以沟畎积水,因与吴正字、王户曹同往相视,以地多乱石不果。还,游圣女山,山有石室,如墓而无棺椁,或云宋司马桓魋墓。二子有诗,次其韵二首

侧手区区岂易遮,奔流一瞬卷千家。共疑智伯初围赵,(眉批:"共疑"句拙。)犹有张汤欲漕斜。已坐迂疏来此地,分将劳苦送生涯。使君下策真堪笑,隐隐惊雷响踏车。

茫茫清泗绕孤岑,归路相将得暂临。试着芒鞋穿荦确,更然松炬照幽深。纵令司马能镵石,奈有中郎解摸金。强写苍崖留岁月,他年谁识此时心。

赠写御容妙善师

忆昔射策干先皇,珠帘翠幄分两厢。(眉批:如此起方切实,一篇之骨在此。)紫衣中使下传诏,跪奉冉冉闻天香。仰观眩晃目生晕,但见晓色开扶桑。(眉批:题目本大,诗亦极用意。然却是借题寓慨,用意不在本位上。)迎阳晚出步就坐,绛纱玉

斧光照廊。野人不识日月角,仿佛尚记重瞳光。三年归来真一梦,桥山松桧凄风霜。天容玉色谁敢画,老师古寺昼闭房。梦中神授心有得,觉来信手笔已忘。(眉批:查云:"梦中"二句随手揭过,着意在前后际。)幅巾常服俨不动,孤臣入门涕自滂。元老侑坐须眉古,虎臣立侍冠剑长。平生惯写龙凤质,肯顾草间猿与獐。(眉批:此句趁韵,且猿、獐太贱,亦趁不起。)都人踏破铁门限,黄金白璧空堆床。尔来摹写亦到我,谓是先帝白发郎。(眉批:"谓是"句绾合得好。)不须览镜坐自了,明年乞身归故乡。(眉批:结句回映起处"射策"句,多少感慨。)

哭刁景纯

读书想前辈,每恨生不早。纷纷少年场,犹得见此老。此老如松柏,不受霜雪槁。直从毫末中,自养到合抱。宏才乏近用,千岁自枯倒。(眉批:写出伟人气象、胸次。)文章余正始,风节贯华皓。平生为人尔,自为薄如缟。是非虽难齐,反覆看愈好。(眉批:相契之深,尽此十字。)前年旅吴越,把酒庆寿考。扣门无晨夜,百过迹未扫。但知从德公,未省厌丘嫂。别时公八十,后会知难保。昨日故人书,连年丧翁媪。自注:景纯妻先亡。伤心范桥水,漾漾舞寒藻。华堂不见人,瘦马空恋皂。我欲江东去,匏尊酌行潦。镜湖无贺监,恸哭稽山道。忍见万松冈,荒池没秋草。(眉批:收得满足。)

答吕梁仲屯田

(眉批:一气纵横,笔笔老健。)

乱山合沓围彭门,官居独在悬水村。自注:吕梁,地名。居民萧条杂麋鹿,小市冷落无鸡豚。黄河西来初不觉,但讶清泗流奔浑。夜闻沙岸鸣瓮盎,晓看雪浪浮鹏鲲。吕梁自古喉吻地,万顷一抹何由吞。坐观入市卷闾井,吏民走尽余王尊。计穷路断欲安适,吟诗破屋愁鸢蹲。岁寒霜重水归壑,但见屋瓦留沙痕。入城相对如梦寐,我亦仅免为鱼鼋。旋呼歌舞杂谈笑,不惜饮醑空瓶盆。念君官舍冰雪冷,新诗美酒聊相温。人生如寄何不乐,任使绛蜡烧黄昏。宣房未筑淮泗满,故道堙灭疮痍存。明年劳苦应更甚,我当奋锸先黥髡。付君万指伐顽石,千锤雷动苍山根。高城如铁洪口快,谈笑却扫看崩奔。农夫掉臂免狼顾,秋谷布野如云屯。还须更置软脚酒,为君击鼓行金樽。(眉批:结一段淋漓满足。论文不如此不振,论事不如此亦不合。若水来即吟诗破屋,水退即歌舞饮醑,成何政体!)

答孔周翰求书与诗

身闲曷不长闭口,天寒正好深藏手。吟诗写字有底忙,(眉批:"吟诗"句太率。)未脱多生宿尘垢。不蒙讥诃子厚疾,反更刻画无盐丑。征西自有家鸡肥,太白应惊饭山瘦。与君相从知几日,东风待得花开否。拨弃万事勿复谈,百觚之后那辞酒。

卷十六

古今体诗六十三首

送李公恕赴阙

(眉批:一往英锐,锋不可当。赖骨力苍健,故不觉其剽。)

君才有如切玉刀,见之凛凛寒生毛。愿随壮士斩蛟鼍,不愿腰间缠锦绦。用违其才志不展,坐与胥吏同疲劳。忽然眉上有黄气,吾君渐欲收英髦。立谈左右皆动色,一语径破千言牢。我顷分符在东武,脱略万事惟嬉遨。尽坏屏障通内外,仍呼骑曹为马曹。君为使者见不问,反更对饮持双螯。酒酣箕坐语惊众,杂以嘲讽穷诗骚。世上小儿多忌讳,(眉批:语太轻薄,便非诗品。)独能容我真贤豪。为我买田临汶水,逝将归去诛蓬蒿。安能终老尘土下,俯仰随人如桔槔。

张寺丞益斋

(眉批:香山门径,别自一格,自是佳处,而不可立制。若从此种入手,则性理诸诗矣。)

张子作斋舍,而以益为名。吾闻诸夫子,求益非速成。譬如远游客,日夜事征行。今年适燕蓟,明年走蛮荆。东观尽沧海,西涉渭与泾。归来闭户坐,八方在轩庭。又如学医人,识病由饱更。风雨晦明淫,跛躄喑聋盲。虚实在其脉,静躁在其情。荣枯在其色,寿夭在其形。苟能阅千人,望见知死生。为学务日益,此言当自程。为道贵日损,此理在既盈。愿言书此诗,以为益斋铭。

(眉批:查云:老子本意谓,学问愈多,去道愈远。与先生引用各自一解。)

春 菜

(眉批:骏利无冗漫之气。)

蔓菁宿根已生叶,韭芽戴土拳如蕨。烂蒸香荠白鱼肥,碎点青蒿凉饼滑。宿酒初消春睡起,细履幽畦掇芳辣。茵陈甘菊不负渠,鲙缕堆盘纤手抹。北方苦寒今未已,雪底波棱如铁甲。岂如吾蜀富冬蔬,霜叶露芽寒更茁。久抛松菊犹细事,苦笋江豚那忍说。明年投劾径须归,莫待齿摇并发脱。(眉批:势须生一波作结,不然即可不作。)

送郑户曹

游遍钱塘湖上山,归来文字带芳鲜。赢童瘦马从吾饮,陋巷何人似子贤。(眉批:三、四究竟不对,而又非平行,便两不合格。)公业有田常乏食,广文好客竟无毡。东归不趁花时节,开尽春风谁与妍。

《虔州八境图》八首

《南康八境图》者,太守孔君之所作也。君既作石城,即其城上楼观台榭之所见而作是图也。东望七闽,南望五岭,览群山之参差,俯章贡之奔流,云烟出没,草木蕃丽,邑屋相望,鸡犬之声相闻。观此图也,可以茫然而思,粲然而笑,慨然而叹矣。苏子曰:此南康之一境也,何从而八乎?所自观之者异也。且子不见夫日乎,其旦如盘,其中如珠,其夕如破璧,此岂三日也哉?苟知夫境之为八也,则凡寒暑、朝夕、雨旸、晦冥之异,坐作、行立、哀乐、喜怒之接于吾目而感于吾心者,有不可胜数者矣,岂特八乎?如知夫八之出乎一也,则夫四海之外,诙诡谲怪,《禹贡》之所书,邹衍之所谈,相如之所赋,虽至千万未有不一者也。后之君子,必将有感于斯焉。乃作诗八章,题之图上。

坐看奔湍绕石楼,使君高会百无忧。三犀窃鄙秦太守,八咏聊同沈隐侯。

(眉批:此首确是开端,而语则不工。)

涛头寂寞打城还,章贡台前暮霭寒。倦客登临无限思,孤云落日是长安。

(眉批:此首纯是唐音。)

白鹊楼前翠作堆,紫云岭路若为开。故人应在千山外,不寄梅花远信来。

(眉批:忽入情语,便觉生动。)

朱楼深处日微明,皂盖归时酒半醒。薄暮渔樵人去尽,碧溪青嶂绕螺亭。

(眉批:从无人处着笔,蹊径不俗。)

使君那暇日参禅,一望丛林一怅然。成佛莫教灵运后,着鞭从使祖生先。

(眉批:此则纯是宋格,语亦少味。)

却从尘外望尘中,无限楼台烟雨蒙。山水照人迷向背,只寻孤塔认西东。

(眉批:实景写来如话。)

云烟缥缈郁孤台,积翠浮空雨半开。想见之罘观海市,绛宫明灭是蓬莱。

(眉批:此首字句鲜华,而中无一物,所谓"金玉其外而败絮其中"者。)

回峰乱嶂郁参差,云外高人世得知。谁向空山弄明月,山中木客解吟诗。

(眉批:此首确是末章。此八首起结与洋川三十首同法。)

南康江水,岁岁坏城。孔君宗翰为守,始作石城,至今赖之。轼为胶西守,孔君实见代,临行出《八境图》,求文与诗,以遗南康人,使刻诸石。其后十七年,轼南迁过郡,得遍览所谓八境者,则前诗未能道其万一也。南康士大夫相与请于轼曰:"诗文昔尝刻石,或持以去,今亡矣。愿复书而刻之。"时孔君既没,不忍违其请。绍圣元年八月十九日,眉山苏轼书。

读孟郊诗二首

(眉批:二首即作东野体,如昌黎、樊宗师诸例。意谓东野体,我固能为之,但不为耳。然东坡以雄视百代之才,而往往伤率、伤慢、伤放、伤露者,正坐不肯为郊岛一番苦吟功夫耳。读者不可不知。)

夜读孟郊诗,细字如牛毛。寒灯照昏花,佳处时一遭。孤芳擢荒秽,五字写尽东野。苦语余诗骚。水清石凿凿,湍激不受篙。十字亦酷肖。初如食小鱼,所得不偿劳。又似煮彭蚏,竟日持空螯。要当斗僧清,未足当韩豪。人生如朝露,日夜火消膏。何苦将两耳,听此寒虫号。不如且置之,饮我玉色醪。

我憎孟郊诗,复作孟郊语。饥肠自鸣唤,空壁转饥鼠。十字神似东野。诗从肺腑出，出辄愁肺腑。有如黄河鱼，出膏以自煮。尚爱《铜斗歌》，鄙俚颇近古。桃弓射鸭罢，独速短蓑舞。不忧踏船翻，踏浪不踏土。吴姬霜雪白，赤脚浣白纻。嫁与踏浪儿，不识离别苦。歌君江湖曲，感我长羁旅。（眉批：即借东野诗生情，绾合无迹。）

访张山人得山中字二首

（眉批：章法从工部《寻张氏隐居二首》得来。二首篇章字句都入古法，然却无十分出色处。不善学之，便成空调。）

鱼龙随水落，猿鹤喜君还。旧隐丘墟外，新堂紫翠间。野麋驯杖履，幽桂出榛菅。洒扫门前路，收到"访"字。山公公自谓也。亦爱山。自注：张故居为大水所坏，新卜此室故居之东。

万木锁云龙，自注：山名。天留与戴公。路迷山向背，人在瀼西东。荞麦余春雪，樱桃落晚风。（眉批：五、六自是秀句。然专标此种，则终身不出九僧门户。）入城都不记，收拾"访"字。归路醉眠中。

送孔郎中赴陕郊

惊风击面黄沙走，西出崤函脱尘垢。（眉批：二句写景自好。）使君来自古徐州，声震河潼殷关右。十里长亭闻鼓角，一川秀色明花柳。（眉批：一连对偶格始于齐梁，而成于初唐。或专目为四杰体，非也。）北临飞槛卷黄流，南望青山如岘首。东风吹开锦绣谷，渌水翻动葡萄酒。讼庭生草数开尊，过客如云牢闭口。（眉批：结句太露。）

与梁左藏会饮傅国博家

（眉批：虽乏深厚，而自有秀发之气。）

将军破贼自草檄，论诗说剑俱第一。彭城老守本虚名，识字劣能欺项籍。风流别驾贵公子，欲把笙歌暖锋镝。红旆朝开猛士躁，翠帷暮卷佳人出。（眉批:二句仿佛燕公"昼携壮士"二句。)东堂醉卧呼不起,啼鸟落花春寂寂。试教长笛傍耳根,一声吹裂阶前石。

寒食日答李公择三绝次韵

从来苏李得名双,只恐全齐笑陋邦。诗似悬河供不办,故欺张籍陇头泷。
簿书鼛鼓不知春,佳句相呼赖故人。寒食德公方上冢,归来谁主复谁宾?
巡城已困尘埃眯,执扑仍遭虮虱缘。欲脱布衫携素手,试开病眼点黄连。

约公择饮,是日大风

(眉批:邀饮而铺叙政事,未免远于事情,说来总觉迂缓,转落处亦不自然。)

先生生长匡庐山,山中读书三十年。旧闻饮水师颜渊,不知治剧乃所便。偷儿夜探黑白丸,奋髯忽逢朱子元。半年群盗诛七百,谁信家书藏九千。春风无事秋月闲,红妆执乐豪且妍。紫衫玉带两部全,琵琶一抹四十弦。客来留饮不计钱,齐人爱公如子产。儿啼卧路呼不还,我惭山郡空留连。牙兵部吏笑我寒,邀公饮酒公无难。约束官奴买花钿,薰衣理发夜不眠。晓来颠风尘暗天,我思其由岂坐悭。作诗愧谢公笑欢,归来瑟缩愈不安。要当啖公八百里,(眉批:删去"驳"字,"八百里"是何物?)豪气一洗儒生酸。

坐上赋戴花得天字

(眉批:不即不离,分际恰好。)

清明初过酒阑珊,折得奇葩晚更妍。春色岂关吾辈事,老狂聊作座中先。醉吟不耐欹纱帽,起舞从教落酒船。结习渐消留不住,却须还与散花天。(眉批:"散花"是此题熟典,妙!与三、四相生,便非窠臼。)

夜饮次韵毕推官

簿书丛里过春风,酒圣时时且复中。红烛照庭嘶骕骦,黄鸡催晓唱玲珑。

老来渐减金钗兴,醉后空惊玉箸工。自注:毕善篆。月未上时应早散,免教壑谷问吾公。

芙蓉城

世传王迥子高与仙人周瑶英游芙蓉城。元丰元年三月,余始识子高,问之,信然。乃作此诗,极其情而归之正,亦变风止乎礼义之意也。

芙蓉城中花冥冥,谁其主者石与丁。珠帘玉案翡翠屏,霞舒云卷千娉婷。中有一人长眉青,炯如微云淡疏星。往来三世空炼形,竟坐误读《黄庭经》。天门夜开飞爽灵,无复白日乘云軿。俗缘千劫磨不尽,翠被冷落凄余馨。因过緱山朝帝廷,夜闻笙箫弭节听。飘然而来谁使令,皎如明月入窗棂。忽然而去不可执,寒衾虚幌风泠泠。仙宫洞房本不扃,梦中同蹑凤凰翎。径度万里如奔霆,玉楼浮空耸亭亭。天书云篆谁所铭,绕楼飞步高竛竮。仙风锵然韵流铃,蓬蓬形开如酒醒。芳卿寄谢空丁宁,一朝覆水不返瓶,罗巾别泪空荧荧。春风花开秋叶零,世间罗绮纷膻腥。此身流浪随沧溟,偶然相值两浮萍。愿君收视观三庭,勿与嘉谷生蝗螟。从渠一念三千龄,下作人间尹与邢。(眉批:《序》所谓极其情而归于正,若无此一结,便是传奇体矣。尤妙于庄论而非腐语,所以为诗人之笔。)

续丽人行

李仲谋家有周昉画背面欠伸内人,极精,戏作此诗。

深宫无人春日长,沉香亭北百花香。美人睡起薄梳洗,燕舞莺啼空断肠。画工欲画无穷意,背立东风初破睡。若教回首却嫣然,阳城下蔡俱风靡。杜陵饥客眼长寒,蹇驴破帽随金鞍。隔花临水时一见,只许腰肢背后看。心醉归来茅屋底,方信人间有西子。君不见孟光举案与眉齐,何曾背面伤春啼?(眉批:此则庄论而腐矣。)

闻李公择饮傅国博家大醉二首

儿童拍手闹黄昏,应笑山公醉习园。纵使先生能一石,主人未肯独留髡。

不肯惺惺骑马回，玉山知为玉人颓。紫云有语君知否？莫唤分司御史来。

傅子美召公择饮，偶以病不及往，公择有诗，次韵

樊素阿蛮皆已出，使君应作玉筝歌。可怜病士西窗下，一夜丹田手自摩。

（眉批：合起句观之殊不雅。）

观子美病中作，嗟叹不足，因次韵

百尺长松涧下摧，知君此意为谁来。霜枝半折孤根出，尚有狂风急雨催。

（眉批：即香山"不知秋雨意，更遣欲如何"意。）

起伏龙行

徐州城东二十里，有石潭。父老云："与泗水通，增损清浊，相应不差，时有河鱼出焉。"元丰元年春旱，或云置虎头潭中可以致雷雨，用其说作《起伏龙行》。

何年白竹千钧弩，射杀南山雪毛虎。至今颅骨带霜牙，尚作四海毛虫祖。东方久旱千里赤，三月行人口生土。碧潭近在古城东，神物所蟠谁敢侮。上歆苍石拥岩窦，下应清河通水府。眼光作电走金蛇，鼻息为云擢烟缕。当年负图传帝命，左右羲轩诏神禹。尔来怀宝但贪眠，满腹雷霆暗不吐。（眉批：故作掀簸，非有讽刺，与和李清臣诗语相近而意别。）赤龙白虎战明日，自注：是月丙辰，明日庚寅。倒卷黄河作飞雨。嗟我岂乐斗两雄，有事径须烦一怒。

闻公择过云龙张山人，辄往从之，公择有诗，戏用其韵

我生固多忧，肉食尝苦墨。轩然就一笑，犹得好饮力。闻君过云龙，对酒两静默。急携清歌女，山郭及未昃。一欢难力致，邂逅有胜特。喧蜂集晚花，乱雀啅丛棘。山人乐此耳，寂寞谁侍侧。何当求好人，聊使治要襋。使君自孤愤，此理谁相值。不如学养生，一气服千息。

送李公择

嗟予寡兄弟，四海一子由。（眉批：从子由说入便亲切。）故人虽云多，出处不我谋。弓车无停招，逝去势莫留。仅存今几人，各在天一陬。有如长庚月，到晓烂不收。宜我与夫子，相好手足侔。应子由句。比年两见之，宾主更献酬。乐哉十日饮，衎衎和不流。论事到深夜，僵仆铃与驺。（眉批：此即"倦仆立寐僵屏风"意，而语不明了。）颇尝见使君，有客如此不？欲别不忍言，惨惨集百忧。念我野夫兄，知名三十秋。已得其为人，不待风马牛。他年林下见，倾盖如白头。（眉批：由公择而爱及其兄，则公择之可念，不言可知。此托衬之法。又与起处子由有意无意互相映发，用笔亦极萦拂之致。）

送笋芍药与公择二首

（眉批：此种本是代柬，不以诗论编次者，失于沙汰，遂成瘫痪。）

久客厌卤馔，自注：蜀人谓东北人卤子。枵然思南烹。故人知我意，千里寄竹萌。骈头玉婴儿，一一脱锦绷。庖人应未识，旅人眼先明。我家拙厨膳，彘肉芼芜菁。送与江南客，烧煮配香粳。

今日忽不乐，折尽园中花。园中亦何有，芍药褭残葩。久旱复遭雨，纷披乱泥沙。不折亦安用，折去还可嗟。弃掷亮未能，送与谪仙家。还将一枝春，插向两髻丫。

和孙莘老次韵

去国光阴春雪消，还家踪迹野云飘。功名正自妨行乐，迎送才堪博早朝。虽去友朋亲吏卒，却辞谗谤得风谣。明年我亦江南去，不问雄繁与寂寥。（眉批：露骨太甚。）

游张山人园

壁间一轴烟萝子，盆里千枝锦被堆。惯与先生为酒伴，不嫌刺史亦颜开。

纤纤入麦黄花乱,飒飒催诗白雨来。闻道君家好井水,归轩乞得满瓶回。(眉批:似老而实率。)

杜介熙熙堂

崎岖世路最先回,窈窕华堂手自开。咄咄何曾书怪事,熙熙长觉似春台。白砂碧玉味方永,黄纸红旗心已灰。遥想闭门投辖饮,鹍弦铁拨响如雷。

次韵答刘泾

(眉批:发端奇逸,通体亦遒紧。)

吟诗莫作秋虫声,天公怪汝钩物情,使汝未老华发生。芝兰得雨蔚青青,何用自燔以出馨。细书千纸杂真行,新音百变口如莺。异义蜂起弟子争,舌翻涛澜卷齐城。万卷堆胸兀相撑,以病为乐子未惊。我有至味非煎烹,是中之乐吁难名。绿槐如山暗广庭,飞虻绕耳细而清。败席展转卧见经,亦自不嫌翠织成。意行信足无沟坑,不识五郎呼作卿。吏民哀我老不明,相戒无复烦鞭刑。时临泗水照星星,微风不起镜面平。安得一舟如叶轻,卧闻邮签报水程。莼羹羊酪不须评,一饱且救饥肠鸣。

携妓乐游张山人园

(眉批:短章而气脉不促。)

大杏金黄小麦熟,堕巢乳鹊拳新竹。故将俗物恼幽人,绾合得自然。细马红妆满山谷。提壶劝酒意虽重,杜鹃催归声更速。酒阑人散却关门,寂历斜阳挂疏木。(眉批:结句紧对三、四句,非以空调取姿也。)

种德亭

处士王复,家于钱塘。为人多技能,而医尤精,期于活人而已,不志于利。筑室候潮门外,治园囿,作亭榭,以与贤士大夫游,惟恐不及,然终无所求。人徒知其接花蓺果之勤,而不知其所种者德也,乃以名其亭,而作诗以遗之。

小圃傍城郭,闭门芝术香。名随市人隐,德与佳木长。元化善养性,仓公多禁方。所活不可数,相逢旋相忘。但喜宾客来,置酒花满堂。我欲东南去,再观双桧苍。山茶想出屋,湖橘应过墙。木老德亦熟,吾言岂荒唐。(眉批:殊乏超脱。)

次韵僧潜见赠

(眉批:一气涌出,毫无和韵之迹。)

道人胸中水镜清,万象起灭无逃形。独依古寺种秋菊,要伴骚人餐落英。人间底处有南北,纷纷鸿雁何曾冥。闭门坐穴一禅榻,头上岁月空峥嵘。今年偶出为求法,欲与慧剑加砻硎。云衲新磨山水出,霜髭不翦儿童惊。公侯欲识不可得,故知倚市无倾城。秋风吹梦过淮水,想见橘柚垂空庭。故人各在天一角,相望落落如晨星。彭城老守何足顾,枣林桑野相邀迎。千山不惮荒店远,两脚欲趁飞猱轻。多生绮语磨不尽,尚有宛转诗人情。猿吟鹤唳本无意,不知下有行人行。空阶夜雨自清绝,谁使掩抑啼孤茕。(眉批:诗家高境。"猿吟"二句写尽意境,超妙之至;"空阶"二句便不及其自然,此故可思。)我欲仙山掇瑶草,倾筐坐叹何时盈。簿书鞭扑昼填委,煮茗烧栗宜宵征。乞取摩尼照浊水,共看落月金盆倾。

次韵潜师放鱼

(眉批:语意粘滞。)

法师说法临泗水,无数天花随麈尾。劝将净业种西方,莫待梦中呼起起。哀哉若鱼竟坐口,(眉批:"竟坐口"三字不明了。)远愧知几穆生醴。况逢孟简对卢仝,不怕校人欺子美。疲民尚作鱼尾赤,数罟未除吾颡泚。法师自有衣中珠,不用辛苦沙泥底。

文与可有诗见寄云"待将一段鹅溪绢,扫取寒梢万尺长",次韵答之

(眉批:戏笔近诨。)

为爱鹅溪白茧光,扫残鸡距紫毫芒。世间那有千寻竹,月落庭空影许长。

闻辩才法师复归上天竺,以诗戏问

(眉批:题有"戏"字,戏语原不碍格,但苦似偈,非诗耳。)

道人出山去,山色如死灰。白云不解笑,青松有余哀。忽闻道人归,鸟语山容开。神光出宝髻,法雨洗浮埃。想见南北山,花发前后台。寄声问道人,借禅以为诙。何所闻而去,何所见而回？道人笑不答,此意安在哉。昔年本不住,今者亦无来。此语竟非是,且食白杨梅。

和子由送将官梁左藏仲通

(眉批:语自疏爽,然究是应酬之作,毫无意义。)

雨足谁言春麦短,城坚不怕秋涛卷。日长惟有睡相宜,半脱纱巾落纨扇。芳草不锄当户长,珍禽独下无人见。觉来身世都是梦,坐久枕痕犹着面。城西忽报故人来,急扫风轩炊麦饭。自注:徐州所出。伏波论兵初矍铄,中散谈仙更清远。南都从事亦学道,不惜肠空夸脑满。问羊他日到金华,应许相将游阆苑。自注:黄初平之兄,寻其弟于金华山。

次韵秦观秀才见赠,秦与孙莘老、李公择甚熟,将入京应举

(眉批:转韵是七古初格,然东坡与此种不甚宜,以其主于宛转流利,不便驰骤故也。)

夜光明月非所投,逢年遇合百无忧。将军百战竟不侯,伯郎一斗得凉州。翘关负重君无力,十年不入纷华域。故人坐上见君文,谓是古人吁莫测。新诗说尽万物情,硬黄小字临黄庭。故人已去君未到,空吟河畔草青青。谁谓他乡

各异县，天遣君来破吾愿。一闻君语识君心，短李髯孙眼中见。江湖放浪久全真，忽然一鸣惊倒人。纵横所值无不可，知君不怕新书新。千金敝帚那堪换，我亦淹留岂长算。山中既未决同归，我聊尔耳君其漫。

仆曩于长安陈汉卿家见吴道子画佛，碎烂可惜。其后十余年，复见之于鲜于子骏家，则已装背完好。子骏以见遗，作诗谢之

（眉批：笔笔老重。）

贵人金多身复闲，争买书画不计钱。已将铁石充逸少，自注：殷铁石，梁武帝时人。今法帖大王书中有铁石字。更补朱繇（眉批：他本又作"朱瑶"，再校。）为道玄。自注：世所收吴道子画，多朱繇笔也。烟薰屋漏装玉轴，鹿皮苍璧知谁贤。吴生画佛本神授，梦中化作飞空仙。觉来落笔不经意，神妙独到秋毫颠。（眉批：写出神化之境。）昔我长安见此画，叹惜至宝空潸然。素丝断续不忍看，已作蝴蝶飞联翩。君能收拾为补缀，体质散落嗟神全。志公仿佛见刀尺，修罗天女犹雄妍。如观老杜飞鸟句，脱字欲补知无缘。问君乞得良有意，欲将俗眼为洗湔。贵人一见定羞怍，锦囊千纸何足捐。（眉批：回缴"贵人"似是完密，然以此起，仍以此结。似诋说"贵人"，是此篇正意，不如就画或宕开作结。）不须更用博麻缕，付与一炬随飞烟。

雨中过舒教授

（眉批：淡远有王、韦之意。）

疏疏帘外竹，浏浏竹间雨。窗扉静无尘，几砚寒生雾。美人乐幽独，有得缘无慕。坐依蒲褐禅，起听风瓯语。客来淡无有，洒扫凉冠履。浓茗洗积昏，妙香净浮虑。归来北堂暗，一一微萤度。（眉批：查云：诗境细静，耐人玩味。）此生忧患中，一饷安闲处。飞鸢悔前笑，黄犬悲晚悟。自非陶靖节，谁识此闲趣。

次韵舒教授寄李公择

草书妙绝吾所兄，真书小低犹抗行。论文作诗俱不敌，看君谈笑收降旌。

去年逾月方出昼,自注:予去年留齐月余。(眉批:"昼"音俟考。)为君剧饮几濡首。今年过我虽少留,寂寞陶潜方止酒。自注:此行公择病,酒多不饮。别时流涕揽君须,悬知此欢堕空虚。松下纵横余屐齿,门前轣辘想君车。怪君一身都是德,近之清润沦肌骨。细思还有可恨时,不许蓝桥见倾国。自注:公择有婢名云英,屡欲出,不果。(眉批:结不成语。)

又送郑户曹

水绕彭城楼,山围戏马台。古来豪杰地,千载有余哀。隆准飞上天,重瞳亦成灰。白门下吕布,大星陨临淮。尚想刘德舆,置酒此徘徊。尔来苦寂寞,废圃多苍苔。河从百步响,山到九里回。山水自相激,夜声转风雷。荡荡清河壖,黄楼我所开。秋月堕城角,春风摇酒杯。迟君为座客,新诗出琼瑰。楼成君已去,人事固多乖。他年君倦游,白首赋归来。登楼一长啸,使君安在哉。(眉批:曲折往复,极有情思。"迟君"四句,犹是人意所有;"他年"一转,匪夷所思。)

次韵黄鲁直见赠古风二首

(眉批:二诗绰有古意。)

嘉谷卧风雨,稂莠登我场。陈前漫方丈,玉食惨无光。大哉天宇间,美恶更臭香。君看五六月,飞蚊殷回廊。兹时不少假,俯仰霜叶黄。期君蟠桃枝,千岁终一尝。顾我如苦李,全生依路旁。纷纷不足道,悄悄徒自伤。

空山学仙子,妄意笙箫声。千金得奇药,开视皆豨苓。不知市人中,此指山谷。自有安期生。(眉批:此四句言误用小人。)今君已度世,坐阅霜中蒂。摩挲古铜人,岁月不可计。阆风安在哉,要君相指似。

次韵答舒教授观余所藏墨

异时长笑王会稽,野鹜膻腥污刀几。暮年却得庾安西,自厌家鸡题六纸。二子风流冠当代,顾与儿童争愠喜。秦王十八已龙飞,嗜好晚将蛇蚓比。我生百事不挂眼,时人谬说云工此。世间有癖念谁无,倾身障篦尤堪鄙。人生当着几纳屦,定心肯为微物起。此墨足支三十年,但恐风霜侵发齿。非人磨墨墨磨人,鉼应未罄罍先耻。逝将振衣归故国,数亩荒园自锄理。作书寄君君莫笑,但觅来禽与青李。一螺点漆便有余,万灶烧松何处使。君不见永宁第中捣龙麝,列屋闲居清且美。倒晕连眉秀岭浮,双鸦画鬓香云委。(眉批:波澜跌宕,长篇须如此收。)时闻五斛赐蛾绿,不惜千金求獭髓。闻君此诗当大笑,寒窗冷砚冰生水。(眉批:仍缴到本位,好。否则游骑无归。)

送郑户曹赋席上果,得榧子

彼美玉山果,粲为金槃实。瘴雾脱蛮溪,清樽奉佳客。客行何以赠,一语当加璧。祝君如此果,德膏以自泽。驱攘三彭仇,已我心腹疾。愿君如此木,凛凛傲霜雪。斫为君倚几,滑净不容削。物微兴不浅,此赠毋轻掷。(眉批:关合送别,方不是泛泛咏物。若咏物如此作,则小样极矣。言固各有当也。)

送胡掾

乱叶和凄雨,投空如散丝。流年一如此,游子去何之。节义古所重,艰危方自兹。他年著清德,仍复畏人知。(眉批:不失古格,所乏新意,结切性亦小样。)

答仲屯田次韵

秋来不见渼陂岑,千里诗盟忽重寻。大木百围生远籁,朱弦三叹有遗音。清风卷地收残暑,素月流天扫积阴。欲遣何人赓绝唱,满阶桐叶候虫吟。

密州宋国博以诗见纪在郡杂咏,次韵答之

(眉批:亦应酬语。)

吾观二宋文,字字照缣素。渊源皆有考,奇险或难句。后来邈无继,嗣子其殆庶。胡为尚流落,用舍真有数。当时苟悦可,慎勿笑杜。斫窗谁赴救,

袖手良优裕。山城忝吾继,缺短烦遮护。昔年缪陈诗,无人聊瓦注。于今赓绝唱,外重中已惧。何当附家集,击壤追咸濩。

答范淳甫

(眉批:意境自阔。)

吾州下邑生刘季,谁数区区张与李。自注:来诗有张仆射、李临淮之句。重瞳遗迹已尘埃,惟有黄楼临泗水。自注:郡有厅事,俗谓之霸王厅,相传不可坐,仆拆之以盖黄楼。而今太守老且寒,侠气不洗儒生酸。犹胜白门穷吕布,欲将鞍马事曹瞒。(眉批:结言不肯俯首权贵,用吕布事,以徐州故也。)

次韵答王定国

每得君诗如得书,宣心写妙书不如。眼前百种无不有,知君一以诗驱除。传闻都下十日雨,青泥没马街生鱼。旧雨来人今不来,悠然独酌卧清虚。我虽作郡古云乐,山川信美非吾庐。愿君不废重九约,念此衰冷勤呵嘘。

和鲜于子骏《郓州新堂月夜》二首

去岁游新堂,春风雪消后。池中半篙水,池上千尺柳。佳人如桃李,胡蝶入衫袖。(眉批:二句秀韵天然。)山川今何许,疆野已分宿。岁月不可思,驶若船放溜。繁华真一梦,寂寞两荣朽。惟有当时月,依然照杯酒。应怜船上人,坐稳不知漏。

明月入华池,反照池上堂。堂中隐几人,心与水月凉。风萤已无迹,露草时有光。起观河汉流,步屧响长廊。(眉批:起八句,意境深微。)名都信繁会,千指调笙簧。先生病不饮,童子为烧香。独作五字诗,清绝如韦郎。诗成月渐侧,皎皎两相望。

送将官梁左藏赴莫州

燕南垂,赵北际,其间不合大如砺。(眉批:从公孙瓒说入,毫无取义,只图切莫州耳。)至今父老哀公孙,蒸土为城铁作门。城中积谷三百万,猛士如云骄不战。一旦鼓角鸣地中,帐下美人空掩面。(眉批:入题无味亦无力,无味故无力也。)岂如千骑平时来,笑谈謦欬生风雷。葛巾羽扇红尘静,投壶雅歌清燕开。东方健儿虓虎样,泣涕怀思廉耻将。彭城老守亦凄然,不见君家雪儿唱。

卷十七

古今体诗五十一首

次韵子由送赵㞯归觐钱塘,遂赴永嘉

归舟转河曲,稍见楚山苍。候吏来迎客,吴音已带乡。(眉批:"吴音"句欠妥。)言从谢康乐,先献鲁灵光。(眉批:切省觐只此"鲁灵光"一句。)已击三千里,(眉批:不出"水"字,击者何物?)何须四十强。风流半刺史,清绝校书郎。到郡诗成集,寻溪水溅裳。(眉批:到郡谢康乐,所选诗名、诗集见《隋书·经籍志》,此切永嘉也。)芒鞋随采药,茧纸记流觞。海静蛟鼍出,山空草木长。宦游无远近,民事要更尝。愿子传家法,他年请尚方。

中秋月三首

(眉批:题当有"寄子由"三字,不然,则二首忽称"君"者为谁?)

殷勤去年月,潋滟古城东。憔悴去年人,卧病破窗中。徘徊巧相觅,窈窕穿房栊。月岂知我病,但见歌楼空。(眉批:句句深至似此,乃不摹古而直逼古人。)抚枕三叹息,扶杖起相从。天风不相哀,吹我落琼宫。白露入肺肝,夜吟如秋虫。坐令太白豪,化为东野穷。余年知几何,佳月岂屡逢。寒鱼亦不睡,竟夕相噞喁。(眉批:"亦"字分明。)

六年逢此月,五年照离别。自注:中秋有月凡六年矣,惟去岁与子由会于此。歌君别时曲,满座为凄咽。留都信繁丽,此会岂轻掷。镕银百顷湖,挂镜千寻阙。三更歌吹罢,人影乱清樾。归来北堂下,寒光翻露叶。(眉批:只"镕银"二句用体物语,余皆纯以神思熔铸,情景相融,绝妙言说。)唤酒与妇饮,念我向儿说。岂知衰病后,空盏对梨栗。但见古河东,荞麦花铺雪。欲和去年曲,复恐心断绝。(眉

批:仍缴到子由,首尾一线。)

舒子在汶上,闭门相对清。自注:舒焕试举人郓州。郑子向河朔,孤舟连夜行。自注:郑僅赴北京户曹。顿子虽咫尺,兀如在牢扃。自注:顿起来徐试举人。赵子寄书来,《水调》有余声。自注:今日得赵杲卿书,犹记余在东武中秋所作《水调歌头》也。悠哉四子心,共此千里明。(眉批:一语合并,笔力千钧。)明月不解老,良辰难合并。回头坐上人,聚散如流萍。尝闻此宵月,万里同阴晴。自注:故人史生为余言,尝见海贾云中秋有月,则是岁珠多而圆,贾人常以此候之。虽相去万里,他日会合相问,阴晴无不同者。(眉批:插一波又好。)天公自着意,此会那可轻。明年各相望,俯仰今古情。

中秋见月和子由

(眉批:竟用初唐体,亦自宛转可思。)

明月未出群山高,瑞光万丈生白毫。(眉批:"瑞光"二字鄙。)一杯未尽银阙涌,乱云脱坏如崩涛。谁为天公洗眸子,应费明河千斛水。遂令冷看世间人,照我湛然心不起。西南火星如弹丸,角尾奕奕苍龙蟠。今宵注眼看不见,更许萤火争清寒。(眉批:就"月明星稀"语衍开,脱尽体物窠臼。)何人舣舟临古汴,千灯夜作鱼龙变。曲折无心逐浪花,低昂赴节随歌板。青荧灭没转山前,浪飐风回岂复坚。(眉批:虚一波,对面写照,此是加一倍法。)明月易低人易散,归来呼酒更重看。(眉批:方入本位。)堂前月色愈清好,咽咽寒螀鸣露草。卷帘推户寂无人,窗下咿哑惟楚老。自注:近有一孙,名楚老。南都从事莫羞贫,对月题诗有几人。明朝人事随日出,恍然一梦瑶台客。(眉批:结用武元衡语,无迹。)

答王巩

自注:巩将见过,有诗自谓恶客,戏之。

(眉批:调亦近野,以为豪放则太误。)

汴泗绕吾城,城坚如削铁。中有李临淮,号令肝胆裂。(眉批:第四句谓号令使人肝胆裂耳，语殊未稳。）古来彭城守，未省怕恶客。恶客云是谁，祥符相公孙。是家豪逸生有种，千金一掷颇黎盆。连车载酒来，不饮外酒嫌其村。子有千瓶酒，我有万株菊。任子满头插，团团见花不见目。醉中插花归，花重压折轴。问客何所须，客言我爱山。青山自绕郭，不要买山钱。此外有黄楼，楼下一河水。美哉洋洋乎，可以疗饥并洗耳。彭城之游乐复乐，客恶何如主人恶。

次韵王定国马上见寄

昨夜霜风入夹衣，晓来病骨更支离。疏狂似我人谁顾，坎坷怜君志未移。但恨不携桃叶女，尚能来趁菊花时。南台二谢人无继，直恐君诗胜义熙。自注：二谢从宋武帝九日燕戏马台。

与顿起、孙勉泛舟，探韵得未字

（眉批：窄韵巧押，东坡长技。昌黎亦能押窄韵，而自然则逊矣。）

窗前堆梧桐，床下鸣络纬。佳人尺书到，客子中夜喟。朝来一樽酒，晤语聊自慰。秋蝇已无声，霜蟹初有味。当为壮士饮，眦裂须磔猬。勿作儿女怀，坐念蟏蛸畏。山城亦何有，一笑泻肝胃。泛舟以娱君，鱼鳖多可馈。纵为十日饮，未遽主人费。吾侪俱老矣，耿耿知自贵。宁能傍门户，啼笑杂猩狒。要将百篇诗，一吐千丈气。萧条岁行暮，追此霜雪未。明朝出城南，遗迹观楚魏。西风迫吹帽，金菊乱如沸。愿君勿言归，轻别吾所讳。

次韵答顿起二首

挽袖推腰踏破绅，旧闻携手上天门。相逢应觉声容似，欲话先惊岁月奔。新学已皆从许子，诸生犹自畏何蕃。（眉批："新学"句太露。）殿庐直宿真如梦，犹记忧时策万言。自注：顿君及第时，余为殿试编排官，见其答策语颇直。其后与子由试举人西京，既罢，同登嵩山绝顶。尝见其唱酬诗十余首，顿诗中及之。

十二东秦比汉京，去年古寺共题名。自注：去岁见之于青州。早衰怪我遽如许,苦学怜君太瘦生。茅屋拟归田二顷,金丹终扫雪千茎。何人更似苏司业,和遍新诗满洛城。

九日黄楼作

(眉批:笔笔作龙跳虎卧之势。)

去年重阳不可说,南城夜半千沤发。水穿城下作雷鸣,泥满城头飞雨滑。黄花白酒无人问,日暮归来洗靴袜。岂知还复有今年,把盏对花容一呷。莫嫌酒薄红粉陋,终胜泥中千柄锸。黄楼新成壁未干,清河已落霜初杀。朝来白雾如细雨,南山不见千寻刹。楼前便作海茫茫,楼下空闻橹鸦轧。薄寒中人老可畏,热酒浇肠气先压。烟消日出见渔村,远水鳞鳞山齾齾。(眉批:查云:阴阳晦明摄向毫端,作大开合。浅人但见写景耳。)诗人猛士杂龙虎,自注:坐客三十余人,多知名之士。楚舞吴歌乱鹅鸭。一杯相属君勿辞,此境何殊泛清霅。

太虚以黄楼赋见寄,作诗为谢

我在黄楼上,欲作黄楼诗。忽得故人书,中有黄楼词。黄楼高十丈,下建五丈旗。楚山以为城,泗水以为池。我诗无杰句,万景骄莫随。夫子独何妙,雨雹散雷椎。雄辞杂今古,中有屈宋姿。南山多磐石,清滑如流脂。朱蜡为摹刻,细妙分毫厘。佳处未易识,当有来者知。

九日次韵王巩

(眉批:此嫌有粗犷之气。)

我醉欲眠君罢休,已教从事到青州。鬓霜饶我三千丈,诗律输君一百筹。闻道郎君闭东阁,且容老子上南楼。相逢不用忙归去,明日黄花蝶也愁。

送顿起

客路相逢难,为乐常不足。临行挽衫袖,更赏折残菊。佳人亦何念,凄断

《阳关曲》。酒阑不忍去，共接一寸烛。留君终无穷，归驾不免促。岱宗已在眼，一往继前躅。天门四十里，夜看扶桑浴。回头望彭城，大海浮一粟。故人在其下，尘土相豗蹴。惟有黄楼诗，千古配《淇澳》。自注：顿有诗记黄楼本末。（眉批：从对面一边着笔，景中有情，情中有景，将两地、两人镕成一片，笔力奇绝。末二句收得少促，与上文亦不甚贯，遂为白璧之瑕。）

送孙勉

昔年罢东武，曾过北海县。白河翻雪浪，黄土如蒸面。（眉批："黄土"句不雅。）桑麻冠东方，一熟天下贱。是时累饥馑，尝苦盗贼变。每怜追胥官，野宿风裂面。君为淮南秀，文采照金殿。自注：君尝考中进士第一人。胡为事奔走，投笔腰羽箭。更被髯将军，豪篇来督战。自注：其兄莘老以诗寄之，皆言战事。亲程三郡士，玉石不能辨。欲知君得人，失者亦称善。君才无不可，要使经百炼。吾诗堪咀嚼，聊送别酒咽。

李思训画《长江绝岛图》

山苍苍，水茫茫，大孤小孤江中央。崖崩路绝猿鸟去，惟有乔木搀天长。客舟何处来？棹歌中流声抑扬。沙平风软望不到，孤山久与船低昂。峨峨两烟鬟，晓镜开新妆。舟中贾客莫漫狂，小姑前年嫁彭郎。（眉批：绰有兴致，惟末二句佻而无味，遂似市井恶少语，殊非大雅所宜。）

张安道见示近诗

人物一衰谢，微言难重寻。殷勤永嘉末，复闻正始音。清谈未足多，感时意殊深。少年有奇志，欲和南风琴。荒林蜩蚻乱，废沼蛙蝈淫。遂欲掩两耳，临文但噫喑。（眉批："荒林"四句太激。古人虽不废讽刺，然皆心平气和，乃不失风人温厚之旨。）萧然王郎子，来自缑山阴。自注：其婿王巩携来。云见浮丘伯，吹箫明月岑。遗声落淮泗，蛟鼍为悲吟。愿公正王度，《祈招》继愔愔。

次韵王巩、颜复同泛舟

沈郎清瘦不胜衣,边老便便带十围。蹩躠身轻山上走,(眉批:第三句不雅。)欢呼船重醉中归。舞腰似雪金钗落,谈辩如云玉麈挥。忆在钱塘正如此,回头四十二年非。

次韵张十七九日赠子由

千戈万槊拥笯篱,九日清樽岂复持。自注:是日南都敕使按兵。官事无穷何日了,菊花有信不吾欺。逍遥琼馆真堪羡,取次尘缨未可縻。迨此暇时须痛饮,他年长剑拄君颐。

次韵王巩独眠

居士身心如槁木,旅馆孤眠体生粟。谁能相思琢白玉,服药千朝偿一宿。天寒日短银灯续,欲往从之车脱轴。何人吹断参差竹,泗水茫茫鸭头绿。

次韵王巩留别

去国已八年,故人今有谁?当时交游内,未数蔡充儿。(眉批:"未数"句太激。)岂无知我者,好爵半已縻。争为东阁吏,不顾北山移。公子表独立,与世颇异驰。不辞千里远,成此一段奇。(眉批:"成此"句太俚。)蛾眉亦可怜,无奈思饼师。无人伴客寝,惟有支床龟。君归与何人,文字相娱嬉。持此调张子,一笑当脱颐。

登云龙山

(眉批:偶成别调,不可无一,不可有二。)

醉中走上黄茅冈,满冈乱石如群羊。冈头醉倒石作床,仰看白云天茫茫。歌声落谷秋风长,路人举首东南望,拍手大笑使君狂。

题云龙草堂石磬

折为督邮腰,(眉批:督邮何必折腰?无论语拙,典亦误数矣。此必非东坡笔,乃后人依托也。)悬作山人室。殊非濮上音,信是泗滨石。

与舒教授、张山人、参寥师同游戏马台,书西轩壁,兼简颜长道二首

古寺长廊院院行,此轩偏慰旅人情。楚山西断如迎客,汴水南来故绕城。路失玉钩芳草合,林亡白鹤古泉清。淡游何以娱庠老,坐听郊原琢磬声。

竹杖芒鞋取次行,下临官道见人情。(眉批:次句有意而不醒。)天寒菽粟犹栖亩,日暮牛羊自入城。(眉批:四句荒凉如见。)沽酒独教陶令醉,题诗谁似皎公清。更寻陋巷颜夫子,乞取微言继此声。

滕县时同年西园

(眉批:语既平衍,格韵尤为凡近。)

人皆种榆柳,坐待十亩阴。我独种松柏,守此一片心。君看闾里间,盛衰日骎骎。种木不种德,聚散如飞禽。老时吾不识,用意一何深。知人得数士,重义忘千金。西园手所开,珍木来千岑。养此霜雪根,迟彼鸾凤吟。池塘得流水,龟鱼自浮沉。幽桂日夜长,白花乱青衿。岂独蕃草木,子孙已成林。拱把不知数,会当出千寻。樊侯种梓漆,寿张富华簪。我作西园诗,以为里人箴。

次韵王廷老和张十七九日见寄

霜叶投空雀啄篱,上楼筋力强扶持。对花把酒未甘老,膏面染须聊自欺。无事亦知君好饮,多才终恐世相縻。请看平日衔杯口,会有金椎为控颐。(眉批:结语太甚。)

鹿鸣宴

(眉批:何忽庸俗至此。)

连骑匆匆画鼓喧,喜君新夺锦标还。金罍浮菊催开宴,红蕊将春待入关。他日曾陪探禹穴,白头重见赋《南山》。何时共乐升平事,风月笙箫坐夜闲。

次韵参寥师寄秦太虚三绝句,时秦君举进士不得

秦郎文字固超然,汉武凭虚意欲仙。底事秋来不得解？定中试与问诸天。
(眉批:末句绾合甚巧。)

一尾追风抹万蹄,昆仑玄圃谓朝阼。回看世上无伯乐,却道盐车胜月题。

得丧秋毫久已冥,不须闻此气峥嵘。何妨却伴参寥子,无数新诗咳唾成。
(眉批:此却绾合得粗率。)

与参寥师行园中,得黄耳蕈

遣化何时取众香,法筵斋钵久凄凉。寒蔬病甲谁能采,落叶空畦半已荒。老楮忽生黄耳菌,故人兼致白芽姜。萧然放箸东南去,又入春山笋蕨乡。

百步洪二首

王定国访余于彭城。一日棹小舟,与颜长道携盼、英、卿三子游泗水,北上圣女山,南下百步洪,吹笛饮酒,乘月而归。余时以事不得往,夜着羽衣,伫立于黄楼上,相视而笑,以为李太白死,世间无此乐三百余年矣。定国既去逾月,复与参寥师放舟洪下,追怀曩游,以为陈迹,喟然而叹。故作二诗,一以遗参寥,一以寄定国,且示颜长道、舒尧文邀同赋云。

长洪斗落生跳波,轻舟南下如投梭。水师绝叫凫雁起,乱石一线争磋磨。(眉批:语皆奇逸,亦有滩起涡旋之势。)有如兔走鹰隼落,骏马下注千丈坡。(眉批:只用一"有如"贯下,便脱去连比之调。一句两比,尤为创格。)断弦离柱箭脱手,飞电过隙珠翻荷。四山眩转风掠耳,但见流沫生千涡。(眉批:查云:连用比拟,古无此法,自先生创之。)崄中得乐虽一快,何意水伯夸秋河。我生乘化日夜逝,坐觉一念逾新罗。纷纷争夺醉梦里,岂信荆棘埋铜驼。觉来俯仰失千劫,回视此水殊委

蛇。君看岸边苍石上,古来篙眼如蜂窠。但应此心无所住,造物虽驶如吾何。回船上马各归去,多言哓哓师所呵。(眉批:后半全对参寥下语,诗须如此,用意方不浮泛。)

(眉批:此首紧切王、颜携妓,用意亦句句雅健。)

佳人未肯回秋波,幼舆欲语防飞梭。轻舟弄水买一笑,醉中荡桨肩相磨。不学长安闾里侠,貂裘夜走胭脂坡。独将诗句拟鲍谢,涉江共采秋江荷。不知诗中道何语,但觉两颊生微涡。我时羽服黄楼上,坐见织女初斜河。归来笛声满山谷,明月正照金叵罗。奈何舍我入尘土,扰扰毛群欺卧驼。不念空斋老病叟,退食谁与同委蛇。时来洪上看遗迹,忍见履齿青苔窠。诗成不觉双泪下,悲吟相对惟羊何。欲遣佳人寄锦字,夜寒手冷无人呵。(眉批:结句对照好。)

送参寥师

上人学苦空,百念已灰冷。剑头惟一映,焦谷无新颖。胡为逐吾辈,文字争蔚炳。新诗如玉屑,出语便清警。直涉理路,而有挥洒自如之妙,遂不以理路病之。言各有当,勿以王、孟一派概尽天下古今之诗。退之论草书,万事未尝屏。忧愁不平气,一寓笔所骋。颇怪浮屠人,视身如丘井。颓然寄淡泊,谁与发豪猛。细思乃不然,真巧非幻影。欲令诗语妙,无厌空且静。静故了群动,空故纳万境。阅世走人间,观身卧云岭。咸酸杂众好,中有至味永。诗法不相妨,此语当更请。(眉批:查云:公与潜以诗友善,誉潜以诗。潜止一诗僧耳,寻出"空""静"二字便有主脑,便是结穴处。余谓潜本僧而公之诗友,若专言诗,则不见僧;专言禅,则不见诗。故禅与诗并而为一,演成妙谛。结处"诗法不相妨"五字,乃一篇之主宰,非专拈空静也。)

夜过舒尧文戏作

先生堂前霜月苦,弟子读书喧两庑。推门入室书纵横,蜡纸灯笼晃云母。先生骨清少眠卧,长夜默坐数更鼓。耐寒石砚欲生冰,得火铜瓶如过雨。郎君欲出先自赞,坐客敛衽谁敢侮。明朝阮籍过阿戎,应作羲之羡怀祖。

和参寥见寄

黄楼南畔马台宫,(眉批:去"戏"字未妥。)云月娟娟正点空。欲共幽人洗笔砚,要传流水入丝桐。且随侍者寻西谷,莫学山僧老祝融。(眉批:中四句虚字平头。)待我西湖借君去,一杯汤饼泼油葱。(眉批:末三字太俚。)

十月十五日观月黄楼,席上次韵

中秋天气未应殊,不用红纱照座隅。山上白云横匹素,水中明月卧浮图。(眉批:三、四小样。)未成短棹还三峡,已约轻舟泛五湖。为问登临好风景,明年还忆使君无。

答王定民

开缄奕奕满银钩,书尾题诗语更遒。八法旧闻宗长史,五言今复拟苏州。笔踪好在留台寺,旗队遥知到石沟。欲寄鼠须并茧纸,请君章草赋黄楼。

次韵王廷老退居见寄二首

浪蕊浮花不辨春,归来方识岁寒人。回头自笑风波地,闭眼聊观梦幻身。北牖已安陶令榻,西风还避庾公尘。(眉批:六句太露。)更搔短发东南望,试问今谁裹旧巾。

接果移花看补篱,腰镰手斧不妨持。上都新事长先到,老圃闲谈未易欺。(眉批:查初白最赏此二句。)酿酒闭门开社瓮,杀牛留客解耕縻。(眉批:不近情事。)何时得见纤纤玉,右手持杯左捧颐。

次韵颜长道送傅倅

两见黄花扫落英,南山山寺遍题名。宗成不独依岑范,鲁卫终当似弟兄。去岁云涛浮汴泗,与君泥土满衣缨。如今别酒休辞醉,试听双洪落后声。(眉批:后四句笔力雄大。)

云龙山观烧得云字

(眉批:力摹昌黎,居然似之。)

丁女真水妃,寒山便火耕。阴霜知已杀,坏户听初焚。束缊方熠耀,敲石俄氤氲。落点甘泉烽,横烟楚塞氛。穷蛇上乔木,潜蛟蹴浮云。惊飞堕伤雁,狂走迷痴麇。谷蛰起蜩燕,山妖窜夔獯。野竹爆哀声,幽桂飘冤芬。悲同秋照蟹,快若夏燎蚊。火牛入燕垒,燧象奔吴军。崩腾井陉口,万马皆朱幩。摇曳骊山阴,诸姨烂红裙。方随长风卷,忽值绝涧分。我本山中人,习见匪独闻。(眉批:"我本"以下,忽又平易,未免首鼠两端,不成体格。)偶从二三子,来访张隐君。君家亦何有,物象移朝曛。把酒看飞烬,空庭落缤纷。行观农事起,畦垄如缬纹。细雨发春颖,严霜倒秋蕡。始知一炬力,洗尽狐兔群。

和田国博喜雪

畴昔月如昼,晚来云暗天。玉花飞半夜,翠浪舞明年。螟螣无遗种,流亡稍占田。岁丰君不乐,钟磬几时编。自注:田有服,不乐。

祈雪雾猪泉,出城马上作,赠舒尧文

三年走吴越,踏遍千重山。朝随白云去,暮与栖鸦还。翾如得木狖,飞步谁能攀。一为符竹累,坐老敲榜间。此行亦何事,聊散腰脚顽。(眉批:祈雪不应如此说。此与同二令祈雨诗同一语病,只因说得豪快,遂忘顾立言之体。)浩荡城西南,乱山如玦环。山下野人家,桑柘杂榛菅。岁晏风日暖,人牛相对闲。二句如画。薄雪不盖土,麦苗稀可删。愿君发豪句,嘲诙破天悭。二句不贯上文。

次韵舒尧文祈雪雾猪泉

(眉批:多为韵脚所率,不甚自如。)

长笑蛇医一寸腹,衔冰吐雹何时足。苍鹅无罪亦可怜,斩颈横盘不敢哭。岂知泉下有猪龙,卧枕雷车踏阴轴。前年太守为旱请,雨点随人如撒菽。自注:傅钦之曾祷此泉得雨。太守归国龙归泉,至今人咏淇园绿。我今又复罹此旱,凛凛疲民在沟渎。却寻旧迹叩神泉,坐客仍携王子渊。自注:钦之时客惟舒在矣。看草《中和》《乐职》颂,新声妙语慰华颠。晓来泉上东风急,须上冰珠老蛟泣。(眉批:"蛟"当作"鲛"。)怪词欲逼龙飞起,险韵不量吾所及。行看积雪厚埋牛,谁与春工掀百蛰。此时还复借君诗,余力汰辀仍贯笠。挥毫落纸勿言疲,惊龙再起震失匙。

宋复古画《潇湘晚景图》三首

(眉批:题画作五律已难,措手叠至三首,更难措手矣。)

西征忆南国,堂上画潇湘。照眼云山出,浮空野水长。旧游心自省,信手笔都忘。会有衡阳客,来看意渺茫。

落落君怀抱,山川自屈蟠。经营初有适,挥洒不应难。江市人家少,烟村古木攒。知君有幽意,细细为寻看。

咫尺殊非少,阴晴自不齐。径蟠趋后崦,水会赴前溪。自说非人意,(眉批:"自说"句晦。)曾经入马蹄。他年宦游处,应指剑山西。

赠狄崇班季子

狄生臂鹰来,见客不会揖。(眉批:第二句亦太罟。)踞床咤得隽,借箸数禽入。短后掬豹裘,犹溅猩血湿。(眉批:自是至论。若起结语再浑雄,则更得风人之旨。)指呼索酒尝,快作长鲸吸。半酣论刀槊,怒发欲起立。北方老狮子,狂突尚不絷。要须此慓悍,气压边烽急。夜走追锋车,生斩活离级。持归献天王,封侯稳可拾。何为走猎师,日使群毛泣。

石　炭

彭城旧无石炭。元丰元年十二月,始遣人访获于州之西南白土镇之北,冶铁作兵,犀利胜常云。

君不见前年雨雪行人断,城中居民风裂骭。湿薪半束抱衾裯,日暮敲门无处换。(眉批:微嫌其剽而不留。)岂料山中有遗宝,磊落如磬万车炭。流膏迸液无人知,阵阵腥风自吹散。根苗一发浩无际,万人鼓舞千人看。投泥泼水愈光明,烁玉流金见精悍。南山栗林渐可息,北山顽矿何劳锻。为君铸作百炼刀,要斩长鲸为万段。

卷十八

古今体诗四十七首

人日猎城南,会者十人,以"身轻一鸟过,枪急万人呼"为韵,得鸟字

儿童笑使君,忧愠长悄悄。谁拈白接䍦,令跨金騕褭。东风吹湿雪,手冷怯清晓。忽发两鸣髇,相趁飞虻小。放弓一长啸,目送孤鸿矫。吟诗忘鞭箠,不语头自掉。归来仍脱粟,盐豉煮芹蓼。何似雷将军,两眼霜鹘皎。黑头已为将,百战意未了。马上倒银瓶,得兔不暇燎。少年负奇志,蹭蹬百忧绕。(眉批:淋漓顿挫,收束满足。)回首英雄人,老死已不少。青春还一梦,余年真过鸟。莫上呼鹰台,平生笑刘表。(眉批:借雷将军对照作收亦可以住,然未免近剽近薄。得此一收,乃如画家山脚,重重气脉更加深厚。)

将官雷胜得过字代作

(眉批:疏疏落落,殊有古朴之致。不如此,则不似代雷将军。)

胡骑入云中,急烽连夜过。短刀穿卤阵,溅血貂裘涴。一来辇毂下,愁闷惟欲卧。今朝从公猎,稍觉天宇大。一双铁丝箭,未发手先唾。射杀雪毛狐,腰间余一个。

台头寺步月得人字

风吹河汉扫微云,步屧中庭月趁人。浥浥炉香初泛夜,离离花影欲摇春。遥知金阙同清景,想见毡车辗暗尘。(眉批:五、六拓得开,才不顺笔滑下。此处最忌顺笔直写,如人腰间无力,通身骨节都散缓。)回首旧游真是梦,一簪华发岸纶巾。查

云：不犯俗气。

台头寺送宋希元

相从倾盖只今年，送别南台便黯然。入夜更歌《金缕曲》，他时莫忘《角弓篇》。三年不顾东邻女，自注：取宋玉。二顷方求负郭田。自注：取季子。（眉批：五句无著切姓，已是小样，再加无著愈成瘾痛。）我欲归休君未可，茂先方议剧龙泉。

种松得徕字

自注：其四在怀古堂，其六在石经院。

（眉批：查云：曲折中有深厚之气。）

春风吹榆林，乱荚飞作堆。荒园一雨过，甋甋千万栽。青松种不生，百株望一枚。一枚已有余，气压千亩槐。野人易斗粟，云自鲁徂徕。鲁人不知贵，万灶飞青煤。束缚同一车，胡为乎来哉。泫然解其缚，清泉洗浮埃。枝伤叶尚困，生意未肯回。山僧老无子，养护如婴孩。坐待走龙蛇，清阴满南台。孤根裂山石，直干排风雷。我今百日客，自注：时去替不百日。养此千岁材。茯苓无消息，双鬓日夜摧。古今一俯仰，作诗寄余哀。（眉批：诗中有人便非空调。）

作书寄王晋卿，忽忆前年寒食北城之游，走笔为此诗

（眉批：无深意，而风华特胜。）

北城寒食烟火微，落花胡蝶作团飞。秀句。王孙出游乐忘归，门前骢马紫金鞿。吹笙帐底烟霏霏，行人举头谁敢睎。扣门狂客君不麾，更遣倾城出翠帏。书生老眼省见稀，画图但觉周昉肥。别来春物已再菲，西望不见红日围。何时东山歌采薇，把盏一听金缕衣。

往在东武，与人往反作粲字韵诗四首，今黄鲁直亦次韵见寄，复和答之

苻坚破荆州，止获一人半。中郎老不遇，但喜识元叹。我今独何幸，文字

厌奇玩。又得天下才,相从百忧散。阴求我辈人,规作林泉伴。宁当待垂老,仓卒收一旦。不见梁伯鸾,空对孟光案。才难不其然,妇女厕周乱。(眉批:"不见"四句,不免和韵牵挚之痕。)世岂无作者,于我如既盥。独喜诵君诗,咸韶音节缓。夜光一已多,矧获累累贯。相思君欲瘦,不往我真懦。吾侪眷微禄,寒夜把寸炭。何时定相过,径就我乎馆。飘然东南去,江水清且暖。相与访名山,微言师忍粲。

雪 斋

自注:杭僧法言,作雪山于斋中。

(眉批:起结俱可,中四句少味亦少力。)

君不见峨眉山西雪千里,北望成都如井底。春风百日吹不消,五月行人如冻蚁。纷纷市人争夺中,谁信言公似赞公。人间热恼无处洗,故向西斋作雪峰。我梦扁舟入吴越,长廊静院灯如月。开门不见人与牛,自注:言有诗见寄,云林下闲看水牸牛。惟见空庭满山雪。

以双刀遗子由,子由有诗,次其韵

(眉批:纯是寓言。)

宝刀匣不见,但见龙雀环。何曾斩蛟蛇,亦未切琅玕。胡为穿窬辈,见之要领寒。吾刀不汝问,有愧在其肝。(眉批:"吾刀"二句深警,惟"肝"字微嫌趁韵。少陵《义鹘行》用激怒壮士肝,注家以肝主怒解之,已属附会;此以愧属肝,更无意义可说。)念此力自藏,包之虎皮斑。湛然如古井,终岁不复澜。不忧无所用,忧在用者难。佩之非其人,匣中自长叹。我老众所易,屡遭非意干。惟有王元通,阶庭秀芝兰。知子后必大,故择刀所便。屠狗非不用,一岁六七刓。欲试百炼刚,要须更泥蟠。作诗铭其背,以待知者看。

游桓山,会者十人,以"春水满四泽,夏云多奇峰"为韵,得泽字

(眉批:绰有陶、韦之意,而不袭其貌。此乃善学陶、韦者。)

东郊欲寻春,未见莺花迹。春风在流水,凫雁先拍拍。十字神来。孤帆信溶漾,弄此半篙碧。舣舟桓山下,长啸理轻策。弹琴石室中,幽响清磔磔。吊彼泉下人,野火失枯腊。悟此人间世,何者为真宅。暮回百步洪,散坐洪上石。愧我非王襄,子渊肯见客。临流吹洞箫,水月照连璧。自注:谓王氏兄弟也。此欢真不朽,回首岁月隔。想像斜川游,作诗寄彭泽。(眉批:"寄"字乃"寄慨"之"寄"。)

戴道士得四字代作

(眉批:远想慨然,迥然高唱。代作乃胜于自作,要仍是自写胸臆耳。)

少小家江南,寄迹方外士。偶随白云出,卖药彭城市。雪霜侵鬓发,尘土污冠袂。赖此三尺桐,中有山水意。自从夷夏乱,七丝久已弃。心知鹿鸣三,不及胡琴四。使君独慕古,嗜好与众异。共吊桓魋宫,一洒孟尝泪。归来锁尘匣,独对断弦喟。挂名石壁间,寂寞千岁事。(眉批:语特和平。)

次韵田国博部夫南京见寄二绝

岁月翩翩下坂轮,归来杏子已生仁。(眉批:首句是宋句,次句是晚唐句。)深红落尽东风恶,柳絮榆钱不当春。(眉批:寄慨殊深,行役之感言外见之。)

火冷饧稀杏粥稠,青裙缟袂饷田头。(眉批:"青裙"句对照好。)大夫行役家人怨,应羡居乡马少游。

月夜与客饮杏花下

(眉批:有太白之意。)

杏花飞帘散余春,明月入户寻幽人。褰衣步月踏花影,炯如流水涵青蘋。(眉批:三、四写景入微。)花间置酒清香发,争挽长条落香雪。山城酒薄不堪饮,劝君且吸杯中月。洞箫声断月明中,惟忧月落酒杯空。明朝卷地春风恶,但见绿叶栖残红。(眉批:结乃劝今日之饮,非伤春意也。)

送蜀人张师厚赴殿试二首

忘归不觉鬓毛斑,好事乡人尚往还。断岭不遮西望眼,送君直过楚王山。

云龙山下试春衣,放鹤亭前送落晖。一色杏花三十里,新郎君去马如飞。

(眉批:末二句近俗。)

再次韵答田国博部夫还二首

西郊黄土没车轮,满面风埃笑路人。已放役夫三万指,从教积雨洗残春。

枝上稀疏地上稠,忍看红糁落墙头。风流别乘多才思,归趁西园秉烛游。

田国博见示石炭诗,有"铸剑斩佞臣"之句,次韵答之

(眉批:太激太尽。)

楚山铁炭皆奇物,知君欲斫奸邪窟。属镂无眼不识人,楚国何曾斩无极。玉川狂直古遗民,救月裁诗语最真。千里妖蟆一寸铁,地上空愁虮虱臣。

答郡中同僚贺雨

水旱行十年,饥疫遍九土。奇穷所向恶,岁岁祈晴雨。虽非为己求,重请终愧古。鬼神亦知我,老病入腰膂。何曾拜向人,此意难不许。(眉批:虽兀傲而立言有体。此处最难着笔,如曰"偶然",则祈祷为戏;如曰"有应",又自以为功,只可如此谐语转过。)重云萋已合,微润先流础。萧萧止还作,坐听及三鼓。天明将吏集,泥土满靴屦。登城望麰麦,绿浪风掀舞。愧我贤友生,雄篇斗新语。君看大熟岁,风雨占十五。天地本无功,祈禳何足数。渡河不入境,未若无蝗虎。而况刑白鹅,下策君勿取。(眉批:查云:深入一层,地步绝高。)

留别叔通、元弼、坦夫

田三昔同僚,向我每倾倒。当年或龃龉,反覆看愈好。寇三我部民,孝弟

化邻保。有如袁伯业,苦学到衰老。石生吾邑子,劲立风中草。宦游甑生尘,饭水媚翁媪。我穷交旧绝,计拙集枯槁。三子尤见存,往复纷纭缟。迎我淮水北,送我睢阳道。愿存金石契,凛凛贯华皓。

罢徐州,往南京,马上走笔寄子由五首

(眉批:极力摆脱。)

吏民莫扳援,歌管莫凄咽。吾生如寄耳,宁独为此别。别离随处有,悲恼缘爱结。而我本无恩,此涕谁为设。纷纷等儿戏,鞭镫遭割截。(眉批:此下亦难著语,只得以旷语作收。)道边双石人,几见太守发。有知当解笑,抚掌冠缨绝。

父老何自来,花枝裛长红。(眉批:此从前首"而我本无恩"二句生出,然自表捍水之功,语意殊浅。)洗盏拜马前,请寿使君公。叠得不妥。前年无使君,鱼鳖化儿童。倒装不妥。举鞭谢父老,正坐使君穷。穷人命分恶,所向招灾凶。水来非吾过,去亦非吾功。(眉批:末二句与上不接。已曰招灾凶,则已引为己过矣。)

古汴从西来,迎我向南京。东流入淮泗,送我东南行。暂别复还见,依然有余情。春雨涨微波,一夜到彭城。过我黄楼下,朱栏照飞甍。可怜洪上石,谁听月中声。(眉批:此首气局浑成,文情亦极宛转。)

前年过南京,麦老樱桃熟。今来旧游处,樱麦半黄绿。岁月如宿昔,人事几反覆。青衫老从事,坐稳生髀肉。联翩阅三守,迎送如转觳。归耕何时决,田舍我已卜。

卜田向何许,石佛山南路。下有尔家川,千畦种粳稌。山泉宅龙蜃,平地走膏乳。异时亩一金,近欲为逃户。言荒芜不耕也。逝将解簪绂,卖剑买牛具。故山岂不怀,废宅生蒿莒。(眉批:"故山"二句转折语气,稍觉格格,然尚不甚碍。病在"岂不"二字,本与"便恐"二字呼应,而"废宅"句冗赘其间以趁韵,遂令机局不灵。)便恐桐乡人,长祠仲卿墓。仍收到本位。

泗州僧伽塔

(眉批:极力作摆脱语,纯涉理路,而仍清空如话。)

我昔南行舟系汴,逆风三日沙吹面。舟人共劝祷灵塔,香火未收旗脚转。回头顷刻失长桥,却到龟山未朝饭。至人无心何厚薄,我自怀私欣所便。(眉批:确是僧伽塔,不可移之别水神。)耕田欲雨刈欲晴,去得顺风来者怨。若使人人祷辄遂,造物应须日千变。今我身世两悠悠,去无所逐来无恋。(眉批:又就自己伸一层,愈加满足。)得行固愿留不恶,每到有求神亦倦。退之旧云三百尺,澄观所营今已换。不嫌俗士污丹梯,一看云山绕淮甸。(眉批:层层波澜一齐卷尽。只就塔作结,简便之至。)

龟　山

(眉批:霸业雄图而有今昔之感,况一人之身乎?前四句与后四句映发,有情便不是吊古套语。)

我生飘荡去何求,再过龟山岁五周。身行万里半天下,僧卧一庵初白头。地隔中原劳北望,潮连沧海欲东游。元嘉旧事无人记,故垒摧颓今在不。自注:宋文帝遣将拒魏太武,筑城此山。

书泗州孙景山西轩

落日明孤塔,青山绕病身。知君向西望,不愧塔中人。

泗州遇仓中刘景文老兄,戏赠一绝

既聚伏波米,还数魏舒筹。应笑苏夫子,侥幸得湖州。

过淮三首赠景山,兼寄子由

好在长淮水,十年三往来。功名真已矣,归计亦悠哉。今日风怜客,平时浪作堆。逆挽法。晚来洪泽口,捍索响如雷。(眉批:一气浑成,而又非貌袭之盛唐。此首过淮。)

过淮山渐好,松桧亦苍然。蔼蔼藏孤寺,泠泠出细泉。故人真吏隐,小槛带岩偏。却望临淮市,东风语笑传。(眉批:此首赠景山。此二首却不出色。)

回首濉阳幕,簿书高没人。何时桐柏水,一洗庾公尘。又太露。此去渐佳境,独游长怆神。待君诗百首,来写浙西春。(眉批:此首寄子由。前首从过淮说到景山,此首从子由挽到过淮,章法不苟。)

舟中夜起

微风萧萧吹菰蒲,开门看雨月满湖。(眉批:初听风声疑其是雨,开门视之,月乃满湖。此从"听雨寒更尽,开门落叶深"化出。查云:极常、极幻、极远、极近境界,俱从静中写出。)舟人水鸟两同梦,妙景中有妙语。大鱼惊窜如奔狐。写鱼却不是写鱼。夜深人物不相管,我独形影相嬉娱。暗潮生渚吊寒蚓,落月挂柳看悬蛛。此生忽忽忧患里,清境过眼能须臾。鸡鸣钟动百鸟散,船头击鼓还相呼。有日出事生之感,正反托一夜之清吟。

余去金山五年而复至,次旧诗韵,赠宝觉长老

谁能斗酒博西凉,但爱斋厨法馔香。旧事真成一梦过,高谈为洗五年忙。清风偶与山阿曲,明月聊随屋角方。(眉批:五、六作写景则纤,借写到处随缘之意则不妨。)稽首愿师怜久客,直将归路指茫茫。

大风留金山两日

塔上一铃独自语,明日颠风当断渡。朝来白浪打苍崖,倒射轩窗作飞雨。龙骧万斛不敢过,渔舟一叶从掀舞。(眉批:笔力横恣。)细思城市有底忙,却笑蛟龙为谁怒。无事久留童仆怪,此风聊得妻孥许。(眉批:"无事"二句,金山阻风中,有景有人在。)潜山道人独何事,半夜不眠听粥鼓。

游惠山

余昔为钱塘倅,往来无锡,未尝不至惠山。既去五年,复为湖州,与高

邮秦太虚、杭僧参寥同至,览唐处士王武陵、窦群、朱宿所赋诗,爱其语清简,萧然有出尘之姿,追用其韵,各赋三首。

梦里五年过,觉来双鬓苍。还将尘土足,一步漪澜堂。俯窥松桂影,仰见鸿鹤翔。炯然肝肺间,已作冰玉光。(眉批:中四句自在流出,肃肃穆穆不减原作。惟起结八句,未免作意耳。)虚明中有色,清净自生香。还从世俗去,永与世俗忘。

薄云不遮山,疏雨不湿人。萧萧松径滑,策策芒鞋新。嘉我二三子,皎然无淄磷。胜游岂殊昔,清句仍绝尘。吊古泣旧史,疾谗歌《小旻》。哀哉扶风子,难与巢许邻。自注:谓窦群。(眉批:亦是古调。)

敲火发山泉,烹茶避林樾。明窗倾紫盏,色味两奇绝。吾生眠食耳,一饱万想灭。颇笑玉川子,饥弄三百月。岂如山中人,睡起山花发。一瓯谁与共,门外无来辙。(眉批:此则纯用本色。)

赠惠山僧惠表

行遍天涯意未阑,将心到处遣人安。山中老宿依然在,案上《楞严》已不看。欹枕落花余几片,闭门新竹自千竿。客来茶罢空无有,卢橘杨梅尚带酸。

赠钱道人

(眉批:纯为介甫辈发,全用宋格,然自是一种不可磨灭文字。)

书生苦信书,世事仍臆度。不量力所负,轻出千钧诺。当时一快意,事过有余怍。不知几州铁,铸此一大错。我生涉忧患,常恐长罪恶。静观殊可喜,脚浅犹容却。而况钱夫子,万事初不作。相逢更何言,无病亦无药。

与秦太虚、参寥会于松江,而关彦长、徐安中适至,分韵得风字二首

(眉批:二诗皆清老。)

吴越溪山兴未穷,又扶衰病过垂虹。浮天自古东南水,送客今朝西北风。(眉批:查云:三、四入许丁卯手,便成板对;由其才气短小,不能动宕故也。)绝境自忘千

里远,胜游难复五人同。舟师不会留连意,拟看斜阳万顷红。

二子缘诗老更穷,人间无处吐长虹。平生睡足连江雨,尽日舟横擘岸风。人笑年来三黜惯,天教我辈一尊同。知君欲写长相忆,更送银盘尾鬣红。

次韵关令送鱼

举网惊呼得巨鱼,馋涎不易忍流酥。更烦赤脚长须老,来趁西风十幅蒲。

次韵秦太虚见戏耳聋

君不见诗人借车无可载,留得一钱何足赖。（眉批:语特超隽。）晚年更似杜陵翁,右臂虽存耳先聩。人将蚁动作牛斗,我觉风雷真一噫。（眉批:善于解嘲。）闻尘扫尽根性空,不须更枕清流派。（眉批:"派"字添出趁韵。）大朴初散失浑沌,六凿相攘更胜败。眼花乱坠酒生风,口业不停诗有债。君知五蕴皆是贼,人生一病今先差。警策。但恐此心终未了,不见不闻还是碍。鞭入一层,更警策。今君疑我特佯聋,故作嘲诗穷崄怪。须防额痒出三耳,莫放笔端风雨快。（眉批:结还戏意,语虽佻薄,然题中原有"戏"字,故不碍格。且言外有戒其太聪意,亦非无关风旨,但弄笔锋。）

端午遍游诸寺得禅字

肩舆任所适,遇胜辄留连。焚香引幽步,酌茗开净筵。微雨止还作,小窗幽更妍。盆山不见日,草木自苍然。（眉批:四句神来。）忽登最高塔,眼界穷大千。卞峰照城郭,震泽浮云天。深沉既可喜,旷荡亦所便。幽寻未云毕,墟落生晚烟。归来记所历,耿耿清不眠。道人亦未寝,孤灯同夜禅。（眉批:善于空际烘托,结有余味。入一衬更有幽致。）

送刘寺丞赴余姚

中和堂后石楠树,与君对床听夜雨。玉笙哀怨不逢人,但见香烟横碧缕。

讴吟思归出无计,坐想蟋蟀空房语。明朝开镲放观潮,豪气正与潮争怒。银山动地君不看,独爱清香生云雾。别来聚散如宿昔,城郭空存鹤飞去。我老人间万事休,君亦洗心从佛祖。手香新写《法界观》,眼净不觑登伽女。余姚古县亦何有,龙井白泉甘胜乳。(眉批:收太草草。)千金买断顾渚春,似与越人降日注。(眉批:末句未甚解,再详之。)

卷十九

古今体诗五十首

雪上访道人不遇

花光红满栏,草色绿无岸。不逢青眼人,长歌白石涧。

李公择过高邮,见施大夫与孙莘老赏花诗,忆与仆去岁会于彭门折花馈笋故事,作诗二十四韵见戏。依韵奉答,亦以戏公择云

(眉批:语自俊逸,惟起处十数句为韵所牵,不免迂远。)

汝阳真天人,绢帽着红槿。缠头三百万,不买一微哂。共夸青山峰,曲尽花不陨。当时谪仙人,逸韵谢封畛。诗成天一笑,万象解寒窘。惊开小桃杏,不待雷发轸。余波尚涓滴,乞与居易稹。尔来谁复见,前辈风流尽。寂寞两诗人,残红对樱笋。饥肠得一醉,妙语传不泯。君来恨不与,更复相牵引。我老心已灰,空烦扇余烬。天游照六凿,虚空扫充牣。悬知色竟空,那复嗜乌吻。萧然一方丈,居士老庞蕴。散花从满衻,不答天女问。故人犹故目,怨句写余恨。疑我此心在,遮防费栏楯。应虞已毙蛇,折尾时一蠢。厌闻孟光贤,未学处仲忍。自注:开阁放出,事见本传。寄招应已足,左右侍云鬓。何时花月夜,羊酒谢不敏。此生如幻耳,戏语君勿愠。应同亡是公,一对子虚听。

王巩清虚堂

(眉批:微嫌多偈颂之气。)

清虚堂里王居士,闭眼观身如止水。水中照见万象空,敢问堂中谁隐几。吴兴太守老且病,堆案满前长渴睡。愿君勿笑反自观,梦幻去来殊未已。长疑

安石恐不免,未信犀首终无事。勿将一念住清虚,居士与我盖同耳。

次韵答王巩

我有方外客,颜如琼之英。十年尘土窟,一寸冰雪清。揭来从我游,坦率见真情。顾我无足恋,恋此山水清。新诗如弹丸,脱手不暂停。昨日放鱼回,衣巾满浮萍。今日扁舟去,白酒载乌程。山头见月出,江路闻鼍鸣。莫作孺子歌,沧浪濯吾缨。吾诗自堪唱,相子棹歌声。

和孙同年卞山龙洞祷晴

吴兴连月雨,釜甑生鱼蛙。往问卞山龙,曷不安厥家。梯空尚巉绝,俯视惊谽谺。神井涌云盖,阴崖垂藓花。交流百道泉,赴谷走群蛇。不知落何处,隐隐如缲车。我来叩石户,飞鼠翻白鸦。寄语洞中龙,睡味岂不嘉。(眉批:"寄语"句直贯到"龙亦"句。)雨师少弭节,雷师亦停挝。积水得反壑,稻苗出泥沙。农夫免菜色,龙亦饱豚豝。看君拥黄绸,高卧放晚衙。(眉批:"看君"二句接得少突,前路只有"我来"字,未出孙也。)

乘舟过贾收水阁,收不在,见其子三首

爱酒陶元亮,能诗张志和。青山来水槛,白雨满渔蓑。泪垢添丁面,贫低举案蛾。(眉批:句陋拙。)不知何所乐,竟夕独酣歌。

袅袅风蒲乱,猗猗水荇长。小舟浮鸭绿,大杓泻鹅黄。得意诗酒社,终身鱼稻乡。乐哉无一事,何处不清凉。

曳杖青苔岸,系船枯柳根。德公方上冢,季路独留言。已占蒲鱼港,更开松菊园。从兹来往数,儿女自膺门。

次韵孙秘丞见赠

感概清哀似变风,老于诗句耳偏聪。迂疏自笑成何事,冷淡谁能用许功。

不怕飞蚊如立豹，自注：湖州多蚊蚋，豹脚尤毒。肯随白鸟过垂虹。自注：垂虹，长桥亭名。吟哦相对忘三伏，拟泛冰溪入雪宫。

与客游道场何山，得鸟字

清溪到山尽，飞路盘空小。红亭与白塔，隐见乔木杪。（眉批：起四句如画，通首亦紧峭之中不乏波折。）中休得小庵，孤绝寄云表。洞庭在北户，云水天渺渺。庵僧俗缘尽，净业洗未了。十年画鹊竹，益以诗自绕。高堂俨像设，禅室各深窈。奔泉何处来，华屋过溪沼。何山隔幽谷，去路清且悄。长松度翠蔓，绝壁挂啼鸟。我友自杭来，尚叹所历少。归途风雨作，一洗红日燎。俄惊万窍号，黑雾卷蓬蓼。舟人纷变色，坐羡轻鸥矫。我独唤酒杯，醉死胜流殍。书生例强很，造物空烦扰。更将掀舞势，把烛画风筱。（眉批：又生一波，势更满足。）美人为破颜，正似腰支袅。明朝便陈迹，清景堕空杳。作诗记余欢，万古一昏晓。（眉批：势须如此作收。）

仆去杭五年，吴中仍岁大饥疫，故人往往逝去，闻湖上僧舍不复往日繁丽，独净慈本长老学者益盛，作诗寄之

来往三吴一梦间，故人半作冢累然。独依旧社传真法，要与遗民度厄年。赵叟近闻还印绶，竺翁先已反林泉。何时策杖相随去，任性逍遥不学禅。

舶趠风

吴中梅雨既过，飒然清风弥旬，岁岁如此，湖人谓之舶趠风。是时海舶初回，云此风自海上与舶俱至云尔。

三旬已过黄梅雨，万里初来舶趠风。几处萦回度山曲，一时清驶满江东。惊飘簌簌先秋叶，唤醒昏昏嗜睡翁。欲作兰台《快哉赋》，却嫌分别问雌雄。（眉批：结亦太露不平。）

丁公默送蝤蛑

溪边石蟹小于钱,喜见轮囷赤玉盘。半壳含黄宜点酒,两螯斫雪劝加餐。蛮珍海错闻名久,怪雨腥风入坐寒。堪笑吴兴馋太守,一诗换得两尖团。

送孙著作赴考城,兼寄钱醇老、李邦直二君,于孙处有书见及

(眉批:起结甚别。)

使君闲如云,欲出谁肯伴。清风独无事,一啸亦可唤。来从白蘋洲,吹我明月观。门前远行客,青衫流白汗。(眉批:斗入奇绝。)问子何匆匆,王事不可缓。故人钱与李,清庙两圭瓒。蔚为万乘器,尚记沟中断。子亦东南珍,价重不可算。别情何以慰,酒尽对空案。惟持一榻凉,劝子巾少岸。北风那复有,尘土飞灰炭。(眉批:"尘土"句少欠雅。)欲寄二大夫,发发不可绊。

泛舟城南,会者五人,分韵赋诗,得"人皆苦炎"字四首

城中楼阁似鱼鳞,不见清风起白蘋。试选苕溪最深处,仍呼我辈不羁人。(眉批:入手恣逸,妙不单弱。)窥船野鹤何曾下,见烛飞虫空自驯。绕郭荷花一千顷,谁知六月下塘春。

苦热诚知处处皆,何当危坐学心斋。海螯要共诗人把,溪月行遭雾雨霾。乡国飘零断书信,弟兄流落隔江淮。便应筑室苕溪上,荷叶遮门水浸阶。(眉批:有疏宕之气。)

紫蟹鲈鱼贱如土,得钱相付何曾数。碧筒时作象鼻弯,白酒微带荷心苦。运肘风生看斫脍,随刀雪落惊飞缕。不将醉语作新诗,饱食应惭腹如鼓。(眉批:仄韵作五律已不可,况于七律?)

桥上游人夜未厌,共依水槛立风檐。楼中煮酒初尝荥,月下新妆半出帘。南郭清游继颜谢,北窗归卧等羲炎。人间寒热无穷事,自笑疏顽不受拈。(眉批:别无佳处,惟末句押韵甚巧。)

与王郎夜饮井水

吴兴六月水泉温,千顷菰蒲聚斗蚊。此井独能深一丈,源龙如我亦如君。

次韵李公择梅花

诗人固长贫,日午饥未动。偶然得一饱,万象困嘲弄。寻花不论命,爱雪长忍冻。天公非不怜,听饱即喧哄。(眉批:一起口说公择,却句句藏自己在内。早为篇末结胎。)君为三郡守,所至满宾从。江湖常在眼,诗酒事豪纵。奉使今折磨,清比於陵仲。永怀茶山下,携妓修春贡。更忆槛泉亭,插花云髻重。萧然卧灊麓,愁听春禽哢。(眉批:借题抒意,梅花只借作点缀、穿插,方是和人诗;若句句实写梅花,便同自咏。)忽见早梅花,不饮但孤讽。(眉批:入得摆脱。)诗成独寄我,字字愈头痛。嗟君本侍臣,笔橐从上雍。脱靴吟芍药,给札赋云梦。何人慰流落,嘉花天为种。(眉批:又一萦拂,不粘不脱。)杯倾笛中吟,帽拂果下鞚。感时念羁旅,此意吾侪共。(眉批:插入自己,便有绾合。)故山今何有,桐花集幺凤。君亦忆匡庐,归扫藏书洞。何当种此花,各抱汉阴瓮。(眉批:末二句一齐绾结,滴水不漏。)

送渊师归径山

(眉批:不免浅率。)

我昔尝为径山客,至今诗笔余山色。师住此山三十年,妙语应须得山骨。溪城六月水云蒸,飞蚊猛捷如花鹰。羡师方丈冰雪冷,兰膏不动长明灯。山中故人知我至,争来问讯今何似。为言百事不如人,两眼犹能识细字。

送表忠观钱道士归杭

熙宁十年,诏以龙山废佛祠为表忠观。元丰二年,通教自杭来见予于吴兴。问:"观亦卒工乎?"曰:"未也,杭人比岁不登,莫有助我者。"余曰:"异哉,杭人重施轻财,是不独为福田也,将自托于不朽,今岁成矣,子其行乎？"及还，作诗送之。

（眉批：如此大题，何诗语凡近乃尔。岂美尽于碑，此不妨草草耶？）

先王旧德在民心，著令称忠上意深。堕泪行看会祠下，挂名争欲刻碑阴。凄凉破屋尘凝座，憔悴云孙雪满簪。未信诸豪容郭解，却从他县施千金。

次韵周开祖长官见寄

（眉批：七言长律少陵亦不能工，不作可也。）

俯仰东西阅数州，老于岐路岂伶优。初闻父老推谢令，旋见儿童迎细侯。政拙年年祈水旱，民劳处处避嘲讴。河吞巨野那容塞，盗入蒙山不易搜。仕道固应惭孔孟，扶颠未可责由求。渐谋田舍犹怀禄，未脱风涛且傍洲。憪憪可怜真丧狗，时时相触似虚舟。（眉批：丧家之狗"丧"字原有平仄二读。如作平则不协律，如作去则删去"家"字，殊不妥。）朅来震泽都如梦，只有苕溪可倚楼。斋酿酸甜如蜜水，乐工零落似凤瓯。（眉批："瓯"当作"讴"。）远思颜柳并诸谢，近忆张陈与老刘。（眉批："远思"句法太率。）风定轩窗飞豹脚，自注：湖多蚊，土人云豹者，尤毒。雨余栏槛上蜗牛。旧游到处皆苍藓，同甲惟君尚黑头。忆昔湖山共寻胜，相逢杯酒两忘忧。醉看梅雪清香过，夜棹风船骇汗流。百首共成山上集，三人同作月中游。海南未起垂天翼，涧底仍依径寸麻。（眉批："涧底"句未详。）已许清风归过我，预忧诗笔老难酬。此生岁月行飘忽，晚节功名亦谬悠。犀首正缘无事饮，冯驩应为有鱼留。从今更踏青州曲，薄酒知君笑督邮。

林子中以诗寄文与可及余，与可既殁，追和其韵

斯人所甚厌，投畀每不受。（眉批：起不醒豁，不免吃力之痕。）欲其少须臾，夺去惟恐后。云谁尸此职，无乃亦假守。赋才有巨细，无异斛与斗。胡不安其分，但听物所诱。时来各飞动，意合无妍丑。坐令鸡栖车，长载朱伯厚。平生无一旅，既死咤万口。自闻与可亡，胸臆生堆阜。悬知临绝意，要我一执手。（眉批：后半自沉着。）相望五百里，安得自其牖。遗文付来哲，后事待诸友。伶俜

嵇绍孤,老病孟光偶。世人贱目见,争笑千金帚。君诗与楚词,识者当有取。但知爱墨竹,此叹吾已久。故人多厚禄,能复哀君否？不见林与苏,饥寒自奔走。

与王郎昆仲及儿子迈绕城观荷花,登岘山亭,晚入飞英寺,分韵得"月明星稀"四首

(眉批:忽作清音,却仍用本色,不规规于王、孟形模。)

昨夜雨鸣渠,晓来风袭月。萧然欲秋意,溪水清可啜。环城三十里,处处皆佳绝。蒲莲浩如海,时见舟一叶。此间真避世,青蒻低白发。相逢欲相问,已逐惊鸥没。(眉批:此暗用渔父事,非写景也。)

清风定何物,可爱不可名。所至如君子,草木有嘉声。我行本无事,孤舟任斜横。中流自偃仰,适与风相迎。举杯属浩渺,乐此两无情。归来两溪间,云水夜自明。

(眉批:二首又以朴至胜。)

苕水如汉水,鳞鳞鸭头青。吴兴胜襄阳,万瓦浮青冥。我非羊叔子,愧此岘山亭。悲伤意则同,岁月如流星。从我两王子,高鸿插修翎。湛辈何足道,当以德自铭。

吏民怜我懒,斗讼日已稀。能为无事饮,可作不夜归。复寻飞英游,尽此一寸晖。撞钟履声集,颠倒云山衣。我来无时节,杖屦自推扉。莫作使君看,外似中已非。

次韵章子厚飞英留题

款段曾陪马少游,而今人在凤麟洲。黄公酒肆如重过,杳杳白蘋天尽头。

(眉批:语殊蕴藉。)

城南县尉水亭得长字

(眉批:东坡五言长律皆气机流动,由其一笔写出,不由堆砌而成。)

两尉郁相望,东西百步场。挥旗蒲柳市,伐鼓水云乡。已作观鱼槛,仍开射鸭堂。全家依画舫,极目乱红妆。（眉批："红妆"比莲也。）潋潋波头细,疏疏雨脚长。我来闲濯足,溪涨欲浮床。泽国山围里,孤城水影旁。欲知归路处,苇外记风樯。（眉批:查云:后四句入画。）

与胡祠部游法华山

（眉批:二诗俱道紧。）

陂湖欲尽山为界,始见寒泉落高派。道人未放泉出山,曲折虚堂泻清快。使君年老尚儿戏,绿棹红船舞澎湃。一笑翻杯水溅裙,余欢濯足波生隘。长松搀天龙起立,苍藤倒谷云崩坏。仰穿蒙密得清旷,一览震泽吁可怪。谁云四万八千顷,渺渺东尽日所晒。归途十里尽风荷,清唱一声闻《露薤》。自注:是日,乐工有作此声者。嗟予少小慕真隐,白发青衫天所械。忽逢佳士与名山,何异枯杨便马疥。君犹鸾鹤偶飘堕,六翮如云岂长铩。不将新句纪兹游,恐负山中清净债。（眉批:倒押欠妥。）

又次前韵赠贾耘老

具区吞灭三州界,浩浩汤汤纳千派。从来不著万斛船,一叶渔舟恣奔快。仙坛古洞不可到,空听余澜鸣湃湃。今朝偶上法华岭,纵观始觉人寰隘。山头卧碣吊孤冢,下有至人僵不坏。空余白棘网秋虫,无复青莲出幽怪。自注:事见本院碑。我来徙倚长松下,欲掘茯苓亲洗晒。闻道山中富奇药,往往灵芝杂葵薤。诗人空腹待黄精,生事只看长柄械。自注:杜子美诗云:"长镵长镵白木柄,我生托子以为命。"今年大熟期一饱,食叶微虫直癣疥。自注:贾云:"今岁有小虫食叶,不甚为害。"白花半落紫毯香,攘臂欲助磨镰铩。安得山泉变春酒,与子一洗寻常债。

赵阅道高斋

见公奔走谓公劳,闻公隐退云公高。公心底处有高下,梦幻去来随所遭。

不知高斋竟何义,此名之设缘吾曹。公年四十已得道,俗缘未尽余伊皋。功名富贵皆逆旅,黄金知系何人袍。超然已了一大事,挂冠而去真秋毫。坐看猿猱落置罔,两手未肯置所操。乃知贤达与愚陋,岂直相去九牛毛。(眉批:大骂伤雅。)长松百尺不自觉,企而羡者蓬与蒿。我欲赢粮往问道,未应举臂辞卢敖。(眉批:查云:写得高字出。)

送俞节推

吴兴有君子,淡如朱丝琴。一唱三太息,至今有遗音。嗟余与夫子,相避如辰参。自注:退翁官于蜀,余在京师,余归而退翁去。及余官于吴兴,则退翁亡矣。犹喜见诸郎,窈然清且深。异时多良士,末路丧初心。我生不有命,其肯枉尺寻。(眉批:后四句不甚分明。)

次韵答孙侔

十年身不到朝廷,欲伴骚人赋落英。但得低头拜东野,不辞中路候渊明。(眉批:极写倾倒之意。)舣舟苕霅人安在,(眉批:五句言孙以吴兴人而家于杨。)卜筑江淮计已成。(眉批:六句指买田泗上之事。)千里论交一言足,与君盖亦不须倾。

重　寄

凛然高节照时人,不信微官解浼君。蒋济谓能来阮籍,薛宣直欲吏朱云。好诗冲口谁能择,俗子疑人未遣闻。乞取千篇看俊逸,不将轻比鲍参军。(眉批:连用五人名,碍格。)

次韵和刘贡父登黄楼见寄,并寄子由二首

清派连淮上,黄楼冠海隅。此诗尤伟丽,夫子计魁梧。自注:刘为人短小。世俗轻瑚琏,巾箱袭武夫。坐令乘传遽,奔走为储须。邂逅我已失,登临谁与俱。贫贪仓氏粟,身听冶家炉。会合难前定,归休试后图。腴田未可买,自注:

本欲买田于泗上,近已不遂矣。穷鬼却须呼。二水何年到,双洪不受舻。至今清夜梦,飞辔策天吴。自注:此诗寄刘。

与子皆去国,十年天一隅。数奇逢恶岁,计拙集枯梧。好士余刘表,穷交忆灌夫。不矜持汉节,犹喜揽桓须。清句金丝合,高楼雪月俱。吟哦出新意,指画想前橅。自注:子由初赴南京,送之出东门,登城上,览山川之胜,云此地可作楼观,于是始有改筑之意。自写千言赋,新裁六幅图。自注:近以绢自写子由《黄楼赋》,为六幅图,甚妙。传看一座耸,劝著尺书呼。莫使骚人怨,东游不到吴。自注:此诗寄子由。

吴江岸

晓色兼秋色,蝉声杂鸟声。壮怀销铄尽,回首尚心惊。

御史台榆、槐、竹、柏四首

榆

我行汴堤上,厌见榆阴绿。千株不盈亩,斩伐同一束。及居幽囚中,亦复见此木。蠹皮溜秋雨,病叶埋墙曲。谁言霜雪苦,生意殊未足。坐待春风至,飞英覆空屋。(眉批:纯用写意,妙不怨怒。)

槐

忆我初来时,草木向衰歇。高槐虽经秋,晚蝉犹抱叶。淹留未云几,离离见疏荚。栖鸦寒不去,哀叫饥啄雪。破巢带空枝,疏影挂残月。岂无两翅羽,伴我此愁绝。(眉批:借题抒意,正不必句切槐。)

竹

今日南风来,吹乱庭前竹。低昂中音会,甲刃纷相触。萧然风雪意,可折不可辱。风霁竹已回,猗猗散青玉。(眉批:查云:骨节清刚,琅然可诵。)故山今何有,秋雨荒篱菊。此君知健否,归扫南轩绿。

柏

故园多珍木,翠柏如蒲苇。幽囚无与乐,百日看不已。时来拾流胶,未忍践落子。当年谁所种,少长与我齿。仰视苍苍干,所阅固多矣。应见李将军,胆落温御史。(眉批:触手生意。)

己未十月十五日,狱中恭闻太皇太后不豫,有赦,作诗

(眉批:亦和平。)

庭柏阴阴昼掩门,乌知有赦闹黄昏。汉宫自种三生福,楚客还招九死魂。纵有锄犁及田亩,已无面目见丘园。只应圣主如尧舜,犹许先生作正言。

十月二十日恭闻太皇太后升遐,以轼罪人不许成服,欲哭则不敢,欲泣则不可,故作挽词二章

巍然开济两朝勋,信矣才难十乱臣。原庙固应祠百世,先王何止活千人。和熹未圣犹贪位,明德虽贤不及民。月落风悲天雨泣,谁将椽笔写光尘。

未报山陵国士知,绕林松柏已猗猗。一声痛哭犹无所,万死酬恩更有时。(眉批:三、四沉痛,后半措语颇滞。)梦里天衢隘云仗,人间雨泪变彤帷。《关雎》《卷耳》平生事,白首累臣正坐诗。

予以事系御史台狱,狱吏稍见侵,自度不能堪,死狱中,不得一别子由,故作二诗授狱卒梁成,以遗子由

(眉批:讥刺太多,自是东坡大病。然但多排诋权倖之言,而无一毫怨谤君父之意,是其根本不坏处,所以能传于后世也。)

圣主如天万物春,小臣愚暗自忘身。百年未满先偿债,十口无归更累人。是处青山可埋骨,他年夜雨独伤神。(眉批:情至语不以工拙论也。)与君世世为兄弟,又结来生未了因。

柏台霜气夜凄凄,风动琅珰月向低。梦绕云山心似鹿,魂惊汤火命如鸡。(眉批:句太俚。)眼中犀角真吾子,身后牛衣愧老妻。百岁神游定何处,桐乡知葬浙江西。自注:狱中闻湖杭间民,为余作解厄道场累月,故有此句。

十二月二十八日,蒙恩责授检校水部员外郎、黄州团练副使,复用前韵二首

(眉批:此却少自省之意,晦翁讥之是。)

百日归期恰及春,余年乐事最关身。出门便旋风吹面,走马联翩鹊啅人。却对酒杯浑是梦,试拈诗笔已如神。此灾何必深追咎,窃禄从来岂有因。

平生文字为吾累,此去声名不厌低。(眉批:句太俚。)塞上纵归他日马,城东不斗少年鸡。休官彭泽贫无酒,隐几维摩病有妻。堪笑睢阳老从事,为余投檄向江西。自注:子由闻余下狱,乞以官爵赎余罪,贬筠州监酒。

卷二十

古今体诗六十首

陈州与文郎逸民饮别,携手河堤上作此诗

白酒无声滑泻油,(眉批:"滑泻油"三字不雅。)醉行堤上散吾愁。春风料峭羊角转,河水渺绵瓜蔓流。(眉批:"羊角"乃旋飙之状,与"春风料峭"不合。"角"字、"渺"字皆应平而仄,以次句"瓜"字应仄,而平双救之,此唐人定格也。)君已思归梦巴峡,我能未到说黄州。此身聚散何穷已,未忍悲歌学楚囚。

子由自南都来陈,三日而别

夫子自逐客,尚能哀楚囚。(眉批:起二句施于兄弟不合,用于朋友则可。)奔驰二百里,径来宽我忧。相逢知有得,道眼清不流。别来未一年,落尽骄气浮。(眉批:"道眼"句拙,"落尽"句亦拙。)嗟我晚闻道,款启如孙休。至言难久服,放心不自收。悟彼善知识,妙药应所投。纳之忧患场,磨以百日愁。冥顽虽难化,镌发亦已周。平时种种心,次第去莫留。但余无所还,永与夫子游。此别何足道,大江东西州。畏蛇不下榻,睡足吾无求。便为齐安民,何必归故丘。

正月十八日蔡州道上遇雪,次子由韵二首

兰菊有生意,微阳回寸根。方忧集暮雪,复喜迎朝暾。(眉批:是忧患后语。)忆我故居室,浮光动南轩。松竹半倾泻,未数葵与萱。三径瑶草合,一瓶井花温。(眉批:"井花"当作"井华"。)至今行吟处,尚余履舄痕。一朝出从仕,永愧李仲元。晚岁益可羞,犯雪方南奔。山城买废圃,槁叶手自掀。长使齐安人,指说故侯园。

铅膏染髭须,旋露霜雪根。不如闭目坐,丹府夜自暾。(眉批:"暾"字押得牵强。)谁知忧患中,方寸寓羲轩。大雪从压屋,我非儿女萱。(眉批:"儿女萱"亦生造。)平生学踵息,坐觉两鞥温。下马作雪诗,满地鞭棰痕。伫立望原野,悲歌为黎元。道逢射猎子,遥指狐兔奔。踪迹尚可原,窟穴何足掀。(眉批:"大雪"二句,"踪迹"二句皆寓言也。)寄谢李丞相,吾将反丘园。

过新息留示乡人任师中

昔年尝羡任夫子,卜居新息临淮水。怪君便尔忘故乡,稻熟鱼肥信清美。竹陂雁起天为黑,自注:小竹陂在县北。桐柏烟横山半紫。自注:桐柏庙在县南。(眉批:"竹陂"二句,寓言任之狱事,以"雁"与"烟"比小人也。然其言不甚警切)知君坐受儿女困,悔不先归弄清泚。尘埃我亦失收身,此行蹭蹬尤可鄙。寄食方将依白足,附书未免烦黄耳。往虽不及来有年,诏恩倘许归田里。(眉批:此却得体。)却下关山入蔡州,为买乌犍三百尾。自注:黄州出水牛。

过 淮

朝离新息县,初乱一水碧。暮宿淮南村,已度千山赤。磨蹄号古戍,雾雨暗破驿。回头梁楚郊,永与中原隔。(眉批:沉痛语不在深。)黄州在何许,想像云梦泽。吾生如寄耳,初不择所适。但有鱼与稻,生理已自毕。(眉批:"生理"句已可住,赘以"小儿子"一段,反觉少味、少力。)独喜小儿子,少小事安佚。相从艰难中,肝肺如铁石。便应与晤语,何止寄衰疾。自注:时家在子由处,独与儿子迈南来。

书麋公诗后

过加禄镇南二十五里大许店,休马于逆旅祁宗祥家。见壁上有幅纸题诗云:"满院秋光浓欲滴,老僧倚杖青松侧。只怪高声问不应,嗔余踏破苍苔色。"其后题云:"滏水僧宝麋。"宗祥谓余,此光黄间狂僧也。年百三十,死于熙宁十年。既死,人有见之者。宗祥言其异事甚多,作是诗以识之。麑公本名清戒,俗谓之戒和尚云。

麑公昔未化,来往淮山曲。寿逾两甲子,气压诸尊宿。但嗟浊恶世,不受龙象蹴。我来不及见,怅望空遗躅。霜颅隐白毫,锁骨埋青玉。皆云似达摩,只履还西竺。壁间余清诗,字势颇拔俗。为吟五字偈,一洗凡眼肉。

游净居寺

净居寺,在光山县南四十里大苏山之南、小苏山之北。寺僧居仁为余言:齐天保中,僧惠思过此,见父老问其姓,曰苏氏,又得二山名。乃叹曰:吾师告我,遇三苏则住,遂留结庵。而父老竟无有,盖山神也。其后僧智凯见思于此山而得法焉,则世所谓思大和尚智者大师是也。唐神龙中,道岸禅师始建寺于其地。广明庚子之乱,寺废于兵火,至乾兴中乃复,而赐名曰梵天云。

十载游名山,自制山中衣。愿言毕婚嫁,携手老翠微。不悟俗缘在,失身蹈危机。刑名非宿学,陷阱损积威。遂恐生死隔,永与云山违。(眉批:顿挫好。)今日复何日,芒鞋自轻飞。稽首两足尊,举头双涕挥。灵山会未散,八部犹光辉。愿从二圣往,一洗千劫非。(眉批:是忧患后语。)徘徊竹溪月,空翠摇烟霏。钟声自送客,出谷犹依依。回首吾家山,岁晚将焉归?(眉批:结得绵邈。)

梅花二首

(眉批:以梅自比。)

春来幽谷水潺潺,的皪梅花草棘间。(眉批:"的皪"二字入绝句,不配色。)一夜东风吹石裂,半随飞雪度关山。

何人把酒慰深幽,开自无聊落更愁。从"落"字生情奇幻。幸有青溪三百曲,不辞相送到黄州。(眉批:前首借喻,此首说明,章法不苟。)

戏作种松

我昔少年日,种松满东冈。初移一寸根,琐细如插秧。二年黄茅下,一一攒麦芒。三年出蓬艾,满山散牛羊。不见十余年,想作龙蛇长。夜风波浪碎,朝露珠玑香。我欲食其膏,已伐百本桑。_{自注:煮松脂法,用桑柴灰水。}人事多乖迕,神药竟渺茫。朅来齐安野,夹路须髯苍。会开龟蛇窟,不惜斤斧疮。(眉批:"疮"当作"创"。)纵未得茯苓,且当拾流肪。釜盎百出入,皎然散飞霜。槁死三彭仇,澡换五谷肠。青骨凝绿髓,丹田发幽光。(眉批:缘是松诗,故不嫌于章咒气。若作道家诗,用此种字句便可厌。)白发何足道,要使双瞳方。却后五百年,骑鹤还故乡。(眉批:双结完密。)

万松亭

麻城县令张毅植万松于道周,以庇行者,且以名其亭。去未十年,而松之存者十不及三四。伤来者之不嗣其意也,故作是诗。

(眉批:腐气太甚。)

十年栽种百年规,好德无人助我仪。_{自注:古语云:一年之计,树之以谷;十年之计,树之以木;百年之计,树之以德。}县令若同仓庾氏,亭松应长子孙枝。天公不救斧斤厄,野火解怜冰雪姿。为问几株能合抱,殷勤记取《角弓》诗。

张先生

先生不知其名,黄州故县人,本姓卢,为张氏所养。阳狂垢污,寒暑不能侵。常独行市中,夜或不知其所止。往来者欲见之,多不能致。余试使人召之,欣然而来。既至,立而不言;与之言不应,使之坐不可,但俯仰熟视传舍堂中,久之而去。夫熟非传舍者,是中竟何有乎?然余以有思维心追蹑其意,盖未得也。

熟视空堂竟不言,故应知我未天全。肯来传舍人皆说,能致先生子亦贤。脱屣不妨眠粪屋,流澌争看浴冰川。(眉批:五、六太俗。)士廉岂识桃椎妙,妄意称量未必然。

初到黄州

（眉批：此却和平。）

自笑平生为口忙，老来事业转荒唐。长江绕郭知鱼美，好竹连山觉笋香。逐客不妨员外置，诗人例作水曹郎。只惭无补丝毫事，尚费官家压酒囊。自注：检校官例，折支多得退酒袋。

陈季常所蓄《朱陈村嫁娶图》二首

（眉批：二首皆浅直。）

何年顾陆丹青手，画作《朱陈嫁娶图》。闻道一村惟两姓，不将门户买崔卢。

我是朱陈旧使君，自注：朱陈村，在徐州萧县。劝农曾入杏花村。而今风物那堪画，县吏催钱夜打门。

少年时尝过一村院，见壁上有诗云"夜凉疑有雨，院静似无僧"，不知何人诗也。宿黄州禅智寺，寺僧皆不在。夜半雨作，偶记此诗，故作一绝

佛灯渐暗饥鼠出，山雨忽来修竹鸣。知是何人旧诗句，（眉批：第三句突出无根，若非题目分明，则上二句似是旧句矣。）已应知我此时情。

定惠院寓居，月夜偶出

（眉批：句句对仗，于后世为别调，然却是齐梁、唐人之旧格。查云：两篇曲折清真，自作风格，与定惠院海棠诗各极其妙。良是。至谓"不知有汉，无论六朝、三唐"，则未免太过。）

幽人无事不出门，偶逐东风转良夜。参差玉宇飞木末，缭绕香烟来月下。用翟天师事，则玉宇说飞亦可，然究未妥也。江云有态清自媚，竹露无声浩如泻。已惊弱柳万丝垂，尚有残梅一枝亚。清诗独吟还自和，白酒已尽谁能借。不惜青

春忽忽过,但恐欢意年年谢。自知醉耳爱松风,会楝霜林结茅舍。浮浮大甑长炊玉,溜溜小槽如压蔗。饮中真味老更浓,醉里狂言醒可怕。闭门谢客对妻子,倒冠落佩从嘲骂。

次韵前篇

(眉批:清峭不减前篇。)

去年花落在徐州,对月酾歌美清夜。自注:去年徐州花下对月,与张师厚、王子立兄弟饮酒,作蘋字韵诗。今年黄州见花发,小院闭门风露下。万事如花不可期,余年似酒那禁泻。忆昔扁舟溯巴峡,落帆樊口高桅亚。自注:樊口在黄州南岸。长江衮衮空自流,白发纷纷宁少借。竟无五亩继沮溺,空有千篇凌鲍谢。至今归计负云山,未免孤衾眠客舍。少年辛苦真食蓼,老境安闲如啖蔗。饥寒未至且安居,忧患已空犹梦怕。穿花踏月饮村酒,免使醉归官长骂。

安国寺浴

老来百事懒,身垢犹念浴。衰发不到耳,尚烦月一沐。山城足薪炭,烟雾蒙汤谷。尘垢能几何,翛然脱羁梏。披衣坐小阁,散发临修竹。心困万缘空,身安一床足。岂惟忘净秽,兼以洗荣辱。默归毋多谈,此理观要熟。

安国寺寻春

卧闻百舌呼春风,起寻花柳村村同。城南古寺修竹合,小房曲槛欹深红。(眉批:起有神致。)看花叹老忆年少,对酒思家愁老翁。病眼不羞云母乱,鬓丝强理茶烟中。遥知二月王城外,玉仙洪福花如海。薄罗匀雾盖新妆,快马争风鸣杂佩。玉川先生真可怜,一生耽酒终无钱。病过春风九十日,独抱添丁看花发。(眉批:以后半文意推之,题下当有寄某人或怀某人字。东坡此时惟一子迈随行,无所谓"抱添丁"也。)

寓居定惠院之东,杂花满山,有海棠一株,土人不知贵也

江城地瘴蕃草木,只有名花苦幽独。嫣然一笑竹篱间,桃李漫山总粗俗。也知造物有深意,故遣佳人在空谷。自然富贵出天姿,不待金盘荐华屋。(眉批:纯以海棠自寓,风姿高秀,兴象深微,后半尤烟波跌宕。此种真非东坡不能,东坡非一时兴到亦不能。)朱唇得酒晕生脸,翠袖卷纱红映肉。林深雾暗晓光迟,日暖风轻春睡足。雨中有泪亦凄怆,月下无人更清淑。先生食饱无一事,散步逍遥自扪腹。不问人家与僧舍,拄杖敲门看修竹。忽逢绝艳照衰朽,叹息无言揩病目。陋邦何处得此花,无乃好事移西蜀。寸根千里不易致,衔子飞来定鸿鹄。天涯流落俱可念,为饮一樽歌此曲。明朝酒醒还独来,雪落纷纷那忍触。(眉批:查云:读前半竟似《海棠曲》矣,妙在先生食饱一转。此种诗境从少陵《乐游原歌》得来,寓其神理而化其畦畛,故为绝唱。)

次韵乐著作野步

老来几不辨西东,秋后霜林且强红。眼晕见花真是病,耳虚闻蚁定非聪。酒醒不觉春强半,睡起常惊日过中。植杖偶逢为黍客,披衣闲咏舞雩风。仰看落蕊收松粉,俯见新芽摘杞丛。楚雨还昏云梦泽,吴潮不到武昌宫。自注:黄州对岸武昌县,有孙权故宫。废兴古郡诗无数,寂寞闲窗《易》粗通。解组归来成二老,风流他日与君同。

二月二十六日,雨中熟睡,至晚强起出门,还作此诗,意思殊昏昏也

卯酒困三杯,午餐便一肉。雨声来不断,睡味清且熟。昏昏觉还卧,展转无由足。强起出门行,孤梦犹可续。泥深竹鸡语,村暗鸠妇哭。明朝看此诗,睡语应难读。

雨晴后,步至四望亭下鱼池上,遂自乾明寺前东冈上归二首

(眉批:格在唐宋之间。)

雨过浮萍合,蛙声满四邻。海棠真一梦,梅子欲尝新。拄杖闲挑菜,秋千不见人。殷勤木芍药,独自殿余春。(眉批:寓意迟暮。)

(眉批:此首纯乎杜意,结尤似。)

高亭废已久,下有种鱼塘。暮色千山入,春风百草香。市桥人寂寂,古寺竹苍苍。鹳鹤来何处,号鸣满夕阳。(眉批:寓意羁孤。)

雨中看牡丹三首

(眉批:三首一气相生。)

雾雨不成点,映空疑有无。时于花上见,的皪走明珠。(眉批:"走"字似荷叶矣,作"落"字、"缀"字即得。)秀色洗红粉,暗香生雪肤。不似雨中。黄昏更萧瑟,头重欲相扶。(眉批:结语景真,而字不雅。)

明日雨当止,晨光在松枝。清寒入花骨,肃肃初自持。午景发浓艳,一笑当及时。(眉批:查云:五、六两句一转,化板为活。)依然暮还敛,亦自惜幽姿。

幽姿不可惜,后日东风起。酒醒何所见,金粉抱青子。千花与百草,共尽无妍鄙。未忍污泥沙,牛酥煎落蕊。

次韵乐著作送酒

少年多病怯杯觞,老去方知此味长。万斛羁愁都似雪,一壶春酒若为汤。

(眉批:太凡鄙。)

次韵乐著作天庆观醮

(眉批:有江湖魏阙之感,然语意浅薄。)

浊世纷纷肯下临,梦寻飞步五云深。无因上到通明殿,只许微闻玉佩音。

王齐万秀才寓居武昌县刘郎洑,正与伍洲相对,伍子胥奔吴所从渡江也

君家稻田冠西蜀,捣玉扬珠三万斛。塞江流柿起书楼,碧瓦朱栏照山谷。

倾家取乐不论命,(眉批:"不论命"三字太重。)散尽黄金如转烛。惟余旧书一百车,方舟载入荆江曲。江上青山亦何有,伍洲遥望刘郎薮。明朝寒食当过君,请杀耕牛压私酒。(眉批:"杀耕牛"语屡见,究非情事。)与君饮酒细论文,酒酣访古江之濆。仲谋公瑾不须吊,一酹波神英烈君。自注:杭州伍子胥庙封英烈王。(眉批:结句寄慨,徒取"忠而见谤"耳,其实无味。)

杜沂游武昌,以酴醾花菩萨泉见饷二首

酴醾不争春,寂寞开最晚。青蛇走玉骨,羽盖蒙珠幰。不妆艳已绝,无风香自远。凄凉吴宫阙,自注:武昌有孙权故宫苑。红粉埋故苑。(眉批:移空作有,东坡惯法。)至今微月夜,笙箫来翠巘。(眉批:"至今"二句可删。)余妍入此花,千载尚清婉。怪君呼不归,定为花所挽。昨宵雷雨恶,花尽君应返。(眉批:趁手生情,借作绾结,用笔灵便之至。)

君言西山顶,自古流白泉。上为千牛乳,下有万石铅。不愧惠山味,但无陆子贤。愿君扬其名,庶托文字传。寒泉比吉士,清浊在其源。不食我心恻,于泉非所患。嗟我本何用,虚名空自缠。不见子柳子,余愚污溪山。(眉批:一首以幻语生波,一首以议论见意。章法不苟。)

陈季常自岐亭见访,郡中及旧州诸豪争欲邀致之,戏作陈孟公诗一首

孟公好饮宁论斗,醉后关门防客走。不妨闲过左阿君,百谪终为贤太守。老居闾里自浮沉,笑问伯松何苦心。忽然载酒从陋巷,为爱扬雄作酒箴。(眉批:太涉轻薄,便非诗品。)长安富儿求一过,千金寿君君笑唾。汝家安得客孟公,从来只识陈惊坐。

游武昌寒溪西山寺

(眉批:平叙而自然清脱。)

连山蟠武昌,翠木蔚樊口。我来已百日,欲济空搔首。坐看鸥鸟没,梦逐

麇麚走。今朝横江来，一苇寄衰朽。高谈破巨浪，飞屦轻重阜。去人曾几何，绝壁寒溪吼。风泉两部乐，松竹三益友。徐行欣有得，芝术在蓬蒡。西上九曲亭，众山皆培塿。却看江北路，云水渺何有。离离见吴宫，莽莽真楚薮。空传孙郎石，无复陶公柳。尔来风流人，惟有漫浪叟。买田吾已决，乳水况宜酒。所须修竹林，深处安井臼。相将踏胜绝，更里三日粮。（眉批：宕过一层作结，便不板滞。）

西山戏题武昌王居士

予往在武昌，西山九曲亭上有题一句云："玄鸿横号黄槲岘。"九曲亭即吴王岘山，一山皆槲叶，其旁即元结陂湖也，荷花极盛。因为对云："皓鹤下浴红荷湖。"座客皆笑，同请赋此诗。

（眉批：此种不宜入集，不得以王融借口，王融诗先不应入集也，皮、陆纷纷，更属雅人所弗道。）

江干高居坚关扃，犍耕躬稼角挂经。篙竿系舸菰茭隔，笳鼓过军鸡狗惊。解襟顾影各箕踞，击剑赓歌几举觥。荆笋供脍愧搅聒，干锅更戛甘瓜羹。

武昌铜剑歌

供奉官郑文，尝官于武昌。江岸裂，出古铜剑，文得之以遗余。冶铸精巧，非锻冶所成者。

雨余江清风卷沙，雷公蹴云捕黄蛇。蛇行空中如柱矢，电光煜煜烧蛇尾。或投以块铿有声，雷飞上天蛇入水。水上青山如削铁，神物欲出山自裂。细看两胁生碧花，犹是西江老蛟血。苏子得之何所为，蒯缑弹铗咏新诗。君不见凌烟功臣长九尺，腰间玉贝高拄颐。（眉批：此与醉道士石诗同一运意，皆讨巧省力之法。彼只成游戏小品，而此能不失诗格者，赖有一结耳。）

定惠院颙师为余竹下开啸轩

啼鴂催天明，喧喧相诋谯。暗蛩泣夜永，唧唧自相吊。饮风蝉至洁，长吟不改调。食土蚓无肠,亦自终夕叫。鸢贪声最鄙,鹊喜意可料。皆缘不平鸣,恸哭等嬉笑。(眉批:奇恣超妙,一扫恒蹊。)阮生已粗率,孙子亦未妙。(眉批:"阮生"二句亦可省。)道人开此轩,清坐默自照。冲风振河海,不能号无窍。累尽吾何言,风来竹自啸。(眉批:查云:一片悟境。)

石 芝

元丰三年五月十一日癸酉,夜梦游何人家。开堂西门,有小园、古井。井上皆苍石。石上生紫藤如龙蛇,枝叶如赤箭。主人言,此石芝也。余率尔折食一枝,众皆惊笑。其味如鸡苏而甘,明日作此诗。

空堂明月清且新,幽人睡息来初匀。了然非梦亦非觉,有人夜呼祁孔宾。披衣相从到何许,朱栏碧井开琼户。忽惊石上堆龙蛇,玉芝紫笋生无数。锵然敲折青珊瑚,味如蜜藕和鸡苏。主人相顾一抚掌,满堂坐客皆卢胡。亦知洞府嘲轻脱,终胜嵇康羡王烈。神山一合五百年,风吹石髓坚如铁。(眉批:亦颇赖此一结。)

今年正月十四日与子由别于陈州,五月子由复至齐安,以诗迎之

惊尘急雪满貂裘,泪洒东风别宛丘。又向邯郸枕中见,却来云梦泽南州。(眉批:"州"字不对"见"字。)暌离动作三年计,牵挽当为十日留。早晚青山映黄发,相看万事一时休。自注:柳子厚《别刘梦得》诗云:"皇恩若许归田去,黄发相看万事休。"

迁居临皋亭

我生天地间,一蚁寄大磨。(眉批:有兀傲之气。)区区欲右行,不救风轮左。虽云走仁义,未免违寒饿。剑米有危炊,针毡无稳坐。岂无佳山水,借眼风雨过。归田不待老,勇决凡几个。幸兹废弃余,疲马解鞍驮。全家占江驿,绝境天为破。饥贫相乘除,未见可吊贺。淡然无忧乐,苦语不成些。

晓至巴河口迎子由

去年御史府,举动触四壁。(眉批:语皆真至。)幽幽百尺井,仰天无一席。隔墙闻歌呼,自恨计之失。留诗不忍写,苦泪渍纸笔。余生复何幸,乐事有今日。江流镜面净,烟雨轻幂幂。孤舟如凫鹥,点彼千顷碧。闻君在磁湖,欲见隔咫尺。朝来好风色,旗脚西北掷。行当中流见,笑眼清光溢。此邦疑可老,修竹带泉石。欲买柯氏林,兹谋待君必。

与子由同游寒溪西山

散人出入无町畦,朝游湖北暮淮西。(眉批:语语圆健。)高安酒官虽未上,两脚垂欲穿尘泥。与君聚散若云雨,共惜此日相提携。千摇万兀到樊口,一箭放溜先凫鹥。层层草木暗西岭,浏浏霜雪鸣寒溪。空山古寺亦何有,归路万顷青玻璃。我今漂泊等鸿雁,江南江北无常栖。幅巾不拟过城市,欲踏径路开新蹊。自注:路有直入寒溪不过武昌者。却忧别后不忍到,见子行迹空余凄。(眉批:用笔每透过一层,最为沉着。)吾侪流落岂天意,自坐迂阔非人挤。(眉批:东坡难得此和平之音。)行逢山水辄羞叹,此去未免勤盐齑。何当一遇李八百,自注:李八百宅在筠州,相传能拄拐日八百里。相哀白发分刀圭。

次韵答子由

平生弱羽寄冲风,此去归飞识所从。好语似珠穿一一,妄心如膜退重重。(眉批:三、四真宋格。)山僧有味宁知子,泷吏无言只笑侬。尚有读书清净业,未容春睡敌千钟。

武昌酌菩萨泉送王子立

送行无酒亦无钱,劝尔一杯菩萨泉。何处低头不见我,四方同此水中天。(眉批:竟是偈颂。)

和何长官六言次韵五首

(眉批:六言最难工,即工亦非正体。)

作邑君真伯厚,去官我岂曼容。一廛愿托仁政,六字难赓变风。

五噫已出东洛,三复愿比南容。学道未逢潘盎,自注:南海谓狂为盎。潘,近世得道者也。草书犹似杨风。自注:杨凝式也。

石渠何须反顾,水驿幸足相容。长江大欲见庇,探支八月凉风。

清风初号地籁,明月自写天容。贫家何以娱客? 但知抹月批风。

青山自是绝色,无人谁与为容。说向市朝公子,何殊马耳东风。

观张师正所蓄辰砂

(眉批:意境开拓,不嫌小题大做。魏叔子谓:"小题大做,俗人得意之笔。"自是洞见。)

将军结发战蛮溪,箧有殊珍胜象犀。漫说玉床收箭镞,何曾金鼎识刀圭。近闻猛士收丹穴,欲助君王铸裹蹄。多少空岩人不见,自随初日吐虹霓。(眉批:肺腑语亦有不可一概论者,此类是也。)

五禽言五首

梅圣俞尝作《四禽言》。余谪黄州,寓居定惠院,绕舍皆茂林修竹,荒池蒲苇。春夏之交,鸣鸟百族,土人多以其声之似者名之,遂用圣俞体作《五禽言》。

(眉批:此种题目初作犹是乐府变体、歌谣遗意,再作则陈陈相因,转入窠臼矣。何效之者至今不已也?)

使君向蕲州,更唱蕲州鬼。我不识使君,宁知使君死。人生作鬼会不免,使君已老知何晚。自注:王元之自黄移蕲州,闻啼鸟,问其名。或对曰:"此名蕲州鬼。"元之大恶之,果卒于蕲。

昨夜南山雨,西溪不可渡。溪边布谷儿,劝我脱破裤。不辞脱裤溪水寒,水中照见催租瘢。自注:土人谓布谷为脱却破裤。

去年麦不熟,挟弹规我肉。今年麦上场,处处有残粟。丰年无象何处寻,听取林间快活吟。自注:此鸟声云:"麦饭熟,即快活。"

力作力作,蚕丝一百箔。垄上麦头昂,林间桑子落。愿侬一箔千两丝,缲丝得蛹饲尔雏。自注:此鸟声云:"蚕丝一百箔。"

姑恶,姑恶,姑不恶,妾命薄。君不见东海孝妇死作三年干,不如广汉庞姑去却还。自注:姑恶,水鸟也。俗云:妇以姑虐死,故其声云。

次韵子由病酒肺疾发

忆子少年时,肺病疲坐卧。喊呀或终日,势若风雨过。虚阳作浮涨,客冷仍下堕。妻孥恐怅望,脍炙不登坐。终年禁晚食,半夜发清饿。胃强鬲苦满,肺敛腹辄破。三彭恣唊嗒,二竖肯遁播。寸田可治生,谁劝耕黄糯。自注:新法方田谓黄糯为上腴。探怀得真药,不待君臣佐。初如雪花积,渐作樱珠大。隔墙闻三咽,隐隐如转磨。自兹失故疾,阳唱阴辄和。神仙多历试,中路或坎坷。平生不尽器,痛饮知无那。旧人眼看尽,老伴余几个。残年一斗粟,待子同春簸。云何不自珍,醉病又一挫。真源结梨枣,世味等糠莝。耕耘当待获,愿子勤自课。相将赋《远游》,仙语不用些。(眉批:末句未免强押。)

铁拄杖

柳真龄,字安期,闽人也。家宝一铁拄杖,如柳栗木,牙节宛转天成,中空有簧,行辄微响。柳云得之浙中,相传王审知以遗钱镠,以赐一僧。柳偶得之以遗余,作此诗谢之。

柳公手中黑蛇滑,千年老根生乳节。忽闻铿然爪甲声,四坐惊顾知是铁。含簧腹中细泉语,迸火石上飞星裂。公言此物老有神,自昔闽王饷吴越。不知流落几人手,坐看变灭如春雪。忽然赠我意安在,两脚未许甘衰歇。便寻辙迹访崆峒,径渡洞庭探禹穴。披榛觅药采芝菌,刺虎钑蛟撊蛇蝎。会教化作两钱锥,归来见公未华发。问我铁君无恙否,取出摩挲向公说。(眉批:少挥洒自如之致。)

与潘三失解后饮酒

千金敝帚人谁买,半额蛾眉世所妍。顾我自为都眊矂,(眉批:三句太凡鄙。)怜君欲斗小婵娟。青云岂易量他日,黄菊犹应似去年。醉里未知谁得丧,满江风月不论钱。

卷二十一

古今体诗九十二首

正月二十日往岐亭，郡人潘、古、郭三人送余于女王城东禅庄院

十日春寒不出门，不知江柳已摇村。稍闻决决流冰谷，尽放青青没烧痕。数亩荒园留我住，半瓶浊酒待君温。去年今日关山路，细雨梅花正断魂。（眉批：一气浑成。）

东坡八首

余在黄州二年，日以困匮。故人马正卿哀余乏食，为于郡中请故营地数十亩，使得躬耕其中。地既久荒为茨棘、瓦砾之场，而岁又大旱，垦辟之劳，筋力殆尽。释耒而叹，乃作是诗。自愍其勤，庶几来岁之入以忘其劳焉。

（眉批：八章皆出入陶、杜之间，而参以本色，不摹古而气息自古。）

废垒无人顾，颓垣满蓬蒿。谁能捐筋力，岁晚不偿劳。独有孤旅人，天穷无所逃。（眉批：查云：沉郁恳到。）端来拾瓦砾，岁旱土不膏。崎岖草棘中，欲刮一寸毛。喟然释耒叹，我廪何时高。（眉批：末四句逼真少陵。）

荒田虽浪莽，高庳各有适。下隰种粳稌，东原莳枣栗。江南有蜀士，桑果已许乞。好竹不难栽，但恐鞭横逸。仍须卜佳处，规以安我室。家僮烧枯草，走报暗井出。（眉批：波澜好。）一饱未敢期，瓢饮已可必。（眉批：结得沉着。）

自昔有微泉，来从远岭背。穿城过聚落，流恶壮蓬艾。去为柯氏陂，十亩鱼虾会。岁旱泉亦竭，枯萍黏破块。昨夜南山云，雨到一犁外。泫然寻故渎，知我理荒荟。（眉批："泫然"二句无理有情。沧浪所谓诗有别趣，盖指此种，惟标为宗者

则隘矣。)泥芹有宿根,一寸嗟独在。雪芽何时动,春鸠行可脍。自注:蜀人贵芹芽脍,杂鸠肉为之。

种稻清明前,乐事我能数。毛空暗春泽,针水闻好语。自注:蜀人以细雨为雨毛。稻初生时,农夫相语稻针出矣。(眉批:三、四究微嫌生造。)分秧及初夏,渐喜风叶举。月明看露上,一一珠垂缕。(眉批:查云:王储《田家诗》逊其精细。)秋来霜穗重,颠倒相撑拄。但闻畦陇间,蚱蜢如风雨。自注:蜀中稻熟时,蚱蜢群飞田间,如小蝗状,而不害稻。新春便入甑,玉粒照筐筥。我久食官仓,红腐等泥土。行当知此味,口腹吾已许。(眉批:忽作得意语,正无聊之极语也。)

良农惜地力,幸此十年荒。桑柘未及成,一麦庶可望。投种未逾月,覆块已苍苍。农父告我言,勿使苗叶昌。若欲富饼饵,要须纵牛羊。再拜谢苦言,得饱不敢忘。(眉批:此亦寓忧戚玉成之意,观"苦言"字可见。)

种枣期可剥,种松期可斫。事在十年外,吾计亦已慤。十年何足道,千载如风雹。旧闻李衡奴,此策疑可学。我有同舍郎,官居在灊岳。自注:李公择也。遗我三寸甘,照座光卓荦。百栽倘可致,当及春冰渥。想见竹篱间,青黄垂屋角。

潘子久不调,沽酒江南村。郭生本将种,卖药西市垣。古生亦好事,恐是押牙孙。家有十亩竹,无时容叩门。我穷交旧绝,三子独见存。从我于东坡,劳饷同一飧。可怜杜拾遗,事与朱阮论。吾师卜子夏,四海皆弟昆。

马生本穷士,从我二十年。日夜望我贵,求分买山钱。我今反累君,借耕辍兹田。刮毛龟背上,何时得成毡。(眉批:"刮毛"二句微嫌其纤。)可怜马生痴,至今夸我贤。众笑终不悔,施一当获千。(眉批:结用陶公冥报相贻意。查云:立言失体。亦是。)

次韵回文三首

春机满织回文锦,粉泪挥残露井桐。人远寄情书字小,柳丝低目晚庭空。(眉批:东坡何以堕此恶趣!)

红笺短写空深恨,锦句新翻欲断肠。风叶落残惊梦蝶,戍边回雁寄情郎。

羞云敛惨伤春暮,细缕诗成织意深。头畔枕屏山掩恨,日昏尘暗玉窗琴。

附:江南本织锦图上回文原作三首

春晚落花余碧草,夜凉低月半枯桐。人随远雁边城暮,雨映疏帘绣阁空。

红手素丝千字锦,故人新曲九回肠。风吹絮雪愁萦骨,泪洒缣书恨见郎。

羞看一首回文锦,锦似文君别恨深。头白自吟悲赋客,断肠愁是断弦琴。

数日前梦一僧出二镜求诗,僧以镜置日中,其影甚异。其一如芭蕉,其一如莲花,梦中作此诗

君家有二镜,光景如湛卢。或长如芭蕉,或圆如芙蕖。飞电着子壁,明月入我庐。月下合三璧,日月跳明珠。问子是非我,我是非文殊。(眉批:此种可入说部,不可入诗集。)

岐亭道上见梅花,戏赠季常

蕙死兰枯菊亦摧,返魂香入岭头梅。数枝残绿风吹尽,一点芳心雀啅开。野店初尝竹叶酒,江云欲落豆秸灰。(眉批:究非雅语。)行当更向钗头见,病起乌云正作堆。

乐全先生生日,以铁拄杖为寿二首

先生真是地行仙,住世因循五百年。每向铜人话畴昔,故教铁杖斗清坚。入怀冰雪生秋思,倚壁蛟龙护昼眠。遥想人天会方丈,众中惊倒野狐禅。(眉批:"野狐禅"意有所斥,然语殊不雅。)

二年相伴影随身,踏遍江湖草木春。擿石旧痕犹在眼,闭门高节欲生鳞。畏途自卫真无敌,捷径争先却累人。(眉批:五、六极用意而不佳。)远寄知公不嫌重,笔端犹自斡千钧。

杭州故人信至齐安

（眉批：剽而不留。）

昨夜风月清,梦到西湖上。朝来闻好语,扣户得吴饷。轻圆白晒荔,脆酽红螺酱。更将西庵茶,劝我洗江瘴。故人情义重,说我必西向。一年两仆夫,千里问无恙。相期结书社,自注:故人相约敛钱雇仆夫,一岁再至黄。未怕供诗帐。自注:仆顷以诗得罪有司移杭,取境内所留诗,杭州供数百首,谓之诗帐。还将梦魂去,一夜到江涨。自注:江涨,杭州桥名。

送牛尾狸与徐使君

自注：时大雪中。

风卷飞花自入帷,一尊遥想破愁眉。泥深厌听鸡头鹘,自注:蜀人谓泥滑滑为鸡头鹘。酒浅欣尝牛尾狸。通印子鱼犹带骨,披绵黄雀漫多脂。殷勤送去烦纤手,为我磨刀削玉肌。（眉批：太俚,太滑。）

四时词

（眉批：纯是诗余,似稗官中才子佳人语,不知何以出东坡手。）

春云阴阴雪欲落,东风和冷惊帘幕。渐看远水绿生漪,未放小桃红入萼。佳人瘦尽雪肤肌,眉敛春愁知为谁。深院无人剪刀响,应将白纻作春衣。

垂柳阴阴日初永,蔗浆酪粉金盘冷。帘额低垂紫燕忙,蜜脾已满黄蜂静。高楼睡起翠眉嚬,枕破斜红未肯匀。玉腕半揎云碧袖,楼前知有断肠人。

新愁旧恨眉生绿,粉汗余香在蕲竹。象床素手熨寒衣,烁烁风灯动华屋。夜香烧罢掩重扃,香雾空蒙月满庭。抱琴转轴无人见,门外空闻裂帛声。

霜叶萧萧鸣屋角,黄昏陡觉罗衾薄。夜风摇动镇帷犀,酒醒梦回闻雪落。起来呵手画双鸦,醉脸轻匀衬眼霞。真态生香谁画得,玉如纤手嗅梅花。

太守徐君猷、通守孟亨之皆不饮酒,以诗戏之

(眉批:小品自佳。)

孟嘉嗜酒桓温笑,徐邈狂言孟德疑。(眉批:此种从姓起义,恰有孟、徐二酒事佐之,又不以切姓为嫌。)公独未知其趣尔,臣今时复一中之。风流自有高人识,通介宁随薄俗移。(眉批:查云:中二联两两分承,起句章法独创。)二子有灵应抚掌,吾孙还有独醒时。

侄安节远来夜坐三首

南来不觉岁峥嵘,坐拨寒灰听雨声。遮眼文书原不读,伴人灯火亦多情。嗟予潦倒无归日,今汝蹉跎已半生。免使韩公悲世事,白头还对短灯檠。

心衰面改瘦峥嵘,相见惟应识旧声。永夜思家在何处,残年知汝远来情。畏人默坐成痴钝,问旧惊呼半死生。梦断酒醒山雨绝,笑看饥鼠上灯檠。(眉批:"笑"字无着。)

落第汝为中酒味,吟诗我作忍饥声。便思绝粒真无策,苦说归田似不情。腰下牛闲方解佩,(眉批:此事用来不妥。)洲中奴长足为生。大弨一弛何缘彀,已觉翻翻不受檠。

冬至日赠安节

我生几冬至,少小如昨日。当时事父兄,上寿拜脱膝。十年阅凋谢,白发催衰疾。瞻前惟兄三,顾后子由一。近者隔涛江,远者天一壁。今朝复何幸,见此万里侄。忆汝总角时,啼笑为梨栗。今来能慷慨,志气坚铁石。诸孙行复尔,世事何时毕。诗成却超然,老泪不成滴。(眉批:真至之语,朴而不俚。)

雪后到乾明寺,遂宿

门外山光马亦惊,阶前屐齿我先行。(眉批:似用"白马夜频惊,三更瀍陵雪"意,

然不成语。)风花误入长春苑,云月长临不夜城。(眉批:三、四俗格。)未许牛羊伤至洁,(眉批:五句拙。)且看鸦鹊弄新晴。更须携被留僧榻,待听催檐泻竹声。

伯父《送先人下第归蜀》诗云"人稀野店休安枕,路入灵关稳跨驴",安节将去,为诵此句,因以为韵,作小诗十四首送之

索漠齐安郡,从来著放臣。如何风雪里,更送独归人。

瘦骨寒将断,衰髯摘更稀。未甘为死别,犹恐得生归。(眉批:妙,不作决绝语。)

日上气瞰江,云晴光眩野。记取到家时,锄耰吾正把。

月明穿破裘,霜气涩孤剑。归来闭户坐,默数来时店。

诸兄无可寄,一语会须酬。晚岁俱黄发,相看万事休。

故人如念我,为说瘦栾栾。尚有身为患,已无心可安。

吾兄喜酒人,今汝亦能饮。一杯归诵此,万事邯郸枕。

东阡在何许,寒食江头路。哀哉魏城君,宿草荒新墓。

临分亦泫然,不为穷途泣。东阡时一到,莫遣牛羊入。

我梦随汝去,东阡松柏青。却入西州门,永愧北山灵。

乞墦何足羡,负米可忘艰。莫为无车马,含羞入剑关。

我坐名过实,欢哗自招损。汝幸无人知,莫厌家山稳。

竹笥与练裙,随时毕婚嫁。无事苦相思,征鞍还一跨。

万里却来日,一庵仍独居。应笑谋生拙,团团如磨驴。

次韵和王巩六首

君谈阳朔山,不作一钱直。岩藏两头蛇,瘴落千仞翼。雅宜骢兜放,颇讶虞舜陟。(眉批:"颇讶"句未甚解。)暂来已可畏,览镜忧面黑。(眉批:"览镜"句拙。)况子三年囚,苦雾变饮食。吉人终不死,仰荷天地德。我来黄冈下,敧枕江流碧。江南武昌山,向我如咫尺。春蔬黄土软,冻笋苍崖坼。兹行我累君,乃反

得安宅。遥知丹穴近,为劚勾漏石。他年分刀圭,名字挂仙籍。自注:君许惠桂州丹砂。(眉批:收得少力,然此处甚难措语,亦只得如此结来。)

少年带刀剑,但识从军乐。老大服犁锄,解佩付镕铄。虽无献捷功,会赐力田爵。敲冰春捣纸,刈苇秋织箔。栎林斩冬炭,竹坞收夏箨。四时俯有取,一饱天所酢。君生纨绮间,欲学非其脚。左右玉纤纤,束薪谁为缚。勿令闻此语,翠黛颣将恶。笑我一间茅,妇姑纷六凿。(眉批:不免牵缀。)

欲结千年实,先摧二月花。故教穷到骨,要使寿无涯。久已逃天网,何须服日华。宾州在何处,为子上栖霞。自注:楼名。(眉批:语意甚浅。)

邻里有异趣,何妨倾盖新。殊方君莫厌,数面自成亲。默坐无余事,回光照此身。他年赤墀下,玉立看垂绅。

平生我亦轻余子,晚岁人谁念此翁。巧语屡曾遭薏苡,廋词聊复托苓劳。(眉批:起句太激,三句太露,四句无所取义。)子还可责同元亮,妻却差贤胜敬通。自注:仆文章虽不逮冯衍,而慷慨大节乃不愧此翁。衍逢世祖英睿好士而独不遇,流离摈逐,与仆相似。而衍妻妒悍甚,仆少此一事,故有胜敬通之句。若问我贫天所赋,不因迁谪始囊空。

君家玉臂贯铜青,下客何时见目成。勤把铅黄记宫样,莫教弦管作蛮声。(眉批:三、四却有风调。)熏衣渐叹笱香少,拥髻遥怜夜语清。记取北归携过我,南江风浪雪山倾。自注:君自南江赴任,不一过我。

元丰四年十月二十二日,谒王文父、齐万于江南。坐上得陈季常书报:是月四日种谔领兵深入,破杀西夏六万余人,获马五千匹。众喜忭唱乐,各饮一巨觥

闻说官军取乞闾,将军旗鼓捷如神。故知无定河边柳,得共中原雪絮春。
(眉批:措语甚拙,似非东坡笔墨。)

闻洮西捷报

汉家将军一丈佛,诏赐天池八尺龙。露布朝驰玉关塞,捷书夜到甘泉宫。

（眉批："露布"即"捷书"，未免犯复。此诗本集不载，疑王韶之党猎取赐御书诗为之，以东坡为重耳。）似闻指挥筑上郡，已觉谈笑无西戎。放臣不见天颜喜，但惊草木回春容。查注：慎按王本子仁注引王立之《诗话》云：东坡在黄时有一诗云"汉家将军一丈佛"云云，其后作谢赐御书诗，复用其间数句。立之所记如此，今集中皆无有，疑其非全篇，故附见于此云云。今考王氏本，此诗现在第七卷，何云集中所无？

记梦回文二首

十二月二十五日，大雪始晴。梦人以雪水烹小团茶，使美人歌以饮。余梦中为作《回文》诗，觉而记其一句云：乱点余花唾碧衫，意用飞燕故事也。乃续之，为二绝句云。

酡颜玉碗捧纤纤，乱点余花唾碧衫。歌咽水云凝静院，梦惊松雪落空岩。
空花落尽酒倾缸，日上山融雪涨江。红焙浅瓯新火活，龙团小碾斗晴窗。

三朵花

房州通判许安世，以书遗予言："吾州有异人，常戴三朵花，莫知其姓名，郡人因以三朵花名之。能作诗，皆神仙意。又能自写真，人有得之者。"许欲以一本见惠，乃为作此诗。

学道无成鬓已华，不劳千劫漫烝砂。归来且看一宿觉，未暇远寻三朵花。两手欲遮瓶里雀，四条深怕井中蛇。画图未识先生面，试问房陵好事家。

次韵陈四雪中赏梅

腊酒诗催熟，寒梅雪斗新。杜陵休叹老，韦曲已先春。独秀惊凡目，遗英卧逸民。高歌对三白，迟暮慰安仁。

正月二十日，与潘、郭二生出郊寻春，忽记去年是日同至女王城作诗，乃和前韵

东风未肯入东门，走马还寻去岁村。人似秋鸿来有信，事如春梦了无痕。

(眉批:三、四警策。)江城白酒三杯酽,野老苍颜一笑温。已约年年为此会,故人不用赋《招魂》。

是日,偶至野人汪氏之居,有神降于其室,自称天人李全,字德通。善篆字,用笔奇妙,而字不可识,云,天篆也。与予言,有所会者。复作一篇,仍用前韵

酒渴思茶漫扣门,那知竹里是仙村。已闻龟策通神语,更看龙蛇落笔痕。色瘁形枯应笑屈,道存目击岂非温。(眉批:温伯雪子,用一"温"字似未妥。)归来独扫空斋卧,犹恐微言入梦魂。

浚 井

古井没荒莱,不食谁为恻。瓶罂下两绠,蛙蚓飞百尺。(眉批:查云:三、四新警。)腥风被泥滓,空响闻点滴。上除青青芹,下洗凿凿石。沾濡愧童仆,杯酒暖寒栗。白水渐泓渟,青天落寒碧。(眉批:查云:"白水"两句中自有次第。)云何失旧秽,底处来新洁。井在有无中,无来亦无失。(眉批:入禅是东坡习径,此却太似偈颂。)

红梅三首

怕愁贪睡独开迟,自恐冰容不入时。故作小红桃杏色,尚余孤瘦雪霜姿。寒心未肯随春态,酒晕无端上玉肌。诗老不知梅格在,更看绿叶与青枝。自注:石曼卿《红梅》诗云:"认桃无绿叶,辨杏有青枝。"(眉批:细意钩别,却不入纤巧,中有寓托,不同刻画,形似故也。)

雪里开花却是迟,何如独占上春时。也知造物含深意,故与施朱发妙姿。细雨裛残千颗泪,轻寒瘦损一分肌。不应便作夭桃杏,数点微酸已着枝。

幽人自恨探春迟,不见檀心未吐时。丹鼎夺胎那是宝,自注:朱砂红银,谓之不夺胎色。玉人頩颊更多姿。抱丛暗蕊初含子,落盏秾香已透肌。乞与徐熙画

新样,竹间璀璨出斜枝。(眉批:后二首蛇足。)

次韵子由寄题孔平仲草庵

逢人欲觅安心法,到处先为问道庵。卢子不须从若士,盖公当自过曹参。羡君美玉经三火,笑我枯桑困八蚕。犹喜大江同一味,故应千里共清甘。

二 虫

君不见水马儿,步步逆流水。大江东流日千里,此虫趯趯长在此。君不见鹢滥堆,决起随冲风。随风一去宿何许,逆风还落蓬蒿中。二虫愚智俱莫测,江边一笑无人识。(眉批:小品寓意,却不小巧。)

陈季常见过三首

仕宦常畏人,退居还喜客。君来辄馆我,未觉鸡黍窄。东坡有奇事,已种十亩麦。但得君眼青,不辞奴饭白。

送君四十里,只使一帆风。江边千树柳,落我酒杯中。此行非远别,此乐固无穷。但愿长如此,来往一生同。

闻君开龟轩,东槛俯乔木。人言君畏事,欲作龟头缩。我知君不然,朝饭仰旸谷。余光幸分我,不死安可独。(眉批:三诗殊窘弱。)

谢人惠云巾、方舄二首

(眉批:纯作皮、陆格。)

燕尾称呼理未便,剪裁云叶却天然。无心只是青山物,覆顶宜归紫府仙。转觉周家新样俗,自注:头巾起后周。未容陶令旧名传。鹿门佳士勤相赠,黑雾玄霜合比肩。自注:皮袭美《赠天随子纱巾》诗云:"掩敛乍疑裁黑雾,轻明浑似带玄霜。"

胡靴短勒格粗疏,古雅无如此样殊。妙手不劳盘作凤,轻身只欲化为凫。(眉批:查云:旧事新用。)魏风褊俭堪羞葛,楚客豪华可笑珠。拟学梁家名解脱,便于禅坐作跏趺。

寒食雨二首

自我来黄州,已过三寒食。年年欲惜春,春去不容惜。今年又苦雨,两月秋萧瑟。卧闻海棠花,泥污燕脂雪。暗中偷负去,夜半真有力。(眉批:"暗中"二句用事殊笨。)何殊病少年,病起头已白。(眉批:末二句比拟亦浅。)

春江欲入户,雨势来不已。小屋如渔舟,蒙蒙水云里。(眉批:"小屋"二句自好。)空庖煮寒菜,破灶烧湿苇。那知是寒食,但感乌衔纸。君门深九重,坟墓在万里。也拟哭途穷,死灰吹不起。(眉批:结太尽。)

徐使君分新火

(眉批:工于簸弄,妙是实地风光,故不比油滑掉笔。)

临皋亭中一危坐,三见清明改新火。沟中枯木应笑人,寄托兀傲。钻斫不然谁似我。黄州使君怜久病,分我五更红一朵。从来破釜跃江鱼,只有清诗嘲饭颗。起携蜡炬绕空室,欲事烹煎无一可。为公分作无尽灯,照破十方昏暗锁。

次韵答元素

余旧有赠元素词云:天涯同是伤流落。元素以为今日之先兆,且悲当时六客之存亡。六客盖张子野、刘孝叔、陈令举、李公择及元素与余也。

不愁春尽絮随风,但喜丹砂入颊红。流落天涯先有谶,摩挲金狄会当同。蘧蘧未必都非梦,了了方知不落空。(眉批:五、六太滑,落句尤粗犷。)莫把存亡悲六客,已将地狱等天宫。

蜜酒歌

西蜀道士杨世昌,善作蜜酒,绝醇酽。余既得其方,作此歌以遗之。

（眉批：平调直走，便嫌浅率。）

真珠为浆玉为醴，六月田夫汗流沺。不如春瓮自生香，蜂为耕耘花作米。（眉批：查云："蜂为"句妙语天成。）一日小沸鱼吐沫，二日眩转清光活。三日开瓮香满城，快泻金瓶不须拨。百钱一斗浓无声，甘露微浊醍醐清。君不见南园采花蜂似雨，天教酿酒醉先生。先生年来穷到骨，问人乞米何曾得。世间万事真悠悠，蜜蜂大胜监河侯。（眉批：结太浅露。）

又一首答二犹子与王郎见和

（眉批：亦是滑调。）

脯青苔，炙青蒲，烂蒸鹅鸭乃瓠壶。煮豆作乳脂为酥，高烧油烛斟蜜酒，贫家百物初何有。古来百巧出穷人，搜罗假合乱天真。诗书与我为曲糵，酝酿老夫成搢绅。质非文是终难久，脱冠还作扶犁叟。不如蜜酒无燠寒，冬不加甜夏不酸。老夫作诗殊少味，爱此三篇如酒美。封胡羯末已可怜，不知更有王郎子。

谢陈季常惠一揞巾

（眉批：小品，却不小样。）

夫子胸中万斛宽，此巾何事小团团。半升仅漉渊明酒，二寸才容子夏冠。好戴黄金双得胜，可怜白苎一生酸。臂弓腰箭何时去，直上阴山取可汗。

赠黄山人

面颊照人元自赤，眉毛覆眼见来乌。（眉批：俚甚。）倦游不拟谈玄牝，示病何妨出白须。绝学已生真定慧，说禅长笑老浮屠。东坡若肯三年住，亲与先生看药炉。

赠　人

别后休论信息疏，仙凡自古亦殊途。蓬山路远人难到，霜柏威高道转孤。

旧赏未应忘楚国,新诗闻已满皇都。谁怜泽畔行吟者,目断长安貌欲枯。

问大冶长老乞桃花茶栽东坡

周诗记荼苦,茗饮出近世。初缘厌粱肉,假此雪昏滞。嗟我五亩园,桑麦苦蒙翳。不令寸地闲,更乞茶子蓺。饥寒未知免,已作太饱计。庶将通有无,农末不相戾。春来冻地裂,紫笋森已锐。牛羊烦呵叱,筐筥未敢睨。江南老道人,齿发日夜逝。他年雪堂品,空记桃花裔。(眉批:结四句不甚醒快。)

寄子由

厌暑多应一向慵,银钩秀句益疏通。也知堆案文书满,未暇开轩砚墨中。湖面新荷空照水,城头高柳漫摇风。吏曹不是尊贤事,谁把前言语化工？

次韵孔毅父久旱已而甚雨三首

(眉批:三首皆排宕兀傲,奇气纵横,妙俱从自己现境生情,不作应酬泛语。凡和诗最忌作应酬,人与己两无涉。)

饥人忽梦饭甑溢,梦中一饱百忧失。(眉批:查云:首章说久旱。)只知梦饱本来空,未悟真饥定何物。我生无田食破砚,尔来砚枯磨不出。去年太岁空在酉,旁舍壶浆不容乞。今年旱势复如此,岁晚何以黔吾突。青天荡荡呼不闻,况欲稽首号泥佛。瓮中蜥蜴尤可笑,跂跂脉脉何等秩。阴阳有时雨有数,民是天民天自恤。我虽穷苦不如人,要亦自是民之一。(眉批:查云:可称词达。)形容虽是丧家狗,未肯耶耳争投骨。倒冠落帻谢朋友,独与蚊雷共圭荜。故人嗔我不开门,君视我门谁肯屈。可怜明月如泼水,夜半清光翻我室。(眉批:查云:从《云汉》之诗化来。)风从南来非雨候,且为疲人洗蒸郁。褰裳一和快哉谣,未暇饥寒念明日。

去年东坡拾瓦砾,自种黄桑三百尺。(眉批:查云:此章方说雨。)今年刈草盖雪堂,日炙风吹面如墨。平生懒惰今始悔,老大劝农天所直。沛然例赐三尺雨,造物无心恍难测。四方上下同一云,甘霖不为龙所隔。自注:俗有分龙日。蓬蒿下湿迎晓耒,灯火新凉催夜织。老夫作罢得甘寝,卧听墙东人响屐。奔流未已坑谷平,折苇枯荷恣漂溺。腐儒粗粝支百年,力耕不受众目怜。破陂漏水不耐旱,人力未至求天全。会当作塘径千步,横断西北遮山泉。四邻相率助举杵,忽地跳出题外,却仍是题中,笔力恣逸之至。若顺手写雨足景象一番,便是凡笔。人人知我囊无钱。明年共看决渠雨,饥饱在我宁关天。谁能伴我田间饮,醉倒惟有支头砖。(眉批:查云:操纵在我,笔力透极,与前篇"太岁在酉"四句作大开合,末又补出筑堤贮水,见人力既至,天不能灭。此意乃题所未有。)

天公号令不再出,十日愁霖并为一。(眉批:查云:末章方说雨,章法井然。)君家有田水冒田,我家无田忧入室。(眉批:苦雨,却借一不苦雨者对面托出,用笔巧妙。若说如何苦雨,便凡笔。)不如西州杨道士,万里随身惟两膝。沿流不恶溯亦佳,一叶扁舟任漂突。山芎麦曲都不用,泥行露宿终无疾。(眉批:苦雨,偏以豪语作收,是极力摆脱处。)夜来饥肠如转雷,旅愁非酒不可开。杨生自言识音律,洞箫入手清且哀。不须更待秋井塌,见人白骨方衔杯。(眉批:此事天然凑泊,苦雨饮酒,两边俱到。)

鱼蛮子

江淮水为田,舟楫为室居。鱼虾以为粮,不耕自有余。异哉鱼蛮子,本非左衽徒。连排入江住,竹瓦三尺庐。于焉长子孙,戚施且侏儒。擘水取鲂鲤,易如拾诸涂。破釜不着盐,雪鳞芼青蔬。一饱便甘寝,何异獭与狙。人间行路难,踏地出赋租。不如鱼蛮子,驾浪浮空虚。空虚未可知,会当算舟车。蛮子叩头泣,勿语桑大夫。(眉批:香山一派,读之宛然《秦中吟》也。)

夜坐与迈联句

(眉批:佳处便有三谢意。)

清风来无边,明月翳复吐。自。松声满虚空,竹影侵半户。迈。暗枝有惊鹊,坏壁鸣饥鼠。自。露叶耿高梧,风萤落空庑。迈。微凉感团扇,古意歌白纻。自。乐哉今夕游,获此陪杖屦。迈。传家诗律细,已自过宗武。短诗膝上成,聊以慰怀祖。自。

吊李台卿

李台卿,字明仲,庐州人。貌陋甚,性介不群,而博学强记,罕见其比。好《左氏》,有《史学考正同异》,多所发明。知天文律历,千岁之日可坐数也。轼谪居黄州,台卿为麻城主簿,始识之。既罢居于庐,而曹光州演甫以书报其亡。台卿,光州之妻党也。

我初未识君,人以君为笑。垂头老鹳雀,烟雨霾七窍。敝衣来过我,危坐若持钓。(眉批:写照如生。)褚衰半面新,馺蒺一语妙。徐徐涉其澜,极望不得徼。却观元妩媚,士固难轻料。看书眼如月,罅隙靡不照。我老多遗忘,得君如再少。从横通杂艺,甚博且知要。所恨言无文,至老幽不耀。其生世莫识,已死谁复吊。(眉批:十字沉着。)作诗遗故人,庶解俗子谯。

曹既见和复次其韵

造物本儿嬉,风噫雷电笑。谁令妄惊怪,失匕号万窍。人人走江湖,一一操网钓。偶然连六鳌,便谓此手妙。空令任公子,三岁蹲海徼。长贫固不辞,一死实未料。难将蓍草算,除用佛眼照。何人嗣家学,恨子儿尚少。嗟我与曹君,衰老世不要。空言今无救,奇志后必耀。吟君五字诗,义重千金吊。收藏慎勿出,免使群儿谯。(眉批:结句太激。)

吊徐德占

余初不识德占,但闻其初为吕惠卿所荐,以处士用。元丰五年三月,偶以事至蕲水。德占闻余在传舍,惠然见访,与之语,有过人者。是岁十月,闻其遇祸,作诗吊之。

美人种松柏,欲使低映门。栽培虽易长,流恶病其根。哀哉岁寒姿,肮脏谁与论。竟为明所误,不免刀斧痕。一遭儿女污,始觉山林尊。从来觅栋梁,未省傍篱藩。南山隔秦岭,千树龙蛇奔。大厦若畏倾,万牛何足言。不然老岩壑,合抱枝生孙。死者不可悔,吾将遗后昆。(眉批:似乎快之,立言少体。)

武昌主簿吴亮君采携其友人沈君十二琴之说,与高斋先生空同子之文、太平之颂以示予。予不识沈君,而读其书如见其人,如闻十二琴之声。予昔从高斋先生游,尝见其宝一琴,无铭无识,不知其何代物也?请以告二子,使从先生求观之。此十二琴者,待其琴而后和。元丰五年闰六月

若言琴上有琴声,放在匣中何不鸣?若言声在指头上,何不于君指上听。
(眉批:此随手写四句,本不是诗,搜辑者强收入集,千古诗集有此体否?)

李委吹笛

　　元丰五年十二月十九日,东坡生日。置酒赤壁矶下,踞高峰,俯鹊巢。酒酣,笛声起于江上。客有郭、古二生,颇知音,谓坡曰:"笛声有新意,非俗工也。"使人问之,则进士李委,闻坡生日,作新曲曰《鹤南飞》以献。呼之使前,则青巾紫裘腰笛而已。既奏新曲,又快作数弄,嘹然有穿云裂石之声。坐客皆引满醉倒。委袖出嘉纸一幅,曰:"吾无求于公,得一绝句足矣。"坡笑而从之。

山头孤鹤向南飞,载我南游到九疑。下界何人也吹笛,可怜时复犯龟兹。

蜀僧明操思归书龙丘子壁

久厌劳生能几日,莫将归思扰衰年。片云会得无心否?南北东西只一天。
(眉批:亦厌偶颂气。)

卷二十二

古今体诗四十二首

次韵孔毅父集古人句见赠五首

羡君戏集他人诗,指呼市人如使儿。天边鸿鹄不易得,便令作对随家鸡。退之惊笑子美泣,问君久假何时归。世间好句世人共,明月自满千家墀。

紫驼之峰人莫识,杂以鸡豚真可惜。今君坐致五侯鲭,尽是猩唇与熊白。路旁拾得半段枪,何必开炉铸矛戟。用之如何在我耳,入手当令君丧魄。

天下几人学杜甫,谁得其皮与其骨?划如太华当我前,跛牂欲上惊嶕崒。名章俊语纷交衡,无人巧会当时情。前生子美只君是,信手拈得俱天成。

诗人雕刻闲草木,搜抉肝肾神应哭。不如默诵千万首,左抽右取谈笑足。夜吟石鼎声悲秋,可怜好事刘与侯。何当一醉百不问,我欲眠矣君归休。

膏明兰臭俱自焚,象牙翠羽戕其身。多言自古为数穷,微中有时堪解纷。痴人但数羊羔儿,不知何者是左慈。千章万句卒非我,急走捉君应已迟。(眉批:五首皆语杂嘲弄,颇有率句,不为杰作。)

六年正月二十日复出东门,仍用前韵

乱山环合水侵门,身在淮南尽处村。五亩渐成终老计,九重新扫旧巢痕。(眉批:温雅可诵。)岂惟见惯沙鸥熟,已觉来多钓石温。长与东风约今日,暗香先返玉梅魂。

食 甘

一双罗帕未分珍,林下先尝愧逐臣。露叶霜枝剪寒碧,金盘玉指破芳辛。

清泉蔌蔌先流齿,香雾霏霏欲噀人。坐客殷勤为收子,千奴一掬奈吾贫。(眉批:四字求新得拙。)

大寒步至东坡赠巢三

(眉批:沉痛之言,不伤忠厚。)

春雨如暗尘,春风吹倒人。东坡数间屋,巢子谁与邻。空床敛败絮,破灶郁生薪。相对不言寒,哀哉知我贫。(眉批:本集活火生薪聊一快,即生柴之意。)我有一瓢酒,独饮良不仁。未能赪我颊,聊复濡子唇。故人千钟禄,驭吏醉吐茵。那知我与子,坐作寒螀呻。努力莫怨天,我尔皆天民。行看花柳动,共享无边春。(眉批:推过一步作宽解,则当下难堪不言已见。)

元修菜

菜之美者,有吾乡之巢。故人巢元修嗜之,余亦嗜之。元修云:使孔北海见,当复云吾家菜耶?因谓之元修菜。余去乡十有五年,思而不可得。元修适自蜀来,见余于黄。乃作是诗,使归致其子,而种之东坡之下云。

(眉批:质而不俚,细而不琐,此由笔力不同。)

彼美君家菜,铺田绿茸茸。豆荚圆且小,槐芽细而丰。种之秋雨余,擢秀繁霜中。欲花而未萼,一一如青虫。是时青裙女,采撷何匆匆。烝之复湘之,香色蔚其饛。点酒下盐豉,缕橙芼姜葱。那知鸡与豚,但恐放箸空。春尽苗叶老,耕翻烟雨丛。润随甘泽化,暖作青泥融。始终不我负,力与粪壤同。我老忘家舍,楚音变儿童。此物独妩媚,终年系余胸。君归致其子,囊盛勿函封。张骞移苜蓿,适用如葵菘。马援载薏苡,罗生等蒿蓬。悬知东坡下,塉卤化千钟。长使齐安民,指此说两翁。(眉批:有衬贴便不单窘,否则收不住一篇长诗。)

三月三日点灯会客

江上东风浪接天,苦寒无赖破春妍。试开云梦羔儿酒,快泻钱塘药玉船。

蚕市光阴非故国,马行灯火记当年。冷烟湿雪梅花在,留得新春作上元。

日日出东门

(眉批:浑浑有古致。)

日日出东门,步寻东城游。城门抱关卒,笑我此何求？我亦无所求,驾言写我忧。意适忽忘返,路穷乃归休。(眉批:接法入古。)悬知百岁后,父老说故侯。古来贤达人,此路谁不由。百年寓华屋,千载归山丘。何事羊公子,不肯过西州。

南堂五首

江上西山半隐堤,此邦台馆一时西。南堂独有西南向,卧看千帆落浅溪。
暮年眼力嗟犹在,多病颠毛却未华。故作明窗书小字,更开幽室养丹砂。
他时夜雨困移床,坐厌愁声点客肠。一听南堂新瓦响,似闻东坞小荷香。
山家为割千房蜜,稚子新畦五亩蔬。更有南堂堪著客,不忧门外故人车。
扫地焚香闭阁眠,簟纹如水帐如烟。客来梦觉知何处,挂起西窗浪接天。

(眉批:此首兴象自然,不似前四首有宋人丫杈之状。然以为梦得则未似,不知山谷何所见也。)

次韵子由种杉竹

吏散庭空雀噪檐,闭门独宿夜厌厌。似闻梨枣同时种,应与杉篁刻日添。糟曲有神熏不醉,雪霜夸健巧相沾。先生坐待清阴满,空使人人叹滞淹。

孔毅父妻挽词

结褵记初欢,同穴期晚岁。择夫得温峤,生子胜王济。高风相宾友,古义仍兄弟。从君吏隐中,穷达初不计。云何抱沉疾,俯仰便一世。幽阴凄房栊,芳泽在巾帨。百年纵得满,此路行亦逝。那将有限身,长泻无益涕。君文照今古,不比山石脆。当观千字诔,宁用百金瘞。

初秋寄子由

百川日夜逝,物我相随去。惟有宿昔心,依然守故处。(眉批:发端深警,查云:眼前语,难得如此清切。)忆在怀远驿,闭门秋暑中。藜羹对书史,挥汗与子同。西风忽凄厉,落叶穿户牖。(眉批:音节似香山《桐花》诗,但收敛谨严耳。王摩诘《寄祖三诗》亦此格,而气体各别。)子起寻夹衣,感叹执我手。朱颜不可恃,此语君莫疑。别离恐不免,功名定难期。当时已凄断,况此两衰老。失途既难追,学道恨不早。买田秋已议,筑室春堂成。雪堂风雨夜,已作对床声。(眉批:查云:情文婉挚。)

和黄鲁直食笋次韵

饱食有残肉,饥食无余菜。纷然生喜怒,似被狙公卖。(眉批:查云:巧不伤雅。)尔来谁独觉,凛凛白下宰。自注:太和,古白下。一饭在家僧,至乐甘不坏。多生味蠹简,食笋乃余债。萧然映樽俎,未肯杂荽芥。君看霜雪姿,童稚已耿介。胡为遭暴横,三嗅不忍嘬。朝来忽解箨,势迫风雷噫。尚可饷三闾,饭筒缠五采。(眉批:忽然自寓,不粘不脱,信手无痕而玲珑四照。)

闻子由为郡僚所捃,恐当去官

少学不为身,宿志固有在。虽然敢自必,用舍置度外。天初若相我,发迹造宏大。岂敢负所付,捐躯欲投会。(眉批:"捐躯"句拙。)宁知事大缪,举步得狼狈。我已无可言,堕甑难追悔。子虽仅自免,鸡肋安足赖。低回畏罪罟,黾勉敢言退。若人疑或使,为子得微罪。时哉归去来,共抱东坡耒。

次韵王巩南迁初归二首

问君谪南宾,野葛食几尺。逢人瘴发黄,入市胡眼碧。三年不易过,坐睨倚天壁。归来貌如故,妙语仍破镝。那能废诗酒,亦未妨禅寂。愿为尚书郎,还赐上方舄。

江家旧池台,修竹围一尺。归来万事非,惟见秦淮碧。平生痛饮处,遗墨鸦栖壁。西来故父客,金印杂鸣镝。三槐老更茂,花絮春寂寂。中微未可料,家庙藏赤舄。(眉批:起四句用事欠亲切,江令乃亡国之余,非谪宦也。)

孔毅父以诗戒饮酒,问买田,且乞墨竹,次其韵

酒中真复有何好,孟生虽贤未闻道。醉时万虑一扫空,醒后纷纷如宿草。十年揩洗见真妄,石女无儿焦谷槁。此身何异贮酒瓶,满辄予人空自倒。武昌病饮岂吾意,性不违人遭客恼。君家长松十亩阴,借我一庵聊洗心。我田方寸耕不尽,何用百顷糜千金。枕书睡熟呼不起,好学怜君工杂拟。且将墨竹换新诗,润色何须待东里。(眉批:随事作答,自是倡和正格。而限于韵脚,收束处未能圆足。)

任师中挽词

大任刚烈世无有,疾恶如风朱伯厚。小任温毅老更文,聪明慈爱小冯君。两任才行不须说,畴昔并友吾先人。相看半作晨星没,可怜太白配残月。大任先去冢未干,小任相继呼不还。强寄一樽生死别,樽中有泪酒应酸。贵贱贤愚同尽耳,君今不尽缘贤子。人间得丧了无凭,只有天公终可倚。(眉批:亦是凡语。)

子由作二颂,颂石台长老问公:手写《莲经》,字如黑蚁,且诵万遍,胁不至席二十余年。予亦作二首

眼前扰扰黑蚍蜉,口角霏霏白唾珠。要识吾师无碍处,试将烧却看瞋无。

眼睛心地两虚圆,胁不沾床二十年。谁信吾师非不睡,睡蛇已死得安眠。

(眉批:二首太偈颂气。)

邓忠臣母周氏挽词

微生真草木,无处谢天力。慈颜如春风,不见桃李实。古今抱此恨,有志俯仰失。公子岂先知,战战常惜日。吾君日月照,委曲到肝鬲。哀哉人子心,吾何爱一邑。家庭拜前后,粲然发笑色。岂比黄壤下,焚瘗千金璧。若人道德人,视此亦戏剧。聊偿曾闵意,遽与仙佛寂。孤累卧江渚,永望坟墓隔。作诗相楚挽,感动泪再滴。

徐君猷挽词

一舸南游遂不归,清江赤壁照人悲。请看行路无从涕,尽是当年不忍欺。(眉批:三、四太拙。)雪后独来栽柳处,竹间行复采茶时。山城散尽樽前客,旧恨新愁只自知。

洗儿戏作

人皆养子望聪明,我被聪明误一生。惟愿孩儿愚且鲁,无灾无难到公卿。

(眉批:此种岂可入集?)

和蔡景繁海州石室

(眉批:情往兴来,处处有婉转关生之妙,东坡得意之笔。)

芙蓉仙人旧游处,苍藤翠壁初无路。戏将桃核裹黄泥,石间散掷如风雨。坐令空山作锦绣,倚天照海花无数。花间石室可容车,流苏宝盖窥灵宇。何年霹雳起神物,玉棺飞出王乔墓。当时醉卧动千日,至今石缝余糟醑。仙人一去五十年,花老室空谁作主。手植数松今偃盖,苍髯白甲低琼户。我来取酒酹先生,后车仍载胡琴女。一声冰铁散岩谷,海为澜翻松为舞。(眉批:只四语而淋漓酣足。)尔来心赏复何人,持节中郎醉无伍。独临断岸呼日出,红波碧巘相吞吐。径寻我语觅余声,拄杖彭铿叩铜鼓。(眉批:前后萦拂,有情致,亦有法度。)长篇小字远相寄,一唱三叹神凄楚。(眉批:钩心斗角,触手玲珑。)江风海雨入牙颊,似听石室胡琴语。我今老病不出门,海山岩洞知何许。门外桃花自开落,床头酒瓮生尘土。前年开阁放柳枝,今年洗心归佛祖。梦中旧事时一笑,坐觉俯仰成今古。愿君不用刻此诗,东海桑田真旦暮。(眉批:收亦满足。)

橄榄

纷纷青子落红盐,正味森森苦且严。待得微甘回齿颊,已输崖蜜十分甜。

(眉批:未免伧气。)

东坡

雨洗东坡月色清,市人行尽野人行。莫嫌荦确坡头路,自爱铿然曳杖声。

(眉批:风致不凡。)

生日,王郎以诗见庆,次其韵,并寄茶二十一片

《折杨》新曲万人趋,独和先生《于芳于》。但信楞藏终自售,岂知碗脱本无橅。揭从冰叟来游宦,肯伴臞仙亦号儒。棠棣并为天下士,芙蓉曾到海边郛。不嫌雾谷霾松柏,终恐虹梁荷栋桴。高论无穷如锯屑,小诗有味似连珠。感君生日遥称寿,祝我余年老不枯。未办报君青玉案,建溪新饼截云腴。

柏石图诗

陈公弼家藏《柏石图》,其子憭季常传宝之。东坡居士作诗,以为之铭。

柏生两石间,天命本如此。虽云生之艰,与石相终始。韩子俯仰人,但爱平地美。土膏杂粪壤,成坏几何耳。君看此槎牙,岂有可移理。苍龙转玉骨,黑虎抱金栀。画师亦可人,使我毛发起。当年落笔意,正欲讥韩子。(眉批:极作意而语不工。)

和秦太虚梅花

西湖处士骨应槁,只有此诗君压倒。东坡先生心已灰,为爱君诗被花恼。多情立马待黄昏,残雪消迟月出早。江头千树春欲暗,竹外一枝斜更好。(眉批:实是名句,谓在和靖"暗香""疏影"一联上,固无愧色。)孤山山下醉眠处,点缀裙腰纷不扫。万里春随逐客来,十年花送佳人老。(眉批:悲壮似高、岑口吻。)去年花开我已病,今年对花还草草。不如风雨卷春归,收拾余香还界昊。

再和潜师

化工未议苏群槁,先向寒梅一倾倒。江南无雪春瘴生,为散冰花除热恼。(眉批:先着四语入参寥,便觉有情。)风清月落无人见,洗妆自趁霜钟早。惟有飞来双白鹭,玉羽琼林斗清好。吴山道人心似水,眼净尘空无可扫。故将妙语寄多情,横机欲试东坡老。东坡习气除未尽,时复长篇书小草。且撼长条餐落英,忍饥未拟穷呼昊。

海　棠

东风渺渺泛崇光,香雾空蒙月转廊。只恐夜深花睡去,故烧高烛照红妆。
(眉批:查云:此诗极为俗口所赏,然非先生老境。)

次韵曹九章见赠

蓬瑗知非我所师,流年已似手中蓍。正平独肯从文举,中散何曾靳孝尼。(眉批:屡用此事,实不亲切。)卖剑买牛真欲老,得钱沽酒更无疑。鸡豚异日为同社,应有千篇唱和诗。

上巳日与二三子携酒出游,随所见辄作数句,明日集之为诗,故辞无伦次

(眉批:此永叔所谓"一林乱石,天然位置者"也。其法始自元、白,而笔力则非元、白

所及。)

薄云霏霏不成雨,杖藜晓入千花坞。柯丘海棠吾有诗,独笑深林谁敢侮。三杯卯酒人径醉,一枕春眠日亭午。竹间老人不读书,留我闭门谁教汝。出檐蘖枳十围大,写真素壁千蛟舞。东坡作塘今几尺,携酒一劳农工苦。却寻流水出东门,坏垣古堑花无主。卧开桃李为谁妍,对立鹟鹊相媚妩。开尊藉草劝行路,不惜春衫污泥土。褰裳共过春草亭,扣门却入韩家圃。辘轳绳断井深碧,秋千挂索人何所。映帘空复小桃枝,乞浆不见鹰门女。南上古台临断岸,雪阵翻空迷仰俯。故人馈我玉叶羹,水冷烟消谁为煮。崎岖束缊下荒径,娅姹隔花闻好语。更随落影尽余尊,却傍孤城得僧宇。主人劝我洗足眠,倒床不必闻钟鼓。明朝门外泥一尺,始悟三更雨如许。平生所向无一遂,兹游何事天不阻。固知我友不终穷,岂弟君子神所予。(眉批:查云:得"平生"二语,全篇方有收束。)

刘监仓家煎米粉作饼子,余云"为甚酥"。潘邠老家造逡巡酒,余饮之,云"莫作醋错著水来否?"后数日,携家饮郊外,因作小诗戏刘公求之

野饮花间百物无,杖头惟挂一葫芦。已倾潘子错著水,更觅君家为甚酥。
(眉批:此亦后人炫博掇拾,转为古人之累者。)

和参寥

芥舟只合在坳堂,纸帐心期老孟光。不道山人今忽去,晓猨啼处月茫茫。

卷二十三

古今体诗四十四首

别黄州

(眉批:婉转清切,薄而不弱。)

病疮老马不任鞿,犹向君王得敝帏。(眉批:敝帷埋马非老马,微嫌不伦,然不大碍。)桑下岂无三宿恋,尊前聊与一身归。长腰尚载撑肠米,阔领先裁盖瘿衣。投老江湖终不失,来时莫遣故人非。既邀量移,似乎渐可自遂,故有此句。(眉批:"来时"作将来解,"非"字作非议解。)

过江夜行武昌山上,闻黄州鼓角

(眉批:语特深秀。)

清风弄水月衔山,幽人夜度吴王岘。(眉批:屡以"幽人"自称,其实假借此,何不直曰"行人"。)黄州鼓角亦多情,送我南来不辞远。江南又闻出塞曲,半杂江声作悲健。谁言万方声一概,鼍愤龙愁为余变。是量移时语。我记江边枯柳树,萦拂有致。未死相逢真识面。他年一叶溯江来,还吹此曲相迎饯。(眉批:仍结本位,密。)

岐亭五首

元丰三年正月,余始谪黄州。至岐亭北二十五里山上,有白马青盖来迎者,则余故人陈慥季常也。为留五日,赋诗一篇而去。明年正月,复往见之,季常使人劳余于中途。余久不杀,恐季常之为余杀也,则以前韵作诗,为杀戒以遗季常。季常自尔不复杀,而岐亭之人多化之,有不食肉者。

其后数往见之,往必作诗,诗必以前韵。凡余在黄四年,三往见季常,季常七来见余,盖相从百余日也。七年四月,余量移汝州,自江淮徂洛,送者皆止慈湖,而季常独至九江。乃复用前韵,通为五首以赠之。

昨日云阴重,东风融雪汁。远林草木暗,近舍烟火湿。下有隐君子,啸歌方自得。知我犯寒来,呼酒意颇急。抚掌动邻里,绕村捉鹅鸭。房栊锵器声,蔬果照巾羃。久闻蒌蒿美,初见新芽赤。洗盏酌鹅黄,磨刀削熊白。须臾我径醉,坐睡落巾帻。醒时夜向阑,唧唧铜瓶泣。黄州岂云远,但恐朋友缺。我当安所主,君亦无此客。朝来静庵中,惟见峰峦集。（眉批:"泣"字押得生而稳,结得超逸。）

我哀篮中蛤,闭口护残汁。（眉批:纯是香山门径。）又哀网中鱼,开口吐微湿。刳肠彼交病,过分我何得。相逢未寒温,相劝此最急。不见卢怀慎,烝壶似烝鸭。坐客皆忍笑,髡然发其羃。不见王武子,每食刀几赤。琉璃载烝豚,中有人乳白。卢公信寒陋,衰发得满帻。武子虽豪华,未死神已泣。（眉批:五字警策。）先生万金璧,护此一蚁缺。一年如一梦,百岁真过客。君无废此篇,严诗编杜集。（眉批:结二句未免牵率。）

君家蜂作窠,岁岁添漆汁。（眉批:此首有补凑之痕。）我身牛穿鼻,卷舌聊自湿。二年三过君,此行真得得。爱君似剧孟,扣门知缓急。家有红颊儿,能唱《绿头鸭》。行当隔帘见,花雾轻羃羃。为我取黄封,亲拆官泥赤。仍须烦素手,自点叶家白。乐哉无一事,十年不蓄帻。闭门弄添丁,哇笑杂呱泣。西方正苦战,谁补将帅缺。披图见八阵,合散更主客。不须亲戎行,坐论教君集。

酸酒如齑汤,甜酒如蜜汁。（眉批:此首亦真朴。）三年黄州城,饮酒但饮湿。我如更拣择,一醉岂易得。几思压茅柴,禁网日夜急。西邻推瓮盎,醉倒猪与鸭。（眉批:岂有此理,语亦不雅。）君家大如掌,破屋无遮羃。何从得此酒,冷面妒君赤。定应好事人,千石供李白。为君三日醉,蓬发不暇帻。夜深欲逾垣,卧想春瓮泣。君奴亦笑我,鬓齿行秃缺。三年已四至,岁岁遭恶客。人生几两屐,莫厌频来集。

枯松强钻膏,槁竹欲沥汁。(眉批:此首最深至。)两穷相值遇,相哀莫相湿。不知我与君,交游竟何得。心法幸相语,头然未为急。愿为穿云鹘,莫作将雏鸭。我行及初夏,煮酒映疏幂。故乡在何许,西望千山赤。兹游定安归,东泛万顷白。一欢宁复再,起舞花堕帻。将行出苦语,不用儿女泣。吾非固多矣,君岂无一缺。各念别时言,更历忧患之言。闭户谢众客。空堂净扫地,虚白道所集。(眉批:此古人临别赠言之义,不似后人,但以好语相媚。)

初入庐山三首

青山若无素,偃蹇不相亲。要识庐山面,他年是故人。自注:山面山南也。

自昔怀清赏,神游杳霭间。如今不是梦,真个是庐山。

芒鞋青竹枝,自挂百钱游。可怪深山里,人人识故侯。(眉批:随意口占,无甚出色。)

赠东林总长老

溪声便是广长舌,山色岂非清净身。夜来八万四千偈,他日如何举似人。

题西林壁

横看成岭侧成峰,远近高低各不同。不识庐山真面目,只缘身在此山中。(眉批:亦是禅偈,而不甚露禅偈气。尚不取厌,以为高唱则未然。)

圆通禅院,先君旧游也。四月二十四日晚至,宿焉。明日,先君忌日也,乃手写宝积献盖颂佛一偈,以赠长老仙公。仙公抚掌笑曰"昨夜梦宝盖飞下,著处辄出火,岂此祥乎!"乃作是诗。院有蜀僧宣逮事讷长老,识先君云

石耳峰头路接天,梵音堂上月临泉。此生初饮庐山水,他日徒参雪窦禅。袖里宝书犹未出,梦中飞盖已先传。何人更识嵇中散,野鹤昂藏未是仙。

子由在筠作《东轩记》,或戏之为东轩长老。其婿曹焕往筠,余作一绝句送曹,以戏子由。曹过庐山,以示圆通慎长老。慎欣然亦作一绝,送客出门,归入室,趺坐化去。子由闻之仍作二绝:一以答余,一以答慎。明年余过圆通,始得其详,乃追次慎韵

(眉批:此真偈子矣。)

君到高安几日回,一时斗擞旧尘埃。赠君一笼牢收取,盛取东轩长老来。

自注:予送曹诗。

大士何曾有生死,小儒底处觅穷通。偶留一映千山上,散作人间万窍风。

自注:予次慎韵。

余过温泉,壁上有诗云"直待众生总无垢,我方清冷混常流"。问人,云长老可遵作,遵已退居圆通,亦作一绝

石龙有口口无根,自在流泉谁吐吞。若信众生本无垢,此泉何处觅寒温。

(眉批:亦是偈子,此种偈作何妨,但入集则须斟酌矣。)

世传徐凝《瀑布》诗云"一条界破青山色",至为尘陋;又伪作乐天诗,称羡"此句有赛不得"之语。乐天虽涉浅易,然岂至是哉!乃戏作一绝

(眉批:乐天所称如章八元慈恩浮图之类,多不可解。不但此诗不必伪作也。)

帝遣银河一派垂,古来惟有谪仙词。飞流溅沫知多少,不与徐凝洗恶诗。

(眉批:亦诋之太过,此自有意翻案,非持平之论也。)

书李公择白石山房

偶寻流水上崔嵬,五老苍颜一笑开。若见谪仙烦寄语,康山头白早归来。

(眉批:本地风光,点染殊妙。)

庐山二胜

余游庐山,南北得十五六奇胜,殆不可胜纪。而懒不作诗,独择其尤佳者作二首。

(眉批:不必定有深意,直是气象不同。)

开先漱玉亭

(眉批:与《三峡桥》诗俱奇警,此近太白,彼近昌黎。初白谓《三峡桥》诗似杜,未然。)

高岩下赤日,深谷来悲风。擘开青玉峡,飞出两白龙。乱沫散霜雪,古潭摇清空。余流滑无声,快泻双石砫。我来不忍去,月出飞桥东。荡荡白银阙,沉沉水精宫。愿随琴高生,脚踏赤鳞公。手持白芙蕖,跳下清泠中。(眉批:写瀑布奇势迭出,曲尽其妙,此巨灵开山手。徐凝恶诗,诚不足道。)

栖贤三峡桥

(眉批:奇景以精理通之,发为高谈者,为香艳络绎开起,使人应接不暇。)

吾闻太山石,积日穿线溜。况此百雷霆,万世与石斗。深行九地底,险出三峡右。长输不尽溪,欲满无底窦。此种皆声句。跳波翻潜鱼,震响落飞狖。清寒入山骨,草木尽坚瘦。(眉批:"清寒"十字绝唱。)空蒙烟霭间,澒洞金石奏。弯弯飞桥出,潋潋半月彀。玉渊神龙近,雨雹乱晴昼。垂瓶得清甘,可咽不可漱。

自兴国往筠,宿石田驿南廿五里野人舍

(眉批:语自俊逸,不嫌其剽。)

溪上青山三百叠,快马轻衫来一抹。倚山修竹有人家,横道清泉知我渴。芒鞋竹杖自轻软,蒲荐松床亦香滑。夜深风露满中庭,惟有孤萤自开阖。(眉批:结亦幽绝。)

过建昌李野夫公择故居

(眉批:二李之为人可知,若直作赞词,即是凡笔。)

彭蠡东北源,庐阜西南麓。何人修水上,种此一双玉。思之不可见,破宅余修竹。四邻戒莫犯,十亩森似束。我来仲夏初,解箨呈新绿。幽鸟向我鸣,野人留我宿。徘徊不忍去,微月挂乔木。遥想他年归,解组巾一幅。对床老兄弟,夜雨鸣竹屋。卧听邻寺钟,书窗有残烛。(眉批:查云:有此一结,方知野夫兄弟宦游未归,不然竟是吊故宅矣。此批故是。然东坡之意,只为补写二李生平,以虚笔托出耳。前路说二李处,都是隐隐跃跃,未明言为何如人也。)

将至筠,先寄迟、适、远三犹子

(眉批:笔仗跳脱之至。随手撇过,随手急入。)

露宿风餐六百里,明朝饮马南江水。未见丰盈犀角儿,先逢玉雪王郎子。夹注:借衬非正文。自注:时道逢王郎于建昌,方北行也。对床欲作连夜语,念汝还须戴星起。汝字非指王郎也。夜来梦见小於菟,自注:远,小名虎儿。犹是髧髦垂两耳。忆过济南春未动,三子出迎残雪里。我时移守古河东,酒肉淋漓浑舍喜。而今憔悴一羸马,逆旅担夫相汝尔。出城见我定惊嗟,身健穷愁不须耻。我为乃翁留十日,掣电一欢何足恃。惟当火急作新诗,一醉两翁胜酒美。

端午游真如,迟、适、远从,子由在酒局(从字绝句)

一与子由别,却数七端午。身随彩丝系,心与昌歜苦。今年匹马来,佳节日夜数。儿童喜我至,典衣具鸡黍。水饼既怀乡,饭筒仍愍楚。谓言必一醉,快作西川语。宁知是官身,糟曲困熏煮。独携三子出,古刹访禅祖。高谈付梁罗,自注:梁、罗,迟、适小名。诗律到阿虎。归来一调笑,慰此长龃龉。(眉批:诗亦清老,苦不出色。)

别子由三首兼别迟

(眉批:三首语皆真至,虽短幅而情理曲邕。)

知君念我欲别难,我今此别非他日。风里杨花虽未定,雨中荷叶终不湿。

三年磨我费百书,一见何止得双璧。愿君亦莫嗟留滞,六十小劫风雨疾。

先君昔爱洛阳居,我今亦过嵩山麓。水南卜筑吾岂敢,试向伊川买修竹。又闻缑山好泉眼,傍市穿林泻冰玉。遥想茅轩照水开,两翁相对清如鹄。(眉批:前两首别子由。)

两翁归隐非难事,惟要传家好儿子。忆昔汝翁如汝长,笔头一落三千字。世人闻此皆大笑,慎勿生儿两翁似。不知樗栎荐明堂,何似盐车压千里。(眉批:此首兼别迟。)

初别子由至奉新作

双鹄先我来,飞上东轩背。书随好梦到,人与佳节会。一欢难把玩,回首了无在。却渡来时溪,断桥号浅濑。茫茫暑天阔,霭霭孤城背。青山眊瞁中,落日凄凉外。盛衰岂我意,离合非所碍。何以解我忧,粗了一事大。(眉批:曲折深至,语皆警策。)

白塔铺歇马

甘山庐阜郁相望,林隙熹微漏日光。吴国晚蚕初断叶,占城早稻欲移秧。迢迢涧水随人急,冉冉岩花扑马香。望眼尽从飞鸟远,白云深处是吾乡。

同年程筠德林求先坟二诗

思成堂
宰树连山谷,祠堂照路隅。养松无触鹿,助祭有驯乌。(眉批:拙句。)归梦先寒食,儿啼到白须。遥知邻里化,醉叟道争扶。

归真亭
旧笑桓司马,今师郑大夫。不知徂岁月,空觉老楸梧。祭礼传家法,阡名载版图。会看千字诔,木杪见龟趺。

陶骥子骏佚老堂二首

文举与元礼,尚得称世旧。渊明吾所师,夫子乃其后。挂冠不待年,亦岂为五斗。我歌归来引,自注:余增损渊明《归去来》以就声律,谓之《归来引》。千载信尚友。相逢黄卷中,何似一杯酒。君醉我且归,明朝许来否。(眉批:无情处生情,善于弄笔。)

我从庐山来,目送孤飞云。路逢陆道士,知是千岁人。试问当时友,虎溪已埃尘。似闻佚老堂,知是几世孙。能为五字诗,仍戴漉酒巾。人呼小靖节,自号葛天民。(眉批:亦是无中生有。)

和李太白

李太白有《浔阳紫极宫感秋》诗。紫极宫,今天庆观也。道士胡洞微以石本示余,盖其师卓玘之所刻。玘有道术,节义过人,今亡矣。太白诗云:"四十九年非,一往不可复。"予亦四十九,感之次其韵。玉芝一名琼田草,洞微种之七八年矣,云更数年可食,许以遗余。故并记之。

(眉批:非东坡不敢和太白,妙于各出手眼。)

寄卧虚寂堂,月明浸疏竹。泠然洗我心,欲饮不可掬。(眉批:绝不规摹。)流光发永叹,自昔非余独。行年四十九,还此北窗宿。缅怀卓道人,白首寓医卜。谪仙固远矣,此士亦难复。世道如弈棋,变化不容覆。惟应玉芝老,待得蟠桃熟。(眉批:忽拉出卓道人,唱叹有神,映发有致,不然便是泛泛一首怀古诗。)

次韵道潜留别

为闻庐岳多真隐,故就高人断宿攀。已喜禅心无别语,尚嫌剃发有诗斑。异同更莫疑三语,物我终当付八还。到后与君开北户,举头三十六青山。

赠江州景德长老

白足高僧解达观,安排春事满幽栏。不须天女来相试,总把空花眼里看。

郭祥正家,醉画竹石壁上,郭作诗为谢,且遗二古铜剑

空肠得酒芒角出,肝肺槎牙生竹石。森然欲作不可回,吐向君家雪色壁。平生好诗仍好画,书墙涴壁长遭骂。不瞋不骂喜有余,世间谁复如君者。一双铜剑秋水光,两首新诗争剑铓。剑在床头诗在手,不知谁作蛟龙吼。(眉批:奇气纵横,不可控制。)

龙尾砚歌

余旧作《凤咮石砚铭》,其略云:苏子一见名凤咮,坐令龙尾羞牛后。已而求砚于歙。歙人云:子自有凤咮,何以此为?盖不能平也。奉议郎方君彦德,有龙尾大砚,奇甚。谓余若能作诗,少解前语者,当奉饷,乃作此诗。

黄琮白琥天不惜,顾恐贪夫死怀璧。(眉批:语自清辨。)君看龙尾岂石材,玉德金声寓于石。与天作石来几时,与人作砚初不辞。诗成鲍谢石何与,笔落钟王砚不知。(眉批:"与天"四语意好,而落笔太快,便入香山门径。)锦茵玉匣俱尘垢,捣练支床亦何有。况瞋苏子凤咮铭,戏语相嘲作牛后。(眉批:查云:信手曲折,善于解嘲。)碧天照水风吹云,明窗大几清无尘。我生天地一闲物,苏子亦是支离人。粗言细语都不择,春蚓秋蛇随意画。愿从苏子老东坡,仁者不用生分别。(眉批:又云:忽为砚吐语,笔阵开拓,匪夷所思。)

张近几仲有龙尾子石砚,以铜剑易之

我家铜剑如赤蛇,君家石砚苍璧椭而洼。君持我剑向何许,大明宫里玉佩鸣冲牙。我得君砚亦安用,雪堂窗下尔雅笺虫虾。二物与人初不异,即前诗之意。飘落高下随风花。蒯缑玉具皆外物,视草草玄无等差。君不见秦赵城易璧,指图睨柱相矜夸。又不见二生妄换马,骄鸣啜泣思其家。不如无情两相与,永以为好譬之桃李与琼华。(眉批:多用长句,而尚不失雅音,颇觉纵横有气。长

句始于汉乐府,成于鲍明远,而纵横变化于太白。不善学之,非萎弱冗沓即生硬粗野。然冗弱之病易见,有笔力人往往以生硬粗野为豪,则不可救药矣。)

张作诗送砚反剑,乃和其诗,卒以剑归之

赠君长铗君当歌,每食无鱼叹委蛇。一朝得见暴公子,榼具欲与冠争峨。岂比杜陵贫病叟,终日长镵随短蓑。斩蛟刺虎老无力,带牛佩犊吏所诃。故将换砚岂无意,恐君雕琢伤天和。作诗反剑亦何谓,知君欲以诗相磨。报章苦恨无好语,试向君砚求余波。诗成剑往砚应笑,那将屋漏供悬河。(眉批:清辨滔滔,曲折如意。)

去岁九月二十七日,在黄州生子遯,小名幹儿,颀然颖异。至今年七月二十八日,病亡于金陵,作二诗哭之

吾年四十九,羁旅失幼子。幼子真吾儿,眉角生已似。未期观所好,蹒跚逐书史。摇头却梨栗,似识非分耻。吾老常鲜欢,赖此一笑喜。忽然遭夺去,恶业我累尔。衣薪那免俗,变灭须臾耳。归来怀抱空,老泪如泻水。(眉批:住得沉痛。)

我泪犹可拭,日远当日忘。(眉批:此首不免窠臼,然亦别无出路,故此种是第一难题。)母哭不可闻,欲与汝俱亡。故衣尚悬架,涨乳已流床。(眉批:"涨乳"句情真,而语太俚。)感此欲忘生,一卧终日僵。中年忝闻道,梦幻讲已详。储药如丘山,临病更求方。仍将恩爱刃,割此衰老肠。知迷欲自反,一恸送余伤。

叶涛致远见和二诗,复次其韵

平生无一女,谁复叹耳耳。滞留生此儿,足慰周南史。那知非真实,造化聊戏尔。烦恼初无根,恩爱为种子。烦公为假说,反覆相指似。欲除苦海浪,先干爱河水。弃置一寸鳞,悠然笑侯喜。为公写余习,瓶罍一时耻。

闻公少已悟,拄杖久倚床。笑我老而痴,负鼓欲求亡。庶几东门子,柱史安敢望。嗜毒戏猛兽,虑患先不详。囊破蛇已走,尚未省啮伤。妙哉两篇诗,洗我千结肠。黠蚕不作茧,未老辄自僵。永谢汤火厄,泠然超无方。(眉批:二首习径。)

卷二十四

古今体诗五十六首

荆公次韵四绝

青李扶疏禽自来,清真逸少手亲栽。深红浅紫从争发,雪白鹅黄也斗开。(眉批:东坡、半山,旗鼓对垒,似应别有佳处方惬人意。)

斫竹穿花破绿苔,小诗端为觅桤栽。细看造物初无物,春到江南花自开。(眉批:太腐气。)

骑驴渺渺入荒陂,想见先生未病时。劝我试求三亩宅,从公已觉十年迟。

甲第非真有,闲花亦偶栽。聊为清净供,却对道人开。自注:公病后,舍宅作寺。

半山亭

登岭势巍巍,莲峰太华齐。凭栏红日早,回首白云低。松柏月中老,猿猴物外啼。禅师吟绝后,千古指人迷。(眉批:不似东坡笔墨,何也?)

张庖民挽辞

东晋巾车令,西京执戟郎。甘心向山水,结发事文章。故自轻千户,何曾羡一囊。(眉批:不出钱字,则一囊何物?)天高鬼神恶,骨朽姓名芳。庾岭铭旌暗,秦淮旧宅荒。吾诗不用刻,妙语有黄香。自注:黄鲁直为庖民作哀辞。

次韵叶致远见赠

欲求五亩寄樵苏,所至迟留似贾胡。信命不须歌去汝,逢人未免叹犹吾。

人皆劝我杯中物,我独怜君屋上乌。一伎文章何足道,要知摩诘是文殊。(眉批:此格创自义山,殊非雅音。)

次韵致远

长笑右军称草圣,不如东野以诗鸣。乐天自爱吟淮月,怀祖无劳听角声。

次韵杭人裴维甫

(眉批:清婉可诵。)

余杭门外叶飞秋,尚记居人挽去舟。一别临平山上塔,五年云梦泽南州。凄凉楚些缘吾发,邂逅秦淮为子留。寄谢西湖旧风月,故应时许梦中游。(眉批:宋玉作《招魂》时,屈原犹无恙,故东坡用以比裴诗。后人不考本原,遂以为讳。)

次韵段缝见赠

季子东周负郭田,须知力穑是家传。细思种薤五十本,大胜取禾三百廛。若得与君连北巷,故应终老忘西川。短衣匹马非吾事,只拟关门不问天。

题孙思邈真

先生一去五百载,犹在峨眉西崦中。自为天仙足官府,不应尸解坐虹虫。

(眉批:自寓兀傲。)

戏作鮰鱼一绝

粉红石首仍无骨,雪白河豚不药人。(眉批:俚甚。)寄语天公与河伯,何妨乞与水精鳞。

同王胜之游蒋山

到郡席不暖,居民空惘然。好山无十里,遗恨恐他年。欲款南朝寺,同登北郭船。朱门收画戟,绀宇出青莲。自注:荆公宅已为寺。夹路苍髯古,迎人翠麓偏。龙腰蟠故国,鸟爪寄层巅。竹杪飞华屋,松根泫细泉。峰多巧障日,江远欲浮天。略彴横秋水,浮图插暮烟。归来踏人影,云细月娟娟。(眉批:风神秀削。)

至真州再和二首

老手王摩诘,穷交孟浩然。论诗曾伴直,话旧已忘年。北上难陪骥,东行且趁船。离亭花映肉,醉眼鹭窥莲。柂转三山没,风回五两偏。荒祠过瓜步,古甓堕松巅。闻道清香阁,新刍白玉泉。莫教门掩夜,坐待月流天。小院檀槽闹,空庭桦烛烟。公诗便堪唱,为付小婵娟。(眉批:亦清整。)

公颜如雪柏,千载故依然。笑我无根柳,空中不待年。肯留归阙箨,坐待逆风船。特许门传籥,那知箭起莲。相逢月上后,小语坐西偏。流落千帆侧,追思百尺巅。躬耕怀谷口,水石羡平泉。茅屋归元亮,霓裳醉乐天。行闻宣室召,归近御炉烟。未用歌池上,随宜教李娟。(眉批:此觉凑泊。)

次韵答宝觉

芒鞋竹杖布行缠,遮莫千山与万山。从来无脚不解滑,谁信石头行路难。

眉子石砚歌赠胡间

君不见成都画手开十眉,横云却月争新奇。游人指点小鬟处,中有渔阳胡马嘶。又不见王孙青琐横双碧,肠断浮云远山色。书生性命何足论,坐费千金买消渴。(眉批:文君不曾费千金。)尔来丧乱愁天公,谪向君家书砚中。小窗虚幌相妩媚,令君晓梦生春红。毗耶居士谈空处,结习已空花不住。试教天女为磨铅,千偈澜翻无一语。(眉批:迂曲不醒豁。)

以玉带施元长老,元以衲裙相报,次韵二首

病骨难堪玉带围,钝根仍落箭锋机。欲教乞食歌姬院,故与云山旧衲衣。

此带阅人如传舍,流传到我亦悠哉。锦袍错落差相称,乞与佯狂老万回。

次韵滕元发、许仲涂、秦少游

二公诗格老弥新,醉后狂吟许野人。坐看青丘吞泽芥,自惭黄潦荐溪蘋。两邦旌纛光相照,十亩锄犁手自亲。何似秦郎妙天下,明年献颂请东巡。（眉批:割裂不妥。）

送金山乡僧归蜀开堂

撞钟浮玉山,迎我三千指。众中闻謦欬,未语知乡里。我非个中人,何以默识子。振衣忽归去,只影千山里。涪江与中泠,共此一味水。冰盘荐琥珀,何似糖霜美。

送沈逵赴广南

嗟我与君皆丙子,四十九年穷不死。君随幕府战西羌,夜渡冰河斫云垒。飞尘涨天箭洒甲,归对妻孥真梦耳。我谪黄冈四五年,孤舟出没烟波里。故人不复通问讯,疾病饥寒疑死矣。相逢握手一大笑,白发苍颜略相似。我方北渡脱重江,君复南行轻万里。功名如幻何足计,学道有涯真可喜。勾漏丹砂已付君,汝阳瓮盎吾何耻。君归赴我鸡黍约,买田筑室从今始。（眉批:双绾到底,虽薄而清。）

豆　粥

君不见滹沱流澌车折轴,公孙仓皇奉豆粥。湿薪破灶自燎衣,饥寒顿解刘文叔。又不见金谷敲冰草木春,帐下烹煎皆美人。萍齑豆粥不传法,咄嗟而办石季伦。干戈未解身如寄,声色相缠心已醉。身心颠倒不自知,更识人间有真味。岂如江头千顷雪色芦,茅檐出没晨烟孤。地碓舂粳光似玉,沙瓶煮豆软如酥。我老此身无着处,卖书来问东家住。卧听鸡鸣粥熟时,蓬头曳履君家去。

(眉批：牵光武、石崇二事，强生意义，支缀成篇，殊无真实本领。)

秦少游梦发殡而葬之者，云是刘发之柩，是岁发首荐。
秦以诗贺之，刘泾亦作，因次其韵

　　君看三代士执雉，本以杀身为小补。居官死职士死绥，梦尸得官真古语。五行胜己斯为官，官如草木吾如土。仕而未禄犹宾客，待以纯臣盖非古。馈焉曰献称寡君，岂比公卿相尔汝。世衰道微士失己，得丧悲欢反其故。草袍芦桠相妩媚，饮酒嬉游事群聚。曲江船舫月灯球，是谓舞殡而歌墓。看花走马到东野，余子纷纷何足数。二生年少两豪逸，诗酒不知轩冕苦。故令将仕梦发棺，劝子勿为官所腐。涂车刍灵皆假设，着眼细看君勿误。时来聊复一飞鸣，进隐不须烦伍举。(眉批：纯入论宗矣。然此种题不入论宗，如何下语？既入论宗，不透快发泄，如何能畅达其旨？此皆势之不得不然，不能复以含蓄不露绳之者。)

金山梦中作

(眉批：此有感而托之梦作耳。一气浑成，自然神到。)

　　江东贾客木棉裘，会散金山月满楼。夜半潮来风又熟，卧吹箫管到扬州。
(眉批：今海舶有风熟之语，盖风之初作转移不定，过一日不转，则方向定，谓之风熟。)

次韵周穜惠石铫

　　铜腥铁涩不宜泉，爱此苍然深且宽。蟹眼铫。翻波汤已作，龙头石。拒火柄犹寒。姜新铫。盐少茶初熟，水渍石。云蒸藓未干。自古函牛多折足，要知无脚是轻安。

次韵蒋颖叔

　　月明惊鹊未安枝，一櫂飘然影自随。江上秋风无限浪，枕中春梦不多时。
(眉批：三、四好。)琼林花草闻前语，罨画溪山指后期。自注：蒋诗记及第时琼林苑宴坐中所言,且约同卜居阳羡。岂敢便为鸡黍约,玉堂金殿要论思。

龟山辩才师

(眉批:应酬诗之不俗者。)

此生念念浮云改,寄语长淮今好在。故人宴坐虹梁南,新河巧出龟山背。木鱼呼客振林莽,铁凤横空飞彩绘。忽惊堂宇变雄深,坐觉风雷生謦欬。(眉批:写出辩才。)羡师游戏浮沤间,笑我荣枯弹指内。尝茶看画亦不恶,问法求诗了无碍。千里孤帆又独来,五年一梦谁相对。何当来世结香火,永与名山供井硙。

赠潘谷

(眉批:起四句与豆粥诗同,一落想皆无聊之牵引。错在借一姓潘人转成小样,如以此意泛泛说入,却不失大方。)

潘郎晓踏河阳春,明珠白璧惊市人。那知望拜马蹄下,胸中一斛泥与尘。何似墨潘穿破褐,琅琅翠饼敲玄笏。布衫漆黑手如龟,未害冰壶贮秋月。二语却警。世人重耳轻目前,区区张李争媸妍。一朝入海寻李白,空看人间画墨仙。

徐大正闲轩

(眉批:纯用议论,亦殊挥斥自如。此种不易学,无其心思、笔力而强为之,便成禅偈。与静照堂诗同,一翻案,此较和平耳。)

冰蚕不知寒,火鼠不知暑。入手撇过。知闲见闲地,已觉非闲侣。君看东坡翁,懒散谁比数。形骸堕醉梦,生事委尘土。早眠不见灯,晚食或欺午。卧看盗取毡,坐视麦漂雨。语希舌颊强,行少腰脚偻。五年黄州城,不踢黄州鼓。人言我闲客,置此闲处所。问闲作何味,如眼不自睹。(眉批:查云:熟于佛经,乃有如许境界。)颇讶徐孝廉,得闲能几许。介子愿奉使,翁归备文武。应缘不耐闲,名字挂庭宇。我诗为闲作,更得不闲语。(眉批:又云:翻澜不竭。)君如汗血驹,转盼略燕楚。莫嫌銮辂重,终胜盐车苦。

蒜山松林中可卜居,余欲僦其地,地属金山,故作此诗与金山元长老

魏王大瓠无人识,种成何翅实五石。不辞破作两大尊,只忧水浅江湖窄。我材濩落本无用,虚名惊世终何益。东方先生好自誉,孟贲子路并为一。杜陵布衣老且愚,信口自比契与稷。暮年欲学柳下惠,嗜好酸咸不相入。金山也是不羁人,早岁闻名晚相得。我醉而嬉欲仙去,旁人笑倒山谓实。问我此身何所归,笑指浮休百年宅。蒜山幸有闲田地,招此无家一房客。(眉批:极力做出,却不十分自如。)

王中甫哀辞

仁宗朝以制策登科者十五人,轼忝冒时,尚有富彦国、张安道、钱子飞、吴长文、夏公酉、陈令举、钱醇老、王中甫并轼与家弟辙,九人存焉。其后十有五年,哭中甫于密州,作诗吊之,则子飞、长文、令举殁矣。又八年,轼自黄州量移汝海,与中甫之子沇之相遇于京口,相持而泣,则十五人者独三人存耳,盖安道及轼与家弟而已。呜呼悲夫。乃复次前韵,以遗沇之,时沇之亦以罪谪家于钱塘云。

生刍不独比前人,束藁端能废谢鲲。子达想无身后念,吾衰不复梦中论。已知毅豹为均死,未识荆凡定孰存?堪笑东坡痴钝老,区区犹记刻舟痕。(眉批:纯是宋格,而气体浑阔,无江西生硬之痕。)

蔡景繁官舍小阁

使君不独东南美,典型尚记先君子。戏嘲王叟短辕车,肯为徐郎书纸尾。(眉批:"王叟"杜撰,盖避蔡家讳耳。)三年弭节江湖上,千首放怀风月里。手开西阁坐虚明,目净东溪照清泚。素琴浊酒容一榻,落霞孤鹜供千里。大舫何时系门

柳,小诗屡欲书窗纸。文昌新构满鹓鸾,都邑正喧收杞梓。相逢一醉岂有命,南来寂寞君归矣。

十一月十三日,与几先自竹西来访庆老,不见。独与君卿供奉、蟾知客东阁道话久之

自注:惠州追录。

卷卷长廊走黄叶,席帘垂地香烟歇。主人待来终不来,火红销尽灰如雪。

邵伯梵行寺山茶

山茶相对阿谁栽,细雨无人我独来。说似与君君不会,烂红如火雪中开。

高邮陈直躬处士画雁二首

野雁见人时,未起意先改。君从何处看,得此无人态。无乃槁木形,人禽两自在。(眉批:一片神行,化尽刻画之迹。)北风振枯苇,微雪落璀璀。惨淡云水昏,晶荧沙砾碎。弋人怅何慕,一举渺江海。

众禽事纷争,野雁独闲洁。徐行意自得,俯仰苦有节。我衰寄江湖,老伴杂鹅鸭。作书问陈子,晓景画苔雪。依依聚圆沙,稍稍动斜月。先鸣独鼓翅,吹乱芦花雪。(眉批:此首蛇足。)

和王斿二首

自注:斿,平甫子。

(眉批:纯以气胜。)

异时长怪谪仙人,舌有风雷笔有神。闻道骑鲸游汗漫,忆尝扪虱话悲辛。(眉批:第四句逆挽法。)气吞余子无全目,诗到诸郎尚绝伦。白发故交空掩卷,泪河东注问苍旻。

袅袅春风送度关,娟娟霜月照生还。迟留岁暮江淮上,来往君家伯仲间。

未厌冰滩吼新洛,且看松雪媚南山。野梅官柳何时动,飞盖长桥待子闲。

次韵张琬

新落霜余两岸隆,尘埃举袂识西风。(眉批:"隆"字腐甚,此等不是不通,只是不佳。如近代莲洋山人用柳花作柳葩,葩何尝非花,然是底语。)临淮自古多名士,樽酒相从乐寓公。半日偷闲歌啸里,百年暗尽往来中。知君不向穷愁老,尚有清诗气吐虹。

次韵王定国南迁回见寄

(眉批:笔笔精锐。)

土晕铜花蚀秋水,要须悍石相砻砥。十年冰蘖战膏粱,万里烟波濯纨绮。归来诗思转清激,百丈空潭数鲂鲤。(眉批:盘空硬语,具体昌黎。)逝将桂浦撷兰荪,不记槐堂收剑履。却思庾岭今何在,更说彭城真梦耳。自注:来诗述彭城旧游。君知先竭是甘井,我愿得全如苦李。妄心不复九回肠,至道终当三洗髓。广陵阳羡何足较,自注:余买田阳羡,来诗以为不如广陵。只有无何真我里。乐全老子今禅伯,自注:谓张安道也,定国其婿。掣电机锋不容拟。心通岂复问云何,印可聊须答如是。相逢为我话留滞,桃花春涨孤舟起。

赠梁道人

采药壶公处处过,笑看金狄手摩挲。老人大父识君久,造物小儿如子何。寒尽山中无历日,雨斜江上一渔蓑。神仙护短多官府,未厌人间醉踏歌。

雍秀才画草虫八物

(眉批:八首皆借物寓意,亦山谷《演雅》之类。)

促 织

月丛号耿耿,露叶泣泠泠。夜长不自暖,那忧公子寒。

蝉

蜕形浊污中,羽翼便翾好。秋来闻何阔,已抱寒茎槁。

虾蟆

睅目知谁瞋,皤腹空自胀。慎勿困蜈蚣,饥蛇不汝放。(眉批:"胀"字,唐薛能诗尝用之,然终非佳字。如瞪目字,唐人亦屡用之,究是近俚,不可训也。)

蜣螂

洪钟起暗室,飘瓦落空庭。谁言转丸手,能作殷床声。

天水牛

两角徒自长,空飞不服箱。为牛竟何事,利吻穴枯桑。

蝎虎

跂跂有足蛇,脉脉无角龙。为虎君勿笑,食尽虮尾虫。

蜗牛

腥涎不满壳,聊足以自濡。升高不知回,竟作黏壁枯。

鬼蝶

双眉卷铁丝,两翅晕金碧。初来花争妍,忽去鬼无迹。

泗州南山监仓萧渊东轩二首

(眉批:二诗俱清切。)

偶随渔父采都梁,自注:南山名都梁山,山出都梁香故也。竹屋松扉试乞浆。但见东轩堪隐几,不知公子是监仓。溪中乱石墙垣古,山下寒蔬匕箸香。我是江南旧游客,挂冠知有老萧郎。

北望飞尘苦昼霾,洗心聊复寄东斋。珍禽声好犹思越,野橘香清未过淮。有信微泉来远岭,无心明月转空阶。一官仓庾真堪老,坐看松根络断崖。

泗州除夜,雪中黄师是送酥酒二首

暮雪纷纷投碎米,(眉批:三字不雅。)春流咽咽走黄沙。旧游似梦徒能说,逐客如僧岂有家。(眉批:三、四自佳。)冷砚欲书先自冻,孤灯何事独生花。(眉批:"孤灯"句呼起末二句。)使君夜半分酥酒,惊起妻孥一笑哗。(眉批:点得轻便,恰引起第二首。)

关右土酥黄似酒,扬州云液却如酥。(眉批:此首未佳。)欲从元放觅挂杖,忽有曲生来坐隅。对雪不堪令饱暖,隔船应已厌歌呼。明朝积玉深三尺,高枕床头尚一壶。(眉批:双绾作收好。)

章、钱二君见和,复次韵答之二首

黄昏已作风翻絮,半夜犹惊月在沙。照汴玉峰明佛刹,隔淮云海暗人家。来牟有信迎三白,蒼卜无香散六花。自注:蒼卜,栀子花也,与雪花皆六出。欲唤阿咸来守岁,林乌枥马斗喧哗。

分无纤手裁春胜,况有新诗点蜀酥。醉里冰髭失缨络,梦回布被起廉隅。君应旅睫寒生晕,我亦饥肠夜自呼。(眉批:"呼"字不妥。)明日南山春色动,不知谁佩紫微壶。

卷二十五

古今体诗五十六首

正月一日,雪中过淮谒客回,作二首

十里清淮上,长堤转雪龙。冰崖落屐齿,风叶乱裘茸。万顷穿银海,千寻渡玉峰。从来修月手,合在广寒宫。(眉批:通体凡近,五、六尤俗。)

攒眉有底恨,得句不妨清。霁雾开寒谷,饥鸦舞雪城。桥声春市散,塔影暮淮平。不用残灯火,船窗夜自明。

书刘君射堂

兰玉当年刺史家,双鞬驰射笑穿花。而今白首闲骢马,只有清尊照画蛇。(眉批:用事无谓,只趁韵耳。)寂寂小轩蛛网遍,阴阴垂柳雁行斜。手柔弓燥春风后,置酒看君中戟牙。

孙莘老寄墨四首

(眉批:四诗皆老重深稳。)

徂徕无老松,易水无良工。珍材取乐浪,妙手惟潘翁。自注:潘谷作墨,杂用高丽煤。鱼胞熟万杵,犀角盘双龙。墨成不敢用,进入蓬莱宫。蓬莱春昼永,玉殿明房栊。金笺洒飞白,瑞雾萦长虹。遥怜醉常侍,一笑开天容。(眉批:此首叙墨之来由,落到莘老,是第一章。)

溪石琢马肝,剡藤开玉版。嘘嘘云雾出,奕奕龙蛇绾。此中有何好,秀色纷满眼。故人归天禄,古漆窥蠹简。匬廪给尚方,老手擅编划。分余幸见及,流落一叹报。(眉批:此首叙到莘老寄墨,是第二章。)

我贫如饥鼠,长夜空咬啮。瓦池研灶煤,苇管书柿叶。近者唐夫子,远致乌玉玦。自注:唐林夫寄张遇墨半丸。先生又继之,圭璧烂箱箧。晴窗洗砚坐,蛇蚓稍蟠结。便有好事人,敲门求醉帖。(眉批:此首拉一陪客,蓦起波澜,落到自己,是第三章。)

吾穷本坐诗,久服朋友戒。五年江湖上,闭口洗残债。今来复稍稍,快痒如爬疥。先生不讥诃,又复寄诗械。斗合有力。幽光发奇思,点黮出荒怪。诗成自一笑,故疾逢虾蟹。(眉批:此首以自己作收,是第四章。凡连章诗,须篇法井然,不可增减移置。)

留题兰皋亭

雪后东风未肯和,扣门迁客夜经过。不知旧竹生新笋,但见清伊换浊河。无复往来乘下泽,聊同语笑说东坡。明年我亦开三径,寂寂兼无雀可罗。(眉批:中四句虚字平头。)

和人见赠

只写东坡不著名,此身已是一长亭。壮心无复春流起,衰鬓从教病叶零。知有雪儿供笔砚,应嗤灶妇洗盆瓶。回来索酒公应厌,京口新传作客经。

和田仲宣见赠

头白江南醉司马,宽心时复唤殷兄。寒潮不应淮无信,客路相随月有情。未许低头拜东野,徒言饮酒胜公荣。好诗恶韵那容和,刻烛应须便置觥。(眉批:结弩末。)

和王胜之三首

城上湖光暖欲波,美人唱我踏春歌。鲁公宾客皆诗酒,谁是神仙张志和。(眉批:隐然自负,风调殊佳。)

齐酿如渑涨绿波,公诗句句可弦歌。流觞曲水无多日,更作新诗继永和。(眉批:此首便敷衍。)

要知太守怜孤客,不惜阳春和俚歌。坐睡尊前呼不应,为公雕琢损天和。(眉批:此首更凑泊。)

南都妙峰亭

千寻挂云阙,十顷含风湾。开门弄清泚,照见双铜镮。池台半禾黍,桃李余榛菅。无人肯回首,日暮车斑斑。(眉批:"斑"当作"班"。)使君非世人,心与古佛闲。时要声利客,来洗尘埃颜。新亭在东阜,飞宇临通阛。古甃磨翠壁,霜林散烟鬟。孤云抱商丘,芳草连杏山。俯仰尽法界,逍遥寄人寰。亭亭妙高峰,了了蓬艾间。五老压彭蠡,三峰照潼关。均为拳石小,配此一掬悭。烦公为标指,免使勤跻攀。(眉批:结得少味。)

记　梦

乐全先生梦人以诗三篇示之,字皆旁行,而不可识。旁有人道衣古貌,为读其中一篇云:"人事且常在,留质悟圆间。"凡四句,觉而忘其二,以告其客苏轼。轼以私意广之云。

圆间有物物间空,岂有圆空入井中。不信天形真个样,故应眼力自先穷。连环已解如神手,万窍犹号未济风。稽首问公公大笑,本来谁碍更求通。(眉批:太似偈颂,便无复诗意。)

寄蕲簟与蒲传正

兰溪美箭不成笛,离离玉箸排霜脊。千沟万缕自生风,入手未开先惨栗。公家列屋闲蛾眉,珠帘不动花阴移。雾帐银床初破睡,牙签玉局坐弹棋。东坡病叟长羁旅,冻卧饥吟似饥鼠。倚赖春风洗破衾,一夜雪寒披故絮。火冷灯青谁复知,孤舟儿女自嘤咿。皇天何时反炎燠,愧此八尺黄琉璃。愿君净扫清香阁,卧听风漪声满榻。习习还从两腋生,请公乘此朝间阖。(眉批:语自秀整,然无深致。)

寄怪石、石斛与鲁元翰

山骨裁方斛,江珍拾浅滩。清池上几案,碎月落杯盘。老去怀三友,平生困一箪。坚姿聊自傲,秀色亦堪餐。好去髯卿舍,凭将道眼看。东坡最后供,霜雪照人寒。

渔父四首

(眉批:四首语皆超妙,然此是长短句,不宜入之诗集。)

渔父饮,谁家去,鱼蟹一时分付。酒无多少醉为期,彼此不论钱数。
渔父醉,蓑衣舞,醉里却寻归路。轻舟短棹任横斜,醒后不知何处。
渔父醒,春江午,梦断落花飞絮。酒醒还醉醉还醒,一笑人间今古。
渔父笑,轻鸥举,漠漠一江风雨。江边骑马是官人,借我孤舟南渡。

李宪仲哀词

同年友李君讳惇,字宪仲。贤而有文,不幸早世,轼不及与之游也,而识其子廌有年矣。廌自阳翟见余于南京,泣曰:"吾祖母边、母马、前母张与君之丧,皆未葬。贫不敢以饥寒为戚,顾四丧未举,死不瞑目矣。"适会故人梁先吉老闻余当归阳羡,以绢十匹、丝百两为赆,辞之不可。乃以遗廌,曰:"此亦仁人之馈也。"既又作诗,以告知君与廌者,庶几皆有以助之。廌年二十五,其文晔然,气节不凡,此岂终穷者哉。

(眉批:代为募疏,殊乏精采。)

大梦行当觉,百年特未满。遑哀已逝人,长眠寄孤馆。念我同年生,意长日月短。(眉批:"意长"句自佳。)盐车困骐骥,烈火废圭瓒。后生有奇骨,出语已精悍。萧然野鹤姿,谁复识中散。有生寓大块,死者谁不窜。嗟君独久客,不识黄土暖。(眉批:"不识"句亦警。)推衣助孝子,一溉滋汤旱。谁能脱左骖,大事不可缓。

赠眼医王彦若

针头如麦芒,气出如车轴。间关络脉中,性命寄毛粟。而况清净眼,内景含天烛。琉璃贮沆瀣,轻脆不任触。而子于其间,来往施锋镞。笑谈纷自若,观者颈为缩。运针如运斤,去翳如拆屋。常疑子善幻,他技杂符祝。子言吾有道,此理君未瞩。形骸一尘垢,贵贱两草木。世人方重外,妄见瓦与玉。而我初不知,刺眼如刺肉。君看目与翳,是翳要非目。目翳苟二物,易分如麦菽。宁闻老农夫,去草更伤谷。(眉批:查云:游刃有余,洸洋自恣,漆园之文也。不谓有韵之文,亦能驰骤至此。)鼻端有余地,肝胆分楚蜀。吾于五轮间,荡荡见空曲。如行五轨道,并驱无击毂。空花谁开落,明月自朏朒。请问乐全堂,忘言老尊宿。自注:彦若,乐全先生门下医也。(眉批:只得如此作收,再无更进一层之理可以阐发矣。)

与欧育等六人饮酒

忽惊春色二分空,且看樽前半丈红。苦战知君便白羽,倦游怜我忆黄封。年来齿发老未老,此去江淮东复东。记取六人相会处,引杯看剑坐生风。

观杭州钤辖欧育刀剑战袍

(眉批:语义颇遒,后半太露不平。)

青绫衲衫暖衬甲,红线勒帛光绕肋。秃襟小袖雕鹘盘,大刀长剑龙蛇柙。两军鼓噪屋瓦坠,红尘白羽纷相杂。将军恩重此身轻,笑履锋铓如一插。书生只肯坐帷幄,谈笑毫端弄生杀。叫呼击鼓催上竿,猛士应怜小儿黠。试问黄河夜偷渡,掠面惊沙寒霎霎。何如大舰日高眠,一枕清风梦苕霅。(眉批:颇寓厌兵之意,不但以闲忙相照。)

王伯敩所藏赵昌花四首

(眉批:四首皆清历。)

梅 花

南行渡关山,沙水清练练。行人已愁绝,日暮集微霰。殷勤小梅花,仿佛吴姬面。暗香随我去,回首惊千片。至今开画图,老眼凄欲泫。幽怀不可写,归梦君家倩。

黄 葵

弱质困夏永,奇姿苏晓凉。低昂黄金杯,照耀初日光。檀心紫成晕,翠叶森有芒。古来写生人,妙绝谁似昌。晨妆与午醉,真态含阴阳。君看此花枝,中有风露香。

芙 蓉

清飙已拂林,积水渐收潦。溪边野芙蓉,花水相媚好。坐看池莲尽,独伴霜菊槁。幽姿强一笑,暮景迫摧倒。凄凉似贫女,嫁晚惊衰早。谁写少年容,樵人剑南老。

山 茶

萧萧南山松,黄叶陨劲风。谁怜儿女花,散火冰雪中。能传岁寒姿,古来惟丘翁。赵叟得其妙,一洗胶粉空。掌中调丹砂,染此鹤顶红。何须夸落墨,独赏江南工。(眉批:查云:偏能离俗。)

寄吴德仁兼简陈季常

(眉批:蓬蓬勃勃,气如涌出,真兴到之作。)

东坡先生无一钱,十年家火烧凡铅。黄金可成河可塞,只有霜鬓无由玄。龙丘居士亦可怜,谈空说有夜不眠。忽闻河东狮子吼,拄杖落手心茫然。谁似濮阳公子贤,饮酒食肉自得仙。平生寓物不留物,在家学得忘家禅。门前罢亚十顷田,清溪绕屋花连天。溪堂醉卧呼不醒,落花如雪春风颠。(眉批:得此四语,意境乃活,如画山水者,烘以云气。)我游兰溪访清泉,已办布袜青行缠。稽山不是无贺老,我自兴尽回酒船。恨君不识颜平原,恨我不识元鲁山。铜驼陌上会相见,握手一笑三千年。(眉批:查云:笔有仙气,自是太白后身。)

题王逸少帖

(眉批:短章,而甚有笔力。)

颠张醉素两秃翁,张何以亦称秃翁？追逐世好称书工。何曾梦见王与钟,妄自粉饰欺盲聋。有如市娼抹青红,妖歌嫚舞眩儿童。谢家夫人淡丰容,萧然自有林下风。天门荡荡惊跳龙,出林飞鸟一扫空。为君草书续其终,待我他日不匆匆。(眉批:题此诗必作行楷,故末二句云然。)

书林逋诗后

吴侬生长湖山曲,呼吸湖光饮山绿。不论世外隐君子,佣奴贩妇皆冰玉。(眉批:起手如未睹佛相,先现圆光。)先生可是绝俗人,神清骨冷无由俗。我不识君曾梦见,瞳子了然光可烛。遗篇妙字处处有,步绕西湖看不足。诗如东野不言寒,书似西台差少肉。平生高节已难继,将死微言犹可录。自言不作封禅书,自注:逋临终诗云:"茂陵异日求遗草,犹喜初无封禅书。"更肯悲吟白头曲。我笑吴人不好事,好作祠堂傍修竹。不然配食水仙王,一盏寒泉荐秋菊。(眉批:结得夭矫。修竹、秋菊皆取高洁相配,非图趁韵。)

和仲伯达

归山岁月苦无多,尚有丹砂奈老何。绣谷只应花自染,镜潭长与月相磨。君方傍海看初日,我已横江击素波。人不我知斯我贵,不须雷雨起龙梭。(眉批:太腐气。)

春　日

鸣鸠乳燕寂无声,日射西窗泼眼明。午醉醒来无一事,只将春睡赏春晴。

(眉批：颇有情致，但格不高耳。)

赠袁陟

是身如虚空，万物皆我储。胡为强分别，百金买田庐。不见袁夫子，神马载尸舆。游乎无何有，一饭不愿余。官湖为我池，学舍为我居。何以遗子孙，此身自篷篠。薰风暗杨柳，秋水净芙蕖。应观我知子，不怪子知鱼。(眉批：味如醇酒之中，微和以水，虽美而薄。)

苏子容母陈夫人挽词

苏陈甥舅真冰玉，正始风流起颓俗。夫人高节称其家，凛凛寒松映修竹。鸡鸣为善日日新，八十三年如一晨。(眉批：太凡鄙。)岂惟家室宜寿母，实与朝廷生异人。忘躯殉国乃吾子，三仕何曾知愠喜。不烦拥笏强垂鱼，我视去来皆梦尔。诵诗相挽真区区，墓碑千字多遗余。他年太史取家传，知有班昭续《汉书》。

神宗皇帝挽词三首

文武固天纵，钦明又日新。化民何止圣，妙物独称神。政已三王上，言皆六籍醇。巍巍本无象，刻画愧孤臣。

未易名尧德，何须数舜功。小心仍致孝，余事及平戎。典礼从周旧，官仪与汉隆。谁知本无作，千古自承风。

接统真千岁，膺期止一章。周南稍留滞，宣室遂凄凉。病马空嘶枥，枯葵已泫霜。余生卧江海，归梦泣嵩邙。

过文觉显公房

斓斑碎玉养菖蒲，一勺清泉满石盂。净几明窗书小楷，便同《尔雅》注虫鱼。(眉批：颇有风致，不似前《春日》诗之甜熟。)

归宜兴，留题竹西寺三首

十年归梦寄西风，此去真为田舍翁。剩觅蜀冈新井水，要携乡味过江东。
（眉批：点缀有致。）

道人劝饮鸡苏水，童子能煎莺粟汤。暂借藤床与瓦枕，莫教辜负竹风凉。

此生已觉都无事，今岁仍逢大有年。山寺归来闻好语，野花啼鸟亦欣然。

广陵后园题申公扇子

露叶风枝晓自匀，绿阴青子净无尘。闲吟绕屋扶疏句，须信渊明是可人。
（眉批：亦是信笔写出，而无应酬俗态。）

与孟震同游常州僧舍三首

年来转觉此生浮，又作三吴浪漫游。忽见东平孟君子，梦中相对说黄州。

湛湛清池五月寒，小山无数碧巑岏。稚杉戢戢三千本，且作凌云合抱看。

知君此去便归耕，笑指孤舟一叶轻。待向三茅乞灵雨，半篙流水送君行。

常州太平寺法华院薝卜亭醉题

六花薝卜林间佛，九节菖蒲石上仙。何似东坡铁拄杖，一时惊起野狐禅。

赠常州报恩长老二首

碧玉碗盛红玛瑙，井华水养石菖蒲。也知法供无穷尽，试问禅师得饱无。

荐福老怀真巧便，净慈两本更尖新。凭师为作铁门限，准备人间请话人。

次韵答贾耘老

五年一梦南司州，饥寒疾病为子忧。东来六月井无水，仰看古堰横奔牛。
平生管鲍子知我，今日陈蔡谁从丘。（眉批：直押孔子讳，太不检点，不得以六朝、唐人借口。)夜航争渡泥水涩,牵挽直欲来瓜洲。自言嗜酒得风痹,故乡不敢居温柔。定将泛爱救沟壑,衰病不复从前乐。今年太守真卧龙,笑语炎天出冰雹。时低九尺苍须髯,过我三间小池阁。故人改观争来贺,小儿不信犹疑错。为君置酒饮且哦,草间秋虫亦能歌。可怜老骥真老矣,无心更秣天山禾。(眉批:"自言"以下述贾语,后四句则喜其见礼于太守,而悲其无复仕进之意,徒为太守所礼而已。初白谓:至末乃述贾语,恐无此章法。)

墨 花

世多以墨画山水竹石人物者,未有以画花者也。汴人尹白能之,为赋一首。

造物本无物,忽然非所难。花心起墨晕,春色散毫端。缥缈形才具,扶疏态自完。莲风尽颠倒,杏雨半摧残。独有狂居士,求为黑牡丹。兼书平子赋,归向雪堂看。

送竹几与谢秀才

平生长物扰天真,老去归田只此身。留我同行木上坐,赠君无语竹夫人。但随秋扇年年在,莫斗琼枝夜夜新。堪笑荒唐玉川子,暮年家口若为亲。

溪阴堂

白水满时双鹭下,绿槐高处一蝉吟。酒醒门外三竿日,卧看溪南十亩阴。
(眉批:查云:无意作,聊自尔合拍。)

次韵许遵

蒜山渡口挽归艎,朱雀桥边看道装。供帐已应烦百两,击鲜毋久溷诸郎。问禅时到长干寺,载酒闲过绿野堂。此味只忧儿辈觉,逢人休道北窗凉。

赠章默

　　章默居士,字志明。生公侯家,才性高爽。弃家求道,不蓄妻子,与世无累,而父母与兄之丧,贫不能举,以是眷眷世间,不能无求于人。余深哀其志,既有以少助之,又取其言为诗以赠其行,庶几有哀之者。

(眉批:较胜《李宪仲哀词》,然亦非高作。)

　　章子亲未葬,余生抱羸疾。朝吟喧邻里,夜泪腐茵席。前年黑花生,今岁白发出。身随日月逝,恨与天地毕。愿求不毛田,亲筑长夜室。难从王孙裸,未忍夏后堲。五陵多豪士,百万付一掷。心知义财难,甘就贫友乞。不辞毛发施,行自丘山积。此志苟朝遂,夕死真不戚。誓求无生理,不践有为迹。弃身尸陀林,乌鸢任狼藉。(眉批:竟住得好。若再下语,便是香山门径。)